實用歷史叢書

親切的、活潑的、趣味的、致用的

遠流出版公司

海瑞罷官與文革

作　　者——劉耿生
主　　編——游奇惠
責任編輯——陳穗錚
發 行 人——王榮文
出版發行——遠流出版事業股份有限公司
臺北市10084南昌路2段81號6樓
電話／2392-6899 傳真／2392-6658
郵撥／0189456-1
法律顧問——董安丹律師
著作權顧問——蕭雄淋律師
2010年 8 月 1 日　初版一刷
行政院新聞局局版臺業字第1295號
售價新台幣 350 元（缺頁或破損的書，請寄回更換）

ISBN 978-957-32-6816-1
YLib 遠流博識網
http://www.ylib.com　　E-mail:ylib@ylib.com

實用歷史叢書

海瑞罷官與文革

《實用歷史叢書》

出版緣起

王榮文

・歷史就是大個案

《實用歷史叢書》的基本概念，就是想把人類歷史當做一個（或無數個）大個案來看待。

本來，「個案研究方法」的精神，正是因為相信「智慧不可歸納條陳」，所以要學習者親自接近事實，自行尋找「經驗的教訓」。

經驗到底是教訓還是限制？歷史究竟是啟蒙還是成見？——或者說，歷史經驗有什麼用？可不可用？——一直也就是聚訟紛紜的大疑問，但在我們的「個案」概念下，叢書名稱中的「歷史」，與蘭克（Ranke）名言「歷史學家除了描寫事實『一如其發生之情況』外，再無其他目標」中所指的史學研究活動，大抵是不相涉的。在這裡，我們更接近於把歷史當做人間社會情境體悟的材料，或者說，我們把歷史（或某一組歷史陳述）當做「媒介」。

・從過去了解現在

為什麼要這樣做？因為我們對一切歷史情境（milieu）感到好奇，我們想浸淫在某個時代的思考環境來體會另一個人的限制與突破，因而對現時世界有一種新的想像。

通過了解歷史人物的處境與方案，我們找到了另一種智力上的樂趣，也許化做通俗的例子我們可以問：「如果拿破崙擔任遠東百貨公司總經理，他會怎麼做？」或「如果諸葛亮主持自立報系，他會和兩大報紙持哪一種和與戰的關係？」

從過去了解現在，我們並不真正尋找「重複的歷史」，我們也不尋找絕對的或相對的情境近似性。「歷史個案」的概念，比較接近情境的演練，因為一個成熟的思考者預先暴露在眾多的「經驗」裡，自行發展出一組對應的策略，因而就有了「教育」的功能。

・從現在了解過去

就像費夫爾（L. Febvre）說的，歷史其實是根據活人的需要向死人索求答案，在歷史理解中，現在與過去一向是糾纏不清的。

在這一個圍城之日，史家陳寅恪在倉皇逃死之際，取一巾箱坊本《建炎以來繫年要錄》，抱持誦讀，讀到汴京圍困屈降諸卷，淪城之日，謠言與烽火同時流竄；陳氏取當日身歷目睹之事與史實印證，不覺汗流浹背，覺得生平讀史從無如此親切有味之快感。

觀察並分析我們「現在的景觀」，正是提供我們一種了解過去的視野。歷史做為一種智性活動，也在這裡得到新的可能和活力。

如果我們在新的現時經驗中，取得新的了解過去的基礎，像一位作家寫《商用廿五史》，用企業組織的經驗，重新理解每一個朝代「經營組織」（即朝廷）的任務、使命、環境與對策，竟然就呈現一個新的景觀，證明這條路另有強大的生命力。

我們刻意選擇了《實用歷史叢書》的路，正是因為我們感覺到它的潛力。我們知道，標新並不見得有力量，然而立異卻不見得沒收穫；刻意塑造一個「求異」之路，就是想移動認知的軸心，給我們自己一些異端的空間，因而使歷史閱讀活動增添了親切的、活潑的、趣味的、致用的「新歷史之旅」。

你是一個歷史的嗜讀者或思索者嗎？你是一位專業的或業餘的歷史家嗎？你願意給自己一個偏離正軌的樂趣嗎？請走入這個叢書開放的大門。

【序言】

清官的「罪惡」

《海瑞罷官》是中國著名明史專家吳晗教授於一九五九年創作的京劇。該劇反映了明朝清官海瑞被嘉靖皇帝罷官的悲劇，歌頌了海瑞廉潔奉公、剛正不阿、仗義執言、敢於斥責皇帝的高風亮節。二十世紀六〇年代初在北京公演，極為感人，十分成功。

京劇《海瑞罷官》冤案，則是一九六五年下半年，毛澤東企圖通過批判《海瑞罷官》編劇、時任北京市副市長的吳晗，進而打倒北京市市長彭真，上揪中共中央總書記鄧小平，最終實現迫害國家主席劉少奇的目的。

毛澤東為了達到這一目的，指使他的老婆江青——這個將性感與「革命」結合於一身的第一夫人，像做賊一樣，偷偷摸摸溜到上海，把上海作為她批判《海瑞罷官》、搞政治陰謀的「基地」。這個陰謀成為中國歷史上最大的文字獄，拉開了「文化大革命」動亂的序幕，亦成了為江青上臺「造勢」活動的一部分。這場冤案首先使吳晗及成千上萬與其相干和不相干的學者，被整死一大批，成為毛澤東為了發動「文化大革命」而開刀祭旗的血淋淋祭品。

＊

迫使我要寫下這件冤案的來龍去脈，有我個人感情的因素。像吳晗這樣正直的人物，可能一時被無知的人誤解，但隨著歷史的前進，人們最終會發現他的偉大，而深深懷念他的睿智，狠狠自責自己的愚昧。

我是一九六二年考入大學的。大約是我上大二、或者大三時，吳晗教授應邀來我校講演。我校直屬北京市政府管轄，吳晗副市長分管北京市的教育工作，我校在他的直接領導之下。

那是一個星期日下午，對歷史感興趣的同學紛紛來到學校大食堂，在學生平日匯集用餐的大廳一端，有個簡陋的舞臺，兼做演出、集會、放電影等用。那個時代，各大單位幾乎都有這麼一個「多功能大廳」。

這天下午，吳晗教授在校長陪同下，緩緩登上舞臺。他講的題目是「論清官及海瑞」。他那鴻儒巨匠風度，操一口浙江音的普通話，生動活潑、深入淺出、論據充分、理論嚴謹，同學們聽得如醉如癡。他講完了，我們仍久久不捨離去。我記得吳晗教授最後勉勵我們，做學問要有「孤燈寒夜相伴」的精神，讓我引為終生銘言。

一九六五年十一月，我已經上大學四年級，同學們參加完所謂的「四清」運動，（「文革」前夕，毛澤東發動的一場政治運動，實質上是「文革」的預演，後因「文革」爆發而不了了之）返回學校，全力以赴寫畢業論文，再有半年就要大學畢業了。此時上海《文匯報》發表了姚文元的文章〈評新編歷史劇《海瑞罷官》〉。由於學生們平時很少看《文匯報》，開始，我們並不知道此事，再者，同學們惜時如金地寫畢業論文，也很少關注其他。

十一月二十九日，我們在圖書館閱覽室發現，北京各大報刊有如一群猛地挨了鞭子的馬，整齊劃一地衝出起跑線一樣，同時轉載了姚文元這篇文章，這才知道吳晗挨批了。由於自一九五〇年以後，報紙上經常出現批判某個權威、大家的文章。那時的報刊，今天「遵旨」打這個學者，明天「奉命」批那個教授。起初，同學們已習以為常，還沒有認識到這一次問題的嚴重性、特殊性，何況北京各大報的「編者按」尤其強調這是「學術討論」，「在真理面前人人平等」，我們仍然認為是辯論清官的學術問題，並沒有引起太多注意。

我畢竟喜愛歷史，又崇拜吳晗教授，因而我倒挺關注此事。仔細、認真讀完了姚文元全文後，感覺姚文元殺氣騰騰，不像是篇學術文章。姚文元？何方人氏？名不見經傳，何敢如此口氣？「姚文元」又不像是有權勢的筆名。那時代表官方的筆名，無非「衛東」（保衛毛澤東）、「學青」（學習江青）之類媚俗的名字。而這個「姚文元」竟公然點了吳晗的大名！

在「文革」之前，被毛澤東下令公開點名者，皆是專家學者，如周谷城、邵荃麟、羅爾綱、馬寅初等等。而對中共官員，則無論何等「罪大惡極」，「文革」前一律不點名公開批判。這一次，小小的姚文元，竟然對堂堂的北京市副市長點名道姓，指著吳晗的鼻子開罵，似乎還沒有先例。我們回到宿舍議論此事，找不到答案；問老師，同樣沒有結果。就在半年前，報上還稱讚吳晗和《海瑞罷官》，同一張報紙，怎麼說變臉就變臉？

進入「史無前例」的一九六六年，政治空氣日益緊張。報上對吳晗的批判，調門提高，聲嘶力竭，卻講不出什麼道理，簡直就是潑婦罵街，人身攻擊。四月份，我校校長無可奈何、極不情願地宣布：「根據黨中央和偉大領袖毛主席指示，停課鬧革命，開展對《海瑞罷官》和『三家村』（吳晗、鄧拓和廖沫沙三人的論文集，後文詳述）的批判！」

當得知批判吳晗和《海瑞罷官》是「偉大領袖毛主席」的指示，單純而狂熱的青年學生，立即放下手中的畢業論文，拋棄對吳晗教授的崇敬，大家夜以繼日地查《明史・海瑞傳》，看《海瑞罷官》劇本。但也時時滿腹狐疑：「清官有什麼罪惡？」難道「清官比貪官更壞？」我無論如何也想不通。

但是，「對毛主席的指示，理解的要執行，不理解的也要執行！」這個「上上咒」是當時全國人民堅信不渝的「天條」。愚民的瘋狂，有如教廷把天文學家哥白尼放到柴火上活活燒死，廣大民眾在一旁歡呼；又如明末崇禎皇帝降旨，凌遲處死一代名將袁崇煥，圍觀百姓花錢買袁崇煥肉食之，一樣一樣的……

學生一上陣，批吳晗和「三家村」的聲勢就像決了堤的洪水惡浪。本來嘛，混蛋政策要靠混蛋去執行。當時的學校已經停課，老師靠邊站，「專職」造反的學生們，只差見面時先說「天王蓋地虎，寶塔鎮河妖？」（現代京劇《智取威虎山》中土匪的黑話）了！

北京市委領導擔心局面失控，他們當然清楚，毛澤東的矛頭是瞄準了彭真等人，市委領導很可能也是為了自保，緩和學生的大吵大鬧，下令讓大學生下鄉去「鬧革命」，美其名曰「和貧下中農相結合，批判《海瑞罷官》和『三家村』」。

只要不上課，無知的學生就高興。我們稀裡糊塗地來到了北京以北一百多里地的昌平縣泰陵人民公社。泰陵埋葬的是明朝第九個皇帝明孝宗朱祐樘，年號弘治。他在位十八年，三十六歲就死了。我們在明十三陵批判明史權威吳晗教授，現在回憶起來，真是對這場批《海瑞罷官》絕妙的諷刺！滑天下之大稽。

未久，彭真市長被打倒。一九六六年六月一日，毛澤東親自發動、領導的「文化大革命」開始，天下大亂，我們又回到了學校。吳晗被關到監獄，在獄中被折磨致死的消息，則是「文革」後才知道的。

*

一九六六年至一九七六年肆虐中國大地所謂的「無產階級文化大革命」，是一場「史無前例」的空前全面的大動亂、大浩劫，把中國糟蹋得黃鐘毀棄、瓦釜雷鳴、忠良糟害、奸佞橫行，地痞無賴彈冠相慶，那真是「十年浩劫」。全中國有「被愛情遺忘的角落」（一部揭露「文革」摧殘愛情、泯滅人性的影片），卻沒有被血腥暴力遺忘的角落。「文革」的罪行罄竹難書，給中華民族帶來了的沉重災難，給善良人民留下巨大的精神及物質創傷，至今隨處可見，有的傷口仍在悄悄地淌血，並在繼續貽害、浸汙下一代。

儘管毛澤東對自己一手炮製的「文化大革命」洋洋自得，讚不絕口，彷彿雙手邊撫摸著「文革」這個十世單傳的獨生子，邊稱道：「這場文化大革命是十分必要的，是非常及時的」。直到他臨死前夕，還自詡「自己一生幹了兩件事」，一件是奪得天下，一件是搞了文化大革命。這個「文化大革命」為什麼「必要」？為什麼「及時」？江青作了最「經典」最「權威」的解釋。「文革」開始時，江青對「第二夫人」——林彪的老婆葉群說：「在『文革』中，我的仇人，你替我解決；你的仇人，我給你解決！」這就是欽定「毛澤東思想偉大旗手」江青一生有數的幾次坦露心扉的實話。真是天地不仁、人神共憤！

一九七八年以後，鄧小平英明地指出：「要徹底否定文化大革命」。全國上下，從理論上及實際措施上撥亂反正，清算「文革」罪惡，取得了根本性的勝利。

有關否定「文革」的著述浩如煙海，不乏上乘之作。但是，由於「文革」檔案尚未解密，有不少作品的作者又不瞭解和認識「文革」，道聽塗說，致作品不夠真實；更多的作品，「投鼠忌器」，把賬只算到林彪、江青身上，不敢涉及毛澤東。因此，許多事情敘述得不合邏輯，有違歷史；也有的作品單純追求奇聞軼事、稗官野史，津津樂道於江青的穢史緋聞。

當然，揭露江青的醜惡本質是必要的。沒有缺點的人不存在，沒有優點的人是存在的。迄今尚未發現江青有什麼優點，這也是事實。但是，值得研究的是：

從江青策劃批判京劇《海瑞罷官》開始，「文革」便刻上她歇斯底里本性的印記，為一切惡人提供了可以為非作歹而被稱之為「革命行動」的舞臺。全體善良的中國人民以極其虔誠、嚴肅的態度，去認真執行一個又一個野蠻、荒唐的「最新、最高指示」，直到毛澤東去世，深層次原因是什麼？

所謂的「無產階級文化大革命」，實質上是一場利用、愚弄「無產階級」，摧殘、消滅「文化」的浩劫。至今鬧不清這場以全國人民和一切文明為敵的「大革命」到底要幹什麼？要達到什麼目的？

毛澤東發動「文革」，他要報復劉少奇、鄧小平、彭真、彭德懷等抵制他極「左」路線的主要領導人，或者，他擔心死後又出個「中國的赫魯雪夫」將他「鞭屍」，而用「文革」血腥的暴力手段對待不同政見者，這都好理解。問題是，你大肆迫害死幾千萬「無限忠於」你的臣民，把你親手打下的江山折騰得「天翻地覆慨而慷」（毛澤東詩句），你目的何在？更鬧不明白，今人為什麼還要紀念他？

我想不通，也找不到答案。僅僅輕描淡寫地用「毛主席他老人家晚年犯錯誤」來回答，恐怕不夠用。「為尊者諱」的道理我懂，但絕不能直到現在仍神化那個「尊者」。希望後代淡忘或全然不知這段歷史，恐怕未必可取，也未必行得通。

隨著時間的推移，「文革」的後果越來越難以讓人容忍。除非有因「文革」整人受益，而溫柔地留戀它的人，或者是健忘以及無知的人。

＊

由於對「文革」的要害問題諱莫如深，無人去探討深層次的因素。現在五十歲以下的人，沒有感受到「文革」造成的切膚之痛，因而「文革」後遺症仍在毒害著全民族。

例如，「文革」中出現的「新生事物」：走後門、辦事效率低下、一切都馬馬虎虎、學生不尊敬老師、玩世不恭、信仰危機、「人心不古」、管理混亂、爾虞我詐等等，仍在肆虐，甚至變本加厲。

更有甚者，不少影視作品，竟荒謬地把「文革」那暗無天日的人間地獄，硬讚美成「陽光燦爛的日子」、「崢嶸歲月」、「青春無悔」、「激情燃燒的歲月」等等。一些文革後期拍的電影、宣揚個人崇拜、醜化知識分子的內容，仍出現在影視螢幕、舞臺上。尤其為江青鳴鑼開道、鼓吹反動「血統論」的所謂「樣板戲」，也堂而皇之、不加分辨地活躍於今日的舞臺上。

近幾年，又出現了「新生事物」：無恥的房地產開發商大肆拆毀文物古蹟，比「文革掃四舊」砸碎「封、資、修」建築還要徹底。什麼「紅太陽」、「毛家菜」、「紅色經典」飯館相繼冒出。青年人身穿紅衛兵軍裝，好像服用了「搖頭丸」似的，狂吼在「文革」中神化毛澤東的宗教儀式上才唱的聖歌，似乎「文革」幽靈顯聖了。令人匪夷所思的是，臺灣也跟著湊熱鬧，竟也冒出了「紅太陽」之類的餐廳，當然，他們不再迷信毛澤東是神，而當成了賺錢工具，但總讓經歷過文革的人看了不舒服。

尤有甚者，在湖南等地，仿照「文革」做法，重新聳立形形色色毛澤東碩大的塑像；在韶山毛澤東的家鄉，強迫觀光旅遊者進「毛家祠堂」，向毛澤東的祖宗牌位頂禮膜拜。十二月二十六日，毛澤東生日，官方還花費納稅人的錢，組織萬人到韶山毛澤東像前給他祝冥壽，高唱神化他的名曲《東方紅》。嗚呼！四十多年前我們親身經歷的苦難，對於我們這一代人來說，那是充滿殘忍和謊言的夢魘，不堪回首，記憶猶新，可是對於如今的青年來說，卻恍若隔世，往事如煙。

自一九七九年三月，我開始在中國人民大學任教，在和大學生們的知識接觸中，就深感他們對自己的父輩、祖輩經受的「文革」苦難，一知半解，甚至幾近全然不曉，也不大感興趣，歷史系的學生不知道吳晗是誰。我於一九九七年至二〇〇八年，先後在臺灣政治大學歷史系、淡江大學歷史系和成功大學歷史系任客座教授，講授歷史檔案學。學生們也對海瑞、嘉靖、吳晗不甚了了。好學的，善思考的學生問我：「海瑞、李秀成這些明清人物，與『文化大革命』有什麼關係？為什麼要批這些死去的古人？」言下之意，難道他們就是「歷史反革命」（「文革」前及「文革」中規定，凡一九四九年以前參加過反共組織者，均認定為「歷史反革命」罪名，受批、鬥，甚至殺、關、管），他們也反對過共產黨嗎？

*

成熟的歷史，不僅應當記下本國或本民族的成就與榮耀，也應當記下失誤及教訓。雖然它令人不快，但歷史終究是歷史，不能僅僅歌功頌德。一種歷史使命感驅動著我，彷彿在對我說，如果不能把十年動亂的真實歷史告訴後人，那麼，後人很可能明明在重蹈前人之覆轍而不自知，甚至還抱殘守缺，卻仍沾沾自喜。

毛澤東凡製造重大冤獄，皆先以歷史做文章，例如，文革前，毛澤東下令批判小說《劉志丹》，是為了誣陷開國元勳習仲勳等人；批判太平天國後期將領、忠王李秀成，實則矛頭對的是劉少奇、彭真、薄一波等人；文革中的一九六七年批判電影《清宮秘史》，直接點名批判劉少奇所謂的「賣國主義」，其中，歌頌義和團，是吹捧紅衛兵；一九七四年的「批林批孔」（批判林彪和孔子），槍口對準了周恩來；一九七五年批判《水滸傳》，是要打倒鄧小平。這就是毛澤東的「古為今用」。

偽學術的猖狂，必然導致真正科學的窒息。自一九五七年以後的二十年間，隨著對毛澤東越來越神化，毛澤東再沒有正確的、像樣的理論著作問世。而他思想中「左」的東西、封建的東西日益膨脹，他的「一句頂一萬句」的「最高指示」絕大多數是錯誤的，隨意的，也就很自然的了。但是，在強大的政治壓力下，廣大人民反而對他說的每句話、每個標點符號，甚至錯別字都深信不疑，歷史悲劇也就這樣發生了。

由於廣大百姓不可能全面、細緻、深入地瞭解真實的歷史，因而打著「古為今用」幌子的偽歷史，才得以在「文革」期間大行其道，蒙蔽、欺騙、耍弄善良的人民。本書既然述評京劇《海瑞罷官》冤案來龍去脈的歷史，就有必要以較多的篇幅詳述中國歷史上極罕見的清官、「仰不愧天，俯不怍人」的海瑞一生，以及和他有關的人和事。渴望今日天下大小官員，對比一下海瑞的道德情操。我根本不指望他們能做個當代海瑞，只要知道歷史上有此清官，就滿足了。同時，我也痛感，中國歷史幾千年，沒有法律的約束，只有「自律」，因而才出了一個海瑞，也才更應研究他，頌揚他。「事有必至，理有固然，楚雖三戶，亡秦必楚」。瞭解海瑞，才知毛澤東他們為何製造京劇《海瑞罷官》冤案。

＊

海瑞經歷了嘉靖、隆慶、萬曆三朝。這百年是明朝由盛而衰、由衰而亡的重要關鍵時期，亦是中華民族從傲立世界東方幾千年，到開始落後於西方的轉折時刻。這一時期，大明王朝名人輩出，湧現出許許多多著名的歷史人物，可是，更多的君臣「德不近佛，才不近仙」，只會「超凡入聖」地瘋狂破壞自己統治的帝國，海瑞上疏指責的那個半人半妖的嘉靖皇帝，是他罷了海瑞的官，我為中國出了個這樣的帝王而深以為恥。也有一些人竭力挽救自己忠於的王朝，其中不少人和海瑞有密切的聯繫，如：徐階、高拱、張居正等等。凡瞭解、研究明史的人，是不可能不知道他們的。

明朝是中國漢人統治的最後一個封建王朝，它前承蒙古人統治的元朝，後啟滿人統治的清朝。明朝的帝王、后妃、宮女、太監、神仙、道士、官場、衙門、抗倭、文檔、民俗等等，都有它的特色和典故，為了協助讀者瞭解海瑞所處的時代，本書皆作了較詳盡的論述。

本書另一個重點，便是詳述「無產階級文化大革命」的「開鑼戲」：批判京劇《海瑞罷官》的詳細經過，並涉及到「無產階級文化大革命」的產生原因、性質、在「文革」恐怖中人民的心理狀態、「文革」給中華民族造成的精神、文化損失等等。讀者會感到古今為民請命的清官，以及暴虐專制的昏君，在很多方面都是相通的。因而，本書以相當篇幅，圍繞京劇《海瑞罷官》冤案做系統、深入闡述，使廣大讀者悟出歷史的教訓，並作為向因受本冤獄株連而被迫害致死的劉少奇、彭德懷和吳晗等等先烈前輩們致以悲愴難忍的悼念。

*

二○○八年，本人在臺灣成功大學歷史系任客座教授時，在遠流出版公司游奇惠小姐俞允下，我開始構思本書，查閱檔案文獻，動筆撰寫。幾年來，俗事纏身，斷斷續續，自己又不會使用電腦，仍是「刀耕火種」、「土法煉鋼」，一個字一個字地爬格子。深深感謝良師益友陳捷先教授給我的關懷和指教，多蒙大學老同學幫助我電腦輸入書稿，得以殺青，在此一併致謝。因本人才疏學淺，書中錯誤在所難免，加之許多重要檔案尚未解禁，書中凡有不確不詳之處，敬請諒解，不吝賜教。

作者

二〇一一年二月

目錄

□《實用歷史叢書》出版緣起
□序言：清官的「罪惡」
01 毛澤東跳舞引出的文字獄……3
02 海瑞平白無辜被扯了進來……14
03 海瑞所處的時代……18
04 母親和理學伴隨海瑞度過童年……22
05 沒有「高等學歷」……32
06 為天下書生出了口惡氣……42
07「一個公子哥，算個什麼東西？」……58
08 君子頭頂上的小人上司……70
09 嚴嵩集團的覆滅……79
10「海青天」美稱的由來……89
11 嘉靖也就這麼點本事……96

12 就憑嘉靖也配改寫歷史……106
13 哭門事件……119
14 還得從道教說起……126
15 太監是怎樣製造出來的？……136
16 啟蒙教育……144
17 「入道」導師邵元節……153
18 傻瓜吸引騙子……160
19 紅鉛和秋石……166
20 皇帝有愛情生活嗎？……177
21 壬寅宮變……182
22 海瑞上疏……194
23 末日的瘋狂……212
24 海瑞罷官……219
25 日月同輝——海瑞和張居正（上）……236
26 日月同輝——海瑞和張居正（下）……249
27 一代宗師——吳晗（上）……262
28 一代宗師——吳晗（下）……275

29《海瑞罷官》誕生的時代背景……281
30京劇《海瑞罷官》……300
31毛澤東的終極打擊目標……308
32江青何以「銜刀越牆」？……318
33毛澤東事先是否知道要批《海瑞罷官》？……328
34「文革」開刀祭旗的祭品……341
附錄一：京劇《海瑞罷官》劇情簡介……355
附錄二：明代帝王世系圖

海瑞罷官與文革

01毛澤東跳舞引出的文字獄

一九五八年下半年，毛澤東提出的「總路線、大躍進、人民公社」（俗稱「三面紅旗」）造成的惡果，已經暴露出來。全國上下對「三面紅旗」多有懷疑和微詞。而上海市委書記柯慶施，為了討好毛澤東，不顧國民經濟瀕臨崩潰的嚴峻現實，仍然昧著良心拚命吹捧「三面紅旗」。早在一九五八年三月，中共召開成都會議，柯慶施不顧身分，語驚四座，肉麻地說：「我們相信毛主席要到迷信的程度，服從毛主席要到盲從的程度。」毛澤東心裡樂開了花，立即封他為「毛主席的好學生」（這個封號只有柯慶施和後來的林彪「蒙賜」）隨即人們恭維他為「柯老」，背後卻叫他「柯大鼻子」，這一年他才五十六歲。

毛澤東決定於一九五九年四月二日至五日在上海召開中共八屆七中全會，研究「三面紅旗」問題，也算是毛澤東對柯慶施的恩賞。

會議期間，照例白天開會，晚上為毛澤東準備舞會，或者是文藝演出。列寧說過：「不會休息，就不會工作」。因此，每晚這種「休息」鬧到深夜，是為了明天更好地工作。毛澤東只要身體、精神、心情上佳，都要參加，他尤其愛跳舞。說到毛澤東喜愛跳舞，很多人不解，他本打仗出身，出生在農村，怎麼會跳舞？這還要追根溯源到艱苦的抗日戰爭中。

*

在北京西郊的八寶山革命公墓，靜靜地沉睡著一位著名的國際友人，她叫艾格妮絲・史沫特萊（Agnes Smedley, 1892-1950），美國記者。她懷著支持中國人民抗日鬥爭一顆火熱的心，以及對中國共產黨好奇的心情，於一九三七年春天來到中共根據地延安，當年她是個芳齡二十五歲的年輕女子。

史沫特萊生於美國南部。父親是個工人，家境貧寒，兄妹五人，因而促使她自幼產生希望通過革命手段，改變自己命運的願望，她也就對共產黨的理論宣傳產生了濃厚興趣。當她知道中國正在受到日本帝國主義侵略，遂決定為中國的抗日事業盡一份力，這一點，永遠值得全體中國人景仰和懷念。

一九三七年的延安，條件極為艱苦。中共紅軍剛剛經過了「二萬五千里長征」，遭受重大損失，來到陝北。史沫特萊住的窯洞，冬天連取暖用的木炭全沒有。能吃上玉米麵做的「窩窩頭」，喝到小米粥，已經算是「上等佳餚」了，可是，經常連這些也不夠吃。至於中共官兵的業餘文化生活，更是無從談起，幾近於無。

史沫特萊是個嚮往革命人生的西方知識女性。她為了自己的信仰，忍受物質上的任何困苦，這一點，她已有充分的思想準備。但是，延安的文化生活十分貧乏，卻令史沫特萊難以適應。她本是個美麗活潑、熱情奔放、富於幻想和冒險的美國女子，在延安採訪中共領導人時，談得興奮，自己就情不自禁地跳幾圈舞，以致不少貧苦出身的中共官兵，不知道這個金髮碧眼的洋姑娘在幹什麼。

有一天，史沫特萊參觀軍隊從前方打仗繳獲的戰利品，有一架日本留聲機，還有幾張唱片。當時軍隊官兵都不知道這個東西是幹什麼用的：上邊有個大喇叭，又不像軍號，不能吹；下面有個針，不能縫衣服；那個轉盤，也不能烙餅用。大家正在議論，史沫特萊走過來，把留聲機擺弄了幾下，居然一支優美的樂曲回蕩在延安上空。史沫特萊隨手拉過一位身邊的小戰士，就跳了起來。那個害羞的小戰士死命掙扎，發出哀嚎般地求饒聲，彷彿在殺豬。史沫特萊緊緊摟著他轉圈，逗得周圍官兵捧腹大笑，大家自娘胎中出來，從來沒有見過光天化日下，一個女人公開摟一個男人，而男人竟掙扎不掉，真是「開了洋葷」。二人「撕扯」了幾圈後，小戰士死活不動了，史沫特萊也沒了情緒，她竟在小戰士臉蛋上親吻了一下，大家哄堂大笑。這件特大新聞在整個延安城傳了很久，幾近家喻戶曉，婦孺皆知。

史沫特萊讓幾個戰士幫忙，把留聲機和唱片搬到她的窯洞內，經常自己隨著舞曲跳起來。有一次，毛澤東來到史沫特萊的窯洞，她正翩翩起舞。毛澤東很奇怪，史沫特萊就連講解帶動作：「這是三步，這是四步……」毛澤東頻頻點頭，鬧不清他真懂了沒有。

史沫特萊突發奇想：「延安幾乎沒有任何娛樂活動，為什麼不教教幹部們學一學跳交誼舞呢？」

毛澤東不懂得什麼是「交誼舞」，儘管「毛澤東思想放之四海而皆準」，但我敢拿腦袋擔保，當年他確實不懂得什麼是「交誼舞」，毛澤東讓她找張聞天去商量。張聞天是當時的中共中央總書記，曾經在莫斯科留學過，用毛澤東的話來說，是「喝過洋墨水」的，肯定知道什麼是「交誼舞」。

自從一九三五年一月的遵義會議上，張聞天被選舉為中共中央總書記後，他作風民主，實事求是，大家都願意和他商量事。史沫特萊和張聞天可以用英文交談，獲得張的同意後，史沫特萊開始在中共幹部中教大家跳舞，一些留過洋的中共領導很快入門。

開始，毛澤東不感興趣，是史沫特萊生拉硬扯，把毛拉去學跳舞。毛澤東畢竟是個感情豐富的文人，對跳舞很快就上了癮。在延安，他成了舞會的主角，可惜當時沒有他跳舞的影片或照片。但一九四九年以後，他經常跳舞，是有照片檔案為證的。

＊

話說回來，一九五九年四月一日晚上，八屆七中全會前夕，毛澤東來到上海錦江飯店，進入專為他準備的舞場。事先等候在舞廳四周的上海市委官員、社會名流、電影或戲劇界明星等，事先並不知道毛澤東要來，只曉得今天晚上的舞會是「政治任務」，那個時代，「政治任務」是高於一切的。

當時，似乎世界上還沒有人發明出「恐怖活動」這個玩意，即或已經發明出來了，也不像今日這麼走俏、時尚。如今全世界任何集會，沒有點恐怖活動，就不夠刺激，也不熱鬧。在一九五七年的中國，淳樸善良的中國人民，既沒有聽說過「恐怖活動」，也不懂得「安全檢查」這麼一說，這一套還是上世紀八〇年代從外國「引進」的。

晚上八時左右，舞廳內電燈突然全部點亮，一大群攝影記者不知從什麼地方一下子冒了出來，衝向舞廳大門口，舞廳正中一側的舞臺上，伴舞樂隊本來正在演奏一些一九五八年歌頌「三面紅旗」的樂曲，如《社會主義好》、《社員都是向陽花》等，間或也演奏幾首前蘇聯衛國戰爭時期的歌曲，如《喀秋莎》、《小路》等等。這時突然猛地改奏歌頌「毛澤東」的樂曲《東方紅》，舞廳的兩扇大門同時打開。大家見到一個高高、黑黑的大個子，被一群人前呼後擁著走進來，才知道，是毛主席來了。

很多人從未見過毛澤東本人，除了照片，見的最多的是形形色色的宣傳畫，把毛澤東的臉畫得又紅又亮，像個熟透了的番茄。今日見到毛本人，一睹天顏，感到比畫上要老，要黑，但有帝王風範，偉人氣質，這是任何畫家及後來演員表現不出來的。

舞池中的人停下舞步，坐著的人從座椅上彷彿被彈了起來，眾人好像上了發條，同時齊刷刷地拚命鼓掌。那時還不像後來在「文化大革命」中那樣必須狂呼「毛主席萬歲！」和「敬祝毛主席萬壽無疆！」在當時的場合，只要熱烈鼓掌即可。

毛澤東在上海市委書記柯慶施的陪同下，緩步走入舞場。他向來不理睬那些站在前排帶頭鼓掌的各級黨政官員，從他們面前走過，昂首闊步，旁若無人，看都不看他們一眼，只向遠遠站在官員後面的群眾揮揮手，而各排人等事先也得到命令，一律不許主動同中央領導握手。中央首長如果向你伸出了手，你方可伸手去握。

毛澤東的沙發和舞臺相對，中間隔著舞池，毛澤東在柯慶施低三下四、極盡卑恭的殷勤陪同下，毛站在沙發前，先向舞臺上的樂隊招招手，又很霸氣地環視一下會場，然後坐下。

樂隊停止奏《東方紅》樂曲，開始奏輕快的《毛主席來到咱公社》，這也是一九五八年創作的歌頌人民公社的歌曲。柯慶施向四周仍在拚命鼓掌的群眾用雙手示意了一下，大家才靜下來，全場目光都集中在毛澤東這裡。

毛澤東坐在沙發上，一群上海市委高官在毛身後圍成半圓形，就是京戲舞臺上龍套站立的位置，只有柯慶施侍立在毛澤東身邊，京戲裡皇帝身邊太監站立的地方。這時從高級官員中走出一個三十來歲的女子，毛澤東明白，她敢徑直走到毛澤東的面前，顯然是事先安排好的。她身著旗袍，儀態得體，雍容高雅，一看就是個見過世面的女人，上海稱之為「場面上的人物」。

「毛主席，我陪您跳支舞好嗎？」女子風度優雅地邊向「偉大領袖」請示，邊伸出邀請的雙臂。

沙發上的毛澤東，面對這位「場面人物」的盛情邀舞，先緩緩地抬起頭，把她從上到下，又從下到上，細細地打量了一番，從柯慶施以下的市委官員，都裝出「久旱逢甘霖」般眼巴巴期待的模樣，等待毛澤東是跳舞還是不跳舞的「最新最高指示」。舞臺上的樂隊指揮也扭過頭，望著毛澤東那「最神聖的一刻」，全場鴉雀無聲。

只見偉大領袖微微一笑，將手中的香菸在菸灰缸中用力一撚，眾人心領神會，反映最快的是離毛澤東最近的「柯大鼻子」柯慶施，他不但「嗅覺」靈敏，眼神也快，迅速上前去攙扶毛澤東，同時給那女人一個眼色，訓練有素的那個「場面人物」則攙扶毛的另一側。

這就是無聲的命令，整個舞廳彷彿大地震一樣，頃刻爆發出震耳欲聾的轟鳴聲，樂隊高奏舞曲，群眾掌聲，夾雜眾伴舞者紛紛下到舞池助興，離開座椅的碰撞聲，熙熙攘攘，好一片「太平盛世」、「與民同樂」的歡慶景象。

毛澤東與其說是在跳跟史沫特萊學的「慢四步」，不如說在跟著那女人散步。他邊「散步」，邊和那女舞伴閒聊天，這是他一貫的「舞風」。

「妳在哪個單位工作呀？」毛澤東漫不經心地問。

「我是個大學教師。」顯然，她的回答很有餘地，沒有正面回答到底在哪個「大學」。

「今年多大年紀了？」見多識廣的毛澤東見她並不坦率，遂換了話題。

「二十九歲。」這次倒也許是實話。

這個美麗但不坦誠的「女教師」，似乎失去了毛澤東的興趣，尤其他又想到明天要開會，談農村已餓死人的煩人事，他的「慢四步」越來越慢，顯得心事重重。

毛澤東的「三面紅旗」帶來的災難，成了他的心病，他希望別人對他講真話，可又怕聽到令他不快的真話。他懷疑封疆大吏、地方官員在欺騙他，毛根本不相信這些官員指鹿為馬、掩耳盜鈴的鬼話。如今，毛自己在一九五八年瞎指揮，惹下了大禍，平民百姓還怎麼相信自己「英明偉大」？毛很想聽一聽別人到底是怎麼看「三面紅旗」，「三面紅旗」所產生的惡果別人知道不知道，知道多少？對自己還那麼崇拜嗎？尤其別人背後對自己發明的「三面紅旗」，是如何議論的？一個人在犯錯誤或失意時，總想瞭解別人是怎麼想的。

「五八年『大躍進』，上海的工作開展得怎麼樣呀？」毛澤東在微笑中透著認真。

「毛主席，我只是個大學教師，對於上海的工作情況我不太清楚。」女教師顯然又在回避這個敏感問題。

毛澤東和歷史上任何一個精明的帝王一樣，是不允許臣民對他隱情不報的，他停止了舞步，淡淡一笑，緩緩向舞池邊的沙發走去，自言自語地說：「妳不過問政治嗎？身為大學教師？」言下之意：我是誰？妳也敢欺騙我？

毛澤東在女教師和柯慶施的輕輕攙扶下，又坐在沙發上，信手拿起上海為他特製的鐵筒中華牌香菸。反映超快的「女教師」立即為他點上火，毛澤東透過吐出的一縷青煙，微笑著望望「女教師」，等待她的回答。

「我不是不關心政治，而是……」女教師拿出了她的看家本事，先嫵媚地莞爾一笑，露出一口潔白的牙齒，說道：

「上海的大躍進搞得熱火朝天，放了許多衛星……」她明顯地在用事先背好的官話、套話，敷衍偉大領袖。

毛澤東何等精明，他敏銳地感覺到，這是上海市委官員事先已經命令「女教師」，只許講什麼，不許講什麼。毛對她講的早就聽膩了，遂用夾著香菸的手向女教師擺了擺，她正要如數家珍般地向毛主席彙報上海的「衛星」數目，毛打斷了她的廢話，換了個話題，看了一眼站在太監位置上的柯慶施的大鼻子，調侃道：

「妳看柯慶施這個人怎麼樣啊？」

站在毛澤東身後的一群上海市委高官們彷彿開車違規的司機撞上了交通警察，一個個儘管向警察陪著假笑，但仍掩蓋不住內心的慌懼。他們在給女教師進行培訓、彩排、預演時，只是一個勁地教她用「大躍進」、「人民公社」等一系列虛假的數字欺騙、蒙蔽毛澤東，沒有想到毛會問這個問題。「柯大鼻子」好像喝多了感冒沖劑，不停地冒汗，面如土色，心臟也幾乎停止了跳動，已經靈魂出竅。歷朝歷代的貪官污吏、奸佞小人，最怕有人向上司揭發他的陰謀伎倆，何況又是在「英明領袖」面前。

毛澤東問起對柯慶施的評價，也出乎「女教師」的意料，事先上海市委沒有給她上這一課，因為上海官員也不敢上這一課。她微微一愣，抬頭看了一眼在毛澤東面前獻媚取寵的柯慶施。「大鼻子」彷彿和平日作報告時一本正經人模狗樣的「柯書記」、「柯市長」、「柯老」判若兩人。

她確實見過世面，但從來沒有見過柯大鼻子這個「毛主席的好學生」還有這樣一副奴顏婢膝的小丑嘴臉，使她不禁失聲大笑，她真是個場面上的人，乘勢假戲真唱、逢場作戲，乾脆把毛澤東的金口玉言當做玩笑話，放聲大笑起來。

「女教師」那銀鈴般清脆爽朗的笑聲，感染了偉大領袖，毛澤東也跟著笑了起來，深深吸了口菸，不想被菸嗆了一下，猛烈地咳嗽了幾聲，憋紅了臉，要吐痰。柯慶施以和他的年齡與身分不相稱的速度，撲向毛澤東沙發旁，雙手恭捧痰盂到毛的面前。毛被痰卡和菸嗆而漲紅的臉，運氣好久，才向痰盂猛的噴吐出一口濃痰，痰盂中的水濺到柯慶施的大鼻子上，他也不敢當著毛澤東的面擦拭，偷偷看了一眼毛身後肅立的其他上海市委下屬，擔心這群部下看見堂堂市委書記的醜態。其實這群人個個都想去捧痰盂獻給偉大領袖，只是論資排輩，還輪不上他們，差得遠吶！大家知趣地假裝什麼也沒有看見。

毛澤東吐出惡痰，開始恢復平靜，望著「女教師」，又調侃道：

「那妳看我這個人怎麼樣啊？」毛澤東望著手指夾著的香菸。

「您英明偉大！」「女教師」脫口而出，做出一副激動而虔誠的樣子，也許是真的。

毛澤東身邊的上海市委官員們哈哈大笑，如釋重負，彷彿法官特赦了死刑犯一樣，隨即熱烈鼓掌，緊張的氣氛頓時化解了。但是，官員和那「女教師」的虛偽，沒有逃過毛澤東銳利的目光。

後來，毛澤東對人講起這件事時說：

「看來，這位大學『教授』對我們的信任是很有限度的。」說明對於一九五八年各地幹部刮起的共產風、浮誇風、說假話，毛澤東是清楚的。可悲的是他沒有從他自身錯誤的指導思想和非科學的思維，去分析一九五八年出現的種種問題，而只是一味地怪罪下邊人不對他講實話，使他疑心更重。他始終懷疑一切人都在向他隱瞞著什麼，就像史達林生前的赫魯雪夫，事後「鞭屍」主子。毛澤東越想越感到一定要在自己有生之年，把「中國的赫魯雪夫」悉數「揪出來」，可是，用什麼辦法呢？毛澤東失眠了。

02海瑞平白無辜被扯了進來

一九五九年四月二日，中國共產黨八屆七中全會開會，晚上，為出生於湖南的毛澤東安排了湘劇《生死碑》。

仍是晚上八點，毛澤東在柯慶施的陪同下來到劇場，向全場觀劇的與會代表招手致意，然後走到舞臺前正中為他準備的單人沙發前，因肚子太大，為避免坐下後皮帶勒大肚子，隨從依慣例先幫助毛鬆開了腰帶。毛在柯大鼻子的攙扶下，慢慢坐下。他先喝了口濃濃的碧螺春茶，隨從幫他點上菸，這是信號，柯大鼻子向一個上海官員看了一眼，舞臺上立即緩緩拉開大幕，鑼鼓齊鳴，等候多時的劇目《生死碑》開演了。

這個戲情節曲折動人，扣人心弦，又是湖南地方戲，以致菸癮極大的毛澤東竟然熄滅了香菸，全神貫注地觀看。戲的末尾有明朝「南包公」美譽的海瑞上場，為了給無辜者伸張正義，他不顧自己頭上的烏紗帽，大義凜然，挺身而出。全場觀眾皆對無私無畏的清官海瑞肅然起敬，掌聲雷動，經久不息。毛澤東也為之動容，用手拍著沙發，說：「我看海瑞還是太少了！」

毛澤東雙手按住沙發，在柯慶施和秘書田家英的攙扶下，緩緩起身，他對田家英說：

「你剛從四川農村蹲點（即選定一個村莊，讓幹部住下，調查研究一段時間）回來，挺累，不過，我有小事一樁，要你去辦；你明天去借一下《明史》，我想看一看〈海瑞傳〉。」

四月三日上午開全體會，下午各小組分組討論。毛澤東下午沒有開會，午睡後看《明史．海瑞傳》。讀後，一個奇特的念頭在他在心中產生，這個念頭，導致了一場亙古未有的奇冤。

探討毛澤東要別人學海瑞的內心世界，還要回到毛澤東說過：「人民公社好」這件事上。終其一生，他頑固地堅持人民公社這個怪物。但是，一九五八年，由他強行在全國一窩蜂似地成立人民公社，在不到一年的時間內，其弊病及後果迅速惡性表現出來，不少農村已經餓死人，這些恐怖、血腥的現實，任何官員都無法掩飾。因而，在四月三日的分組會上，有的代表已經很有保留地流露出來。毛澤東看了會議簡報，知道自己惹了禍，不得不說上幾句，企圖輕描淡寫，文過飾非，大事化小，嫁禍於人，掩蓋問題。

四月四日上午，毛澤東在全體會議上被迫講了人民公社需要整頓的問題，在浮皮蹭癢地簡單講了些人民公社存在的「共產風」、「浮誇風」現象後，照例把責任往下推，開始指責下邊不跟他講真話。他已經「忘了」，曾在去年，誰講真話，他就說誰是「右傾」、「小腳女人」的事，他食言自肥。現在又號召大家學習明朝的海瑞：

「海瑞這個人，對皇帝罵得很厲害，他說當時的嘉靖皇帝是：『嘉靖嘉靖，家家皆淨也』。

海瑞給嘉靖皇帝上疏，還把這句話寫了進去。嘉靖皇帝看了奏疏大怒，下令把他關在牢裡。有一天，看監獄的老頭拿了酒菜給他吃，他很奇怪，牢頭告訴他，嘉靖皇帝死了，快放他出監獄了。海瑞一聽，嚎啕大哭起來，以致把吃進的酒菜全部吐了出來。」

毛澤東講到這裡，又意味深長地說：

「儘管海瑞罵了皇帝，但是他對嘉靖皇帝還是忠心耿耿的，我們應當提倡海瑞這樣一片忠誠而又剛正不阿、直言敢諫的精神。」

毛澤東善於借題發揮，針對當時在全國範圍內，各級幹部普遍存在的被迫報喜不報憂的嚴重現象，號召大家「學習海瑞敢於向皇帝講真話的精神」。他要官員「不怕丟官，不怕開除黨籍，不怕勞改，不怕坐牢，不怕殺頭，要做到『五不怕』，捨得一身剮，敢把皇帝拉下馬」。

今日的讀者會產生疑問：毛號召下屬「五不怕」，那毛為什麼要對講真話的部下，又是殺頭，又是坐牢呢？不知偉大領袖想到沒有？毛澤東沒有談，上級針對下級講的真話，如何採取正確態度？上級用「殺、關、管」（「管」是無產階級專政形式之一，即管制，被管制人可以回家，但失去人身自由）對待說真話的下級，那麼，下級能「不怕」嗎？

毛澤東的另一個大秘書胡喬木，散會回到北京，秉承毛澤東號召學習海瑞的指示，立刻向著名的明史專家、時任北京市副市長的吳晗教授透露了毛澤東的講話內容，請吳晗給中共喉舌《人民日報》寫一篇介紹海瑞的文章，回應毛澤東「向海瑞學習」的號召。

這樣，一場史無前例的文化冤獄，明朝大清官海瑞無辜被拉了進來，也無端把學者吳晗教授牽扯、株連進來。海瑞到底何許人也，導致了這一場天悲地憫的大冤案？這還要回到五百年前，讓我們瞻仰一下這位清官。

03 海瑞所處的時代

毛澤東提到的海瑞，不僅是明朝首屈一指的清官，在中國歷史上恐怕也是和北宋時期的包拯（後人尊稱為「包公」）並駕齊驅的「清官雙璧」。雖然包公的名氣更大一些，但他的許多膾炙人口的感人故事，是後代文藝作品虛構的，不少是從武俠小說《三俠五義》中擴大改編而成的，像什麼鍘駙馬陳世美、鍘國舅、鍘判官、鍘包勉、打龍袍、探陰山等等，一看就知道是編造的，表達了人民對清官的渴望之情。

包公廉潔自律、為民申冤的事跡，在正史中記載不多。而海瑞則不然，他清正廉明的事跡，無論是文藝作品，亦或民間傳說，並不太多，但是在正史以及相關的檔案文獻中，都有確切的記載，海瑞是一位真實可信的清官。

中國歷朝歷代是：廟堂之上，貪官多於清官；江湖之遠，小人多於君子。道理很簡單，做貪官、小人，要比做清官、君子容易得多。尤其明朝官場，貪佞無恥小人比比皆是，正直無私君子卻鳳毛麟角。這種現象，和中國歷朝昏君大大多於明君有關。

昏君欣賞、信用、提拔的多為小人，這樣的事例，屢見不鮮。在昏君的專制統治下，當個清官不容易，正直清廉的君子很難有升遷的機會。明朝官場只有科舉考上的書呆子和行賄鑽營上去的小人，這兩撥人的共同特點是沒有政治頭腦，更不具備治國能力，指望他們治理大明，是幻想，他們能做到平庸不堪就已經很不錯了。

專制統治下的任用官吏制度是任命制，全憑上司個人意志。這就出現一個問題，若上司是個壞蛋，他希望任命的官員是個笨蛋，這種笨蛋不會對上司構成威脅，也聽話，好指使；這個笨蛋一旦成了上司，他只欣賞那些會阿諛奉承、溜鬚拍馬、行賄上供的壞蛋，反正壞蛋三言兩語，就會哄得笨蛋上司的信用。結果，官僚隊伍中儘是一個笨蛋接一個壞蛋，一個壞蛋接一個笨蛋，官場有如一盤圍棋，無非黑子與白子。明朝官場就是這樣，除了壞蛋和笨蛋，還有壞蛋和笨蛋的混合物。幾百年來，一群群言不壓眾、貌不驚人，文不能測字，武不能賣拳的無能小人，統治著這個龐大帝國，這成了歷史規律。

明朝的昏君比中國任何一個朝代都多，其無恥程度、表現形式，更是「百花齊放、推陳出新」，幾可開個「世博會」，僅朱家一家皇帝，就可盡情展示一番。除了明太祖朱元璋、明成祖朱棣父子二人，還算有所作為，是個明白人外，他們繁殖的後代「列宗」們，幾乎清一色昏庸無能、智商低下、不學無術。若再加上南明政權那幾個短命而且混賬的皇帝，明代十幾個大白癡皇帝，統治中國二百多年，創下「新高」！

出現這種現象，表面上看，明朝一個昏君死了，繼位的還是個昏君，祖祖輩輩、世世代代、子子孫孫，昏君世襲罔替，朱元璋後代似乎有昏君基因。這到底是為什麼？

明史專家試圖解釋這一荒唐的歷史現象。有的學者認為，統治元朝的蒙古皇帝，以極其原始、殘暴的手段，統治了近百年，把漢人當奴隸，歷史大倒退。朱元璋大軍推翻了元朝，以民族英雄自居。朱明王朝驕傲了，朱元璋子孫，甚至八杆子打不著的後代，也以「民族英雄」自居，似乎蒙古人是這幫公子哥打跑的。

廣大漢人總認為大明官吏再不是東西，也總比處於奴隸制初期的蒙古人統治強。明朝漢人不可能知道，自明朝開始，中國已大踏步落後西方了。百姓容忍到明末，忍無可忍，才造反推翻了明王朝。

更多學者認為，乃因明朝倒行逆施，強化君主集權專制的結果。談到海瑞所處的時代，就不能不說到明朝高度集權的君主專制。

中國的封建君主專制，自秦始皇開始，歷經秦漢的發展，到唐宋，已達全面成熟時期，像一個人，發育到壯年，應該進入晚年了。明朝就處在中國封建君主專制晚年的開始，它應該行將就木，走向死亡。不料，朱元璋大大加強了他的獨裁集權統治，使這具已經躺在「龍榻」上奄奄一息的病叟，忽然迴光返照，或者乾脆就是「炸屍」（民間傳聞，據說有人已死，又突然活了，過一段時間重新死去），從床上一躍而起，擾亂別人的正常生活。

任何獨裁者，他的權力是無限的，沒有一絲一毫的約束，可以為所欲為，這種人，不為非作惡，那才怪呢！是謂我們今日經常說的，「極端的權力導致極端的腐敗」，這種專制制度才是明朝盛產昏君的根本原因。

明朝還有一個怪現象，雖然世代昏君腐敗透頂，卻又湧現出一批名臣，尤其明朝中後期的于謙、徐階、海瑞、張居正、李贄、戚繼光、徐光啟、楊嗣昌、史可法、袁崇煥……是謂「明朝昏君出名臣。清初明君多庸臣」。清初康熙、雍正、乾隆三位明君，統治中國一百多年，在他們巨大的身影下，那些大臣顯得何等渺小、猥瑣，只會「喳（清代官員對皇上聖旨表示同意執行的應聲）！」的資格，有誰會記得他們誰是名臣呢？

明朝昏君以信用小人為主，這是其本性使然。不過，多麼糊塗的皇帝也懂得防止權臣篡位，雖然中國歷史上尚未發現有「不愛江山愛美人」那樣的國君，但是，昏君畢竟好哄騙、好對付。他們多智商低下，糊裡糊塗，不學無術，只關心吃喝玩樂、荒淫無恥，大臣們只要不妨害昏君這些勾當，那麼，奸臣的偷雞摸狗、男盜女娼；忠臣的施展才華、安邦治國，皇上都不關心。海瑞就生活在這樣的稀裡糊塗黑暗時代。

04母親和理學伴隨海瑞度過童年

海瑞，字汝賢，自號剛峰，生於明武宗正德十年（西元一五一五年），廣東海南島瓊山縣人。

他的祖籍在福建，南宋時遷到廣東番禺。明太祖洪武十六年（西元一三八三年），海瑞的高祖從軍到了海南島，定居於瓊山縣。自此以後，海氏家族便在海角天涯的海南島生息繁衍，經過幾代人的艱苦奮鬥，逐漸成為海南的名門望族。海氏一門曾經出過兩個知縣。海瑞還有一個伯父是明憲宗成化十一年（西元一四七五年）的進士，官至四川道監察御史，這是海瑞生前最顯赫的家族史了。

俗話說「富貴不過三代」，是具有普遍意義的。到海瑞父親的這一代，家道已經中落。他的父親名海瀚，生性淡泊，是個既不熱中於功名，又不關心家業的庸碌之輩，讀書的興趣也不大，唯讀到個縣學的廩生，是可以享受政府膳食補助的在學之生員，用今天的話說，是享受國家助學金的在校學生。本應刻苦學習，對得起助學金，但海瀚卻成天遊手好閒，不務正業，胸無大志，蹉跎一生，俗稱「沒出息」。他去世時海瑞才四歲，海瑞的母親謝氏也年僅二十八歲，開始守寡。

古往今來，很多有思想、有情趣的女子，因歷史條件所限，自己無法學習上進，就指望嫁給一個奮發有為的丈夫，不枉自己依附終生。海瑞的母親謝氏就屬於這類性格剛烈、知書達理、恪守封建倫理道德標準的良家婦女。令她失望的丈夫撒手歸西後，這個年輕的寡婦不僅忍受冰霜之苦，操持家中僅有的十來畝薄田，聊以度日，還負擔起幼子海瑞的培養任務，希望兒子能夠成為一個有上進心、有作為的人才。

史料記載，謝氏在丈夫去世後，「先後苦針裁，營衣食，節費資，督瑞學」。四歲多一點的海瑞開始懂得了度日的艱辛和農民的疾苦，這對於他日後的成長，以及為民請命，起到了決定性的作用。

謝氏望子成龍，每到晚上，她從田間回來，拖著疲憊的身軀，教授小海瑞一字一句背寫《大學》、《中庸》、《孝經》等。母親念一句，小海瑞背一句，小小年紀，自然不懂得所背含意，因而難免背錯，嚴厲的母親立即大聲呵斥，並手持三尺長的戒尺，邊揮舞邊喝令兒子跪下，背書！

在嚴母的管教下，不許小海瑞和鄰居小孩玩耍，「有戲謔，必嚴詞正色誨之」。謝氏望著兒子不解和乞盼的眼神，也不由鼻子一酸，落下眼淚，一把摟過兒子，把他死去的父親當做一事無成的反面教員，告誡他千萬不能像他爹那樣不要強，要孜孜不倦，做一個人上人。小海瑞犧牲了自己稚愛的童年，換來的是優異的學識和剛毅的性格。

海瑞十四歲時，養成了事事向古代聖賢看齊，言行無不循規蹈矩，老成持重，古極耿介的「小大人」了。孔孟遺言，已經融化在他的血液中，落實在行動上，他在待人接物、吟詩作文、出行交往、談吐舉止上，有板有眼，無懈可擊，彷彿堯舜在世、孔孟復活。

像海瑞這樣的青少年，外出時受到鄰里稱讚，在校則深得師生好評，他後來在〈規士文〉中回憶自己當學生的情景時說：「我做小秀才時，見年紀比我大的同學，就十分恭敬，不敢在他面前大聲喧嘩，亦不敢搶先行走在年長者之前，必讓道一旁；同席年高，叨陪末座。從來沒有越禮的時候。」

有一次老師讓海瑞談談「何為聖賢」，海瑞小小年紀，一鳴驚人，他說：「聖賢的話可以說上千言萬語，其實聖賢只是要人們知道他們的一顆真心就夠了，我等只要終身以自己的真心為國為民，便是聖賢了。我今生讀書求學就是要做聖賢，為國家效力。」海瑞的一席話，成了他此後畢生的奮鬥誓言。

海瑞自幼受兩個人影響最深，一位是他的母親謝氏，她堅強的個性給海瑞以身教，潛移默化地熏陶小海瑞，使他形成正直剛毅的品格。她對海瑞極嚴格的要求與約束，是海瑞後來長大能夠對國家和百姓做出重大貢獻的根本原因；另一位就是比海瑞早幾十年的理學大師王陽明，他的哲學思想對海瑞乃至以後的中國人影響極大。

提到王陽明的理學思想對海瑞之啟蒙教育影響頗大，有必要介紹一下理學為何物，將有助於廣大讀者理解海瑞的精神。這就涉及到理學在中國思想領域中產生的影響。

＊

思想領域的鬥爭要經過反覆較量，才能成為廣大群眾的信念，甚至成為民族精神，絕不能僅僅靠統治者個人意志，喊一聲「破舊立新」，就可以解決問題的。儒家學說並非從產生後很快就在中國思想界占據統治地位的，它和別的思想經歷了長達千年的反覆較量。

秦始皇崇尚法家，僅僅懂得從肉體上消滅儒生，而搞「焚書坑儒」，結果，儒家未亡秦倒亡了。漢朝建立後，歷史事實向人們提出了這樣一個問題：秦累世經營六百餘年，到秦始皇，「六王畢，四海一」，而成帝業，不過十五年即亡。漢高祖劉邦，無寸土之封，起兵討秦，而後楚漢相爭，五年建漢。秦何以速亡，漢何以暴興？漢又如何才能長治久安？歷史上找不到這個答案，沒有先例，漢初的政治家、思想家、史學家，幾乎都在思考：秦始皇以前，中國沒有皇帝，他原想傳諸萬世，結果三世而亡。漢朝的皇帝能傳幾代？這個疑問人人心中皆有，人人口上則無。誰都在想，誰都不敢講。

漢初不再用暴力強制推行法家了，使得這個「家」，那個「派」又盛行起來，連佛教也從印度傳了進來。這時，漢朝出了個英明的皇帝漢武帝劉徹。說他英明，其實他也就算是個明白人。這在歷史上也不容易，對帝王不能要求太高。他明白在思想上要樹立統一的意識，就採納了董仲舒的「廢黜百家，獨尊儒術」，仍是企求靠權力推行一種統治思想，但沒有什麼效果。經過東漢末年的戰亂，又有魏晉的玄學、唐代的佛學和儒家學說唱對臺戲，儒家遠沒有成為「億萬人民強大的思想武器」。

經過五代十國的大動亂，道德淪喪，禮崩樂壞。到了北宋，隨著君主專制的發達、成熟，又產生了一大批哲學家、思想家，其中最著名的是周敦頤（西元一〇一七～一〇七三年）和他的弟子程顥（西元一〇三二～一〇八五年）、程頤（西元一〇三三～一一〇七年）兄弟。他們像世上哲學家一樣，吃飽了飯沒事幹，在那裡津津有味、喋喋不休地「空言心性，束書不觀」。什麼「太極」、「無極」、「人極」，以及「天」、「理」、「心」等等一般人既不懂又不感興趣的名詞（用今天的哲學概念，就是何謂「物質」，何謂「意識」）。我總懷疑，千百年來一些大哲學家爭來吵去，他們自己也未必弄得懂這些問題？他們創立了「理學」。

南宋著名大學者朱熹（西元一一三〇～一二〇〇年）在研究儒家思想上很有成就，奠定了儒家思想在中國的統治地位。自此，再無任何思潮可以和孔孟理論相抗衡。這是朱熹的歷史功績。他繼承、發展了周、程的哲學思想，尤其弘揚了程頤政治主張中消極的東西，高度概括成「去人欲，存天理」。講白了就是為了維護所謂的「天理」——儘管是毫無道理，甚至是胡說八道，寧可泯滅人類的正當慾望也在所不惜。話說回來，即或是正確的「天理」，也不應用「去人欲」的方法來維護。因為合理的天理應當是尊重人慾的。

理學的核心思想是「忠、孝、節、義」。「忠」，「對皇帝要無限忠於，無限崇拜，無限熱愛，無限敬仰」，即使皇帝再無道，再殘暴，也要「四個無限」。「孝」是孝順長輩。「義」是朋友之間要講「義氣」。荒唐的是「節」，這是全體婦女界的「專利」和「特權」。被世代中國人信守的「天理」是程頤反對寡婦再嫁，鼓吹婦女「餓死事極小，失節事極大」。在這種極荒唐的「天理」指引下，千百年來，中國多少婦女用血淚甚至生命來誓死捍衛這個「節」。我們舉一個殘忍的事例解釋海瑞信奉的「理學」。

＊

明代福建一個農村中，鄰居兩個女子同時懷孕。兩家商定，如果生下一男一女，這兩個孩子成人後就是夫妻，這叫「指腹成婚」。不成想，男孩生下來即死亡，隨後，女孩生下來，就要為這已死的「丈夫」守寡。十三年後，還一本正經地為他倆舉辦正式「婚禮」。無奈「丈夫」已死，新媳婦就抱隻大公雞「拜堂」，大約「嫁雞隨雞」之意。在農村，歷來娶媳婦是全村的大喜事，親朋好友必須參加。這次也說不上是參加喜事還是奔喪。兩家親家心中自然極悲，當眾人的面，臉上還要裝出「喜氣洋洋」、「大好形勢」的模樣，「婆婆」背後少不得流淚。這就是理學禁錮下中國人的「死要面子活受罪」之淵藪。

至於十三歲的「新娘」，因年齡太小，無論「丈夫」是死是活，她都無所謂，茫然不曉，但在她小小的心靈中，已經隱約籠罩著一種不祥，甚至恐怖的陰影。其實，以後的生活更為恐怖。

她抱著大公雞「拜天地」，「拜高堂」後，省略了「夫妻對拜」，就「雙雙」入洞房了。在「洞房」的床上，放著一塊長條木板，上寫著丈夫的姓名，「新娘」今生今世要守著這塊木板度過餘生。

中國歷來風俗，婆家在新媳婦入洞房後，要大宴賓客，新郎要逐桌敬喜酒，達到喜慶高潮。但今日全免，新郎沒有了，自不必說，婆家既無錢，又無心情，客人們也沒指望吃喜酒，說幾句客氣話，紛紛散去。

新媳婦過門後，嫁到貧苦人家無非多個勞動力，每日起早貪黑，不停地幹活。晚上，婆婆怕兒媳躺下胡思亂想，思想上有「自由化傾向」，不忠於丈夫，就讓兒媳數豆子，毫無意義地將一筐豆子一粒一粒數到另一筐。兒媳婦若無睡意，再從另一筐數回到這一筐，直到兒媳睏得無法支撐了，才讓她去睡，這叫「思想控制」。

兒媳的苦難這才剛剛開始。她十七歲那年，婆婆病了，擔心自己死後兒媳不能堅持「守節」，逼迫她用燒紅的木炭燒瞎一隻眼，達到毀容效果。後來，婆婆沒死，兒媳又守了兩年「節」，倒先死了，才十九歲。在這種生存環境中，從精神到肉體都沐浴在理學的「陽光」雨露下，能活到十九歲就算長壽了。

縣裡士紳認為這個兒媳是「活學活用」理學的貞節烈女，大家集資為她立了烈女牌坊，方便女士們學習這個「好榜樣」。只要看看這個「榜樣」，就知道「理學」在明代是什麼東西了。

榜樣的力量是無窮的。一百多年後，理學思潮像沙塵暴一樣漂洋過海，傳到寶島臺灣，立即生根開花結果。在臺北市「二二八公園」，一塊清嘉慶年間立的石碑，以紀念一位黃姓女子一生如何「守節」，碑文在讚美她血和淚譜寫的歷史。從「烈女碑」到前文提到的「紅太陽餐廳」，真是兩岸一家親。

理學思想，無論積極的抑或消極的，都對年幼的海瑞產生了終生決定性的烙印般的影響。而理學傳播者王陽明成了海瑞的「啟蒙老師」。明代弘揚理學成就最大者，也是對海瑞思想成長影響最力者王陽明，亦有必要介紹一下，這又涉及到臺北市。

＊

臺北市有一座很有名的山——陽明山，原名草山。不少年輕人並不知道這座山是因為紀念王陽明而改為現名的。

王陽明生於明憲宗成化八年（西元一四七二年），卒於明世宗嘉靖七年（西元一五二八年），浙江餘姚人，幼名雲，五歲改名守仁，字伯安。他後來曾經在陽明書院（亦稱陽明洞）講學，世人遂稱其為「陽明先生」。因此，後人稱他為「王陽明」。

明弘治年間，他考中進士，先後擔任過刑部、兵部的主事。正德元年（西元一五〇六年），有個官員曾銑，上書批評當權宦官、大名鼎鼎的劉瑾，受到打擊。王陽明不拒權奸，向皇帝上書力救曾銑，而得罪了劉瑾，受到廷杖（明朝的一種特殊刑法。皇帝下令將他認為有過失的朝臣，拉到午門外當眾扒下褲子打屁股，以示懲處和侮辱，不少大臣當場被打死）。

王陽明被廷杖後，發配到貴州龍場一個偏遠的小地方任驛丞，當個管理驛站的小官。

中國的官場歷來就是這個樣子，官員的升降獎斥，不講是非功過，全看人事變動（俗稱「跟對了人沒有？」）。劉瑾倒臺後，在驛站默默無聞的王陽明被朝廷的官員想起，他因反劉瑾而獲罪，這回因禍得福，他被提升為廬陵知縣。正德十一年（西元一五一六年）八月，由兵部尚書王瓊推薦，又被召回北京，破格擢升為都察院左僉都御使，巡撫南康、贛州等地，也就是以中央大員身分，下去視察，發現問題有權及時處理。正趕上福建、江西發生了小股農民造反，王陽明坐鎮指揮，予以鎮壓。

正德十四年（西元一五一九年），在江西南昌的寧王朱宸濠謀反，正德皇帝朱厚照滿打滿算希望借「御駕親征」之名，到江南好好玩玩，京戲「遊龍戲鳳」演的就是這件事。結果正在巡撫江南的王陽明主動徵集了湖廣、江西三十萬兵馬，直搗南昌，活捉朱宸濠，讓正德皇帝差點去不成江南，好不掃興。皇上扣下戰報，還是下了江南，鬧出一場大笑話。這是大明的另一場鬧劇，按下不表。

嘉靖六年（西元一五二七年），王陽明總督兩廣軍務，鎮壓了廣西少數民族起義。

王陽明真是個天才，他不僅能帶兵打仗，在學術上亦有成就，可稱文武雙全的儒將。他的學術最大成就是創立了自己稱之謂「心學」。他認為「心是天地萬物之主」，「心即理，心外無理，心外無物」，其學術比程、朱理學空談「天理性命」（弄得一般人不懂，也不感興趣）。效果要好一些，更簡單易行，故其學術一度風靡於南北二京（南京和北京）。學者翕然信從，文人雅士、達官顯貴以侃侃而談王陽明「心學」為時尚，其實誰都一知半解，甚至一點不懂，跟著瞎起哄。

有些名人的思想，和這些名人的隻言片語，一旦成了人們顯示自己才學、追逐時髦的口頭禪，這種思想或隻言片語，也就像安徒生童話裡的〈皇帝的新衣〉。皇帝明明赤身裸體，但群臣一個勁稱讚皇帝新衣漂亮，弄得皇帝自己也以為確實穿了身新衣服。在一片讚美聲中，王陽明亦飄飄然，自詡平生只幹了兩件大事，一為「破山中賊」（指鎮壓農民造反和平息寧王叛亂），一為「破心中之賊」，即其「心學傳播」。他的「心學」不僅深深影響了和他同時代但稍晚一些的海瑞，也對後人影響頗大，蔣中正很敬佩王陽明。而王陽明真正的忠實信徒，非海瑞莫屬，迄今我還真不知道除了海瑞，還有誰能算王陽明心口如一的信徒？

05 沒有「高等學歷」

如今中國大陸縣長以上的官員，大多具有高等學歷，俗稱「大學本科畢業」。官越大，學歷要求越高。應該說，這是社會進步的標誌。海瑞晚年，官做得很大，七十三歲時，已經任南京都察院右都御史（相當於負責江南半個中國的最高檢察院副檢察長，少說也是個正部級）。後人都會認為海瑞肯定中過進士。其實，他在科舉考試上極為不順，畢其一生，只勉勉強強考中個舉人，也就高中畢業。

明朝的平民百姓，沒有進士功名，當官幾乎不可能。海瑞又沒有「靠山」和「背景」，更沒有「走後門」、「找路子」，他能取得如此官階和名氣，也真創了個奇蹟。當然，還是憑他孜孜不倦的勤奮和正直無私的品德。這樣優秀的人才，為什麼幾次考不上進士？這就要從科舉制度本身說起。

中國的官吏制度，在秦漢以前，是貴族專有制。夏、商和西周為奴隸制社會，奴隸主貴族壟斷、世襲各級官吏。經過秦朝過渡，兩漢發展為「察舉徵辟制度」，就是舉薦制，像漢高祖劉邦手下的張良、韓信，都是被人舉薦給劉邦的。

賢良舉薦賢良，忠臣治國，固然不錯，萬一「賢良」看花了眼，將奸佞小人舉薦，豈不壞事？官場有如賭場，官員就是賭徒，雖然「賭場有風險，下注須謹慎」，但不計後果賭一把的心理，刺激一切賭徒。凡是官員心裡都明白，官場險惡，風急浪大，很可能身敗名裂、身首異處。可是，榮華富貴、威風八面的憧憬，又像威力無比的「精神原子彈」在他們心中爆炸，在衝擊著他們。因此，到了魏晉南北朝，官僚又成為世襲，形成「門閥」，官場也必然貪腐、無能、混亂，下層平民幾乎不可能進入官場。

此時，中國的封建社會正在向高峰攀登，各種制度也在良性地豐富與完善，歷史的總趨勢還是不斷走向公平、合理的。隋唐出現了科舉，這是一個偉大的創舉。「學而優則仕」，平民百姓子弟，只要刻苦讀書，就有做官的可能性，使得有真才實學的讀書人無論門第高低，家境貧富，只要通過了考試，就能進入官場，享受榮華或施展抱負。

科舉制的優越性，除了從理論上給下層百姓、有才之士提供了登堂入室、安邦治國的機會，還有兩層深遠意義：一是強調了知識的重要性，鼓勵讀書，從根本上否定了「讀書無用論」；二是各級官吏多為儒家文化之士，他們再到全國各地任官要求後代學子一律學習孔孟之道，這對於維繫、弘揚中華民族文化，保持大一統中國的思想統一，起到了歷史積極作用。儘管科舉考試存在不少弊端，但今人仍然發明不出一種更好的選拔人才制度，只得「因循守舊」。至今中國大陸的「高考」制度，臺灣叫「聯考」，仍是科舉考試的延續和繼承。

*

明朝的科舉，規定以「八股文」取士。所謂「八股」，就是考試卷子規定寫一篇文章，文章不論何題，其格式必須由破題、承題、起講、入手、起股、中股、後股、束股八部分組成，因此稱為「八股文」。考試題目也必須從「四書」（《大學》、《中庸》、《論語》及《孟子》）和「五經」（《易》、《書》、《詩》、《春秋》及《禮記》）中取題。因此後人批評這種考試方法束縛了考生思想。其實，寫文章的格式，不能束縛人們的思想，真正束縛人們思想的是自明朝開始，必須以「理學」為作文指導思想，這才使科舉成為束縛思想的工具，使一批又一批思想迂腐、保守、木訥的人物堂而皇之地混入官場。

科舉考試分三級，童生先在州縣考試，考上者稱「秀生」或「生員」。有資格每月從政府領取三十斤糧食，以示國家讓他們專心讀書，繼續上進，不必勞動，這種人俗稱「秀才」，已經得到考舉人的資格，秀才們到省城參加「鄉試」，考中者為「舉人」，取得到北京參加「會試」的資格；「會試」俗稱「進京趕考」，考中者為「進士」，就可以當官了，最起碼能當個縣官。在明清縣官已不小。

由於考中進士是能否當官的重要途徑，所以明清兩朝從制度上對科舉考試還是很嚴格的。以進京會試為例，全國舉子匯集北京，禮部設的考場名曰「貢院」，個個考生進貢院必須被搜身，有如今日登飛機之安檢，看看有無夾帶書籍。通過搜身，防止作弊。每人單獨鎖在一間約三平方公尺的小屋裡。屋裡兩塊長木板，一上一下為桌凳，晚上平行並排做床鋪。每早有人從窗子送食物、水，晚上收走食具，送便桶。「囚禁」十天左右，美其名曰「入闈」。

到了晚上，為防止失火，貢院內不許點燈。日落而息，日升而考，倒也便罷。最令考生心驚膽顫的是「夜審」。平時，每到後半夜，有打更的老頭，在全城大街小巷敲梆子，負有報時並防火防盜的義務。會試期間，在貢院內打更老頭又多了一項「政治任務」：他們要學鬼叫，發出極陰森恐怖、淒厲嚇人、令考生毛骨悚然的聲音：「有仇的報仇，有冤的報冤」，「你幹的傷天害理的虧心事人家找你算賬來了！」等等。

這種鬼哭狼嚎般的哀鳴，回蕩在下半夜貢院的上空，平民百姓都不敢在貢院附近居住。路過此地的行人不知是貢院，還以為到了動物園或墳地。

打更老頭這樣做是奉旨而行的。朝廷當然「深謀遠慮」，「高瞻遠矚」，防止作惡多端的「階級敵人」考中進士當官，而對知識分子採用這種「夜審」的方法。其理論依據是，孔夫子他老人家有句名言：「君子坦蕩蕩，小人常戚戚」。考生們聽到冤鬼的哭嚎，沒做過虧心事的君子，問心無愧，高枕無憂，明天以飽滿的精神、平和的心態應試，就會妙筆生花，金榜題名，朝廷就會選中上上君子為官；而幹過男盜女娼、作奸犯科勾當的小人，心懷鬼胎，擔心報應，「於本心有戚戚焉」，深更半夜，身在外鄉，聽到鬼叫，所幹壞事輕者，忐忑不安；罪大惡極者，膽戰心驚，甚至精神崩潰，夜不能寐，第二天，頭昏腦脹，如何應試？不可能考中當官，這也就是「純淨了幹部隊伍」。

當然，也有不少既幹了傷天害理事，又內心「坦蕩」、滿不在乎的考生，順利通過「夜審」，考中當官，這種人也算「難能可貴」、「出類拔萃」的「特殊材料做成的」。就如今日選拔幹部，照例要過「政審」這一關，仍有漏網之魚，道理是一樣的。

如今中國大陸盛行考公務員，因為考上公務員，就有可能當官，如果在考場外也組織一些人鬼哭狼嚎嚇唬考生，是否中國的貪官會少一些？「夜審」確實比「政審」效果要好。

這種會試，三年一次，知識分子經過一番折騰，有幸考中了進士，是謂「金榜題名時」，和「洞房花燭夜」、「久旱逢甘霖」及「他鄉遇故知」同等光輝燦爛、令人興奮。

進士最榮耀的時刻，是在北京皇宮內太和殿、中和殿後邊的保和殿，接受皇帝召見。在士子心目中，皇帝是神，是「永遠不落的紅太陽」，能被召見，和在洞房初次見新媳婦面時心情一樣，浮想聯翩，心花怒放。

保和殿內皇帝高高在上，進士們跪在地上，不許抬頭，不許發問，不許咳嗽，不許動彈，不許如廁，不許這個，不許那個。皇帝學問遠遠比不上這些飽學進士，但是，從理論上講，皇帝的學問是最大的，「句句是真理」，「一句頂一萬句」，只有皇帝有資格面試這些士子。

「有學問」的皇帝拿出禮部官員事先為他擬好的試題，極有可能皇帝自己根本都鬧不明白這些試題，仍然人模狗樣地裝出滿腹經綸、博大精深的姿態。皇帝以他低智商的思想，提出他的問題，隨便問個士子，或出個上聯，令士子對下聯；或出個題目，令士子吟首「五絕」、「七律」；或問個問題，令士子簡要對答等等，這亦稱「殿試」。

由於皇帝不學無術，絕對不敢問客觀試題，只問主觀試題，猶如今日各種面試，主考絕對不敢問《史記》作者是誰？因為幾位考官別說司馬遷，連《史記》也不知道，只能問點「礦泉水有幾種用途？」「什麼是幸福？」這類主觀試題，沒有客觀答案，學生胡亂答，主考胡亂聽、胡亂給分。

再回到金殿，皇帝看誰順眼，就賜誰第一名，即中國人認為全國學術冠軍的「狀元」。大約宋朝的陳世美就是這麼當上狀元的；第二名為「榜眼」，第三名為「探花」，多留在皇帝身邊供職，當個皇帝的秘書，或教皇子讀書等等文教工作，其餘進士則分派到全國各地官衙任職。

＊

在「官本位」的中國，考上進士而當官，在官場上是很風光的，資歷過硬，響噹噹，有如今日從美國博士後出站回國。海瑞沒有進士功名，在官場上就被人看不起。海瑞的不幸，還由於誰也逃不脫中國「官本位」的桎梏，這也造成了海瑞的另一悲劇。他想濟世救民，可除了當官，無路可走。「官本位」的中國逼迫極不適宜當官的海瑞，還得去當官。

所謂「官本位」，是中國大陸近三十年流行的一個辭彙，這也是古已有之的「國粹」，指古往今來，衡量一個知識分子有無成就及道德、人品等自身價值的唯一尺度，是當官了沒有？當了多大的官？哪怕一個缺才少德、十惡不赦的壞蛋小人，無論他利用什麼卑鄙無恥的手段，或通過什麼蠅營狗苟的途徑，一旦混上個一官半職，立刻在人們眼中成了「正人君子」、「偉岸聖賢」、「國之棟梁」，享受大量特權，可以胡作非為，害民誤國，而打著「工作需要」的幌子，去肆無忌憚地大量霸占社會財富。「官本位」這種「人才計量法」，綿延了幾千年，長盛不衰，以致今日寺廟主持，也要享受「正處級待遇」；成批的奧運冠軍，按他獲金牌的多少，非要弄個局長、處長當當才風光，就不足為奇了。

中國古代讀書人唯一出路是通過考科舉，求功名。海瑞的父親海瀚，被妻子謝氏認為「沒出息」，很大成分是沒有考上個功名。因而書生就自勉「十年寒窗無人問，一舉成名天下知」；最誘人的還是那句「書中自有黃金屋，書中自有顏如玉」，這是總結中國幾千年書生成功經驗的經典之句。雖然今日個人的成功已「多元化」，「多途徑」，「條條大路通羅馬」：炒地皮、炒股、投資、官商勾結、男盜女娼、坑蒙拐騙、殺人越貨，都可得到「黃金屋」、「顏如玉」，但是古代的中國，還是教育學生「學而優則仕」，「讀書做官」。男人當不上官，只能當個教書匠，雖說是「園丁」、「靈魂工程師」，除了「找對象」說起來體面一些，此外，誰把你當回事？

＊

用「官本位」、「人才計量法」來衡量海瑞，中年以前的他，比「園丁」、「靈魂工程師」強不了多少。他自稱中過秀才，但是沒有發現檔案文獻有這方面的記載，不過，海瑞能有資格參加鄉試去考舉人，證明他還是中過秀才的。

海瑞是三十六歲中的舉人，即使他曾經中過秀才，也沒有什麼自豪的，就像今天一位三十多歲的中年男子才剛小學畢業，有什麼可美的？

說來也巧，海瑞遇到了一位恩人：是廣東省督學官（相當於今日廣東省教育廳廳長），來到海南島瓊山郡視察生員學習成績，無意間看到海瑞的文章，十分賞識，在一片跪著的生員中，特別叫起海瑞上前交談，（大約這位督學官想模仿當年他參加殿試，皇帝曾面試過他的情景）。海瑞母親謝氏對海瑞自幼嚴厲的教誨效果這時顯露出來，督學官見海瑞端莊不俗的舉止，博學得體的言辭，格外器重，尤其對海瑞已經三十多歲了，尚未中舉的閱歷表示同情和惋惜。於是鼓勵他去參加省城鄉試，考個舉人功名。

海瑞卻表示，參加鄉試，為的是能夠對國家發揮更大的作用，自己無論在德、才方面均差得很遠，不能抱著僥倖心理去投機取巧，還應再繼續磨礪，學習聖人之作。後人至今也弄不清楚是海瑞非要向「高、精、尖」學問衝刺之後，才去鄉試，還是「認真」學習得鑽牛角尖，總之，他沒有去參加鄉試。

又過了三年，嘉靖二十八年（西元一五四九年），海瑞已經三十六歲，這位督學官再次來到瓊山郡視察。他算是勤政敬業的，在那個時代，他要乘轎或騎馬，行千里從廣州到雷州半島最南端的海安港，再乘木船過海，來到荒蕪貧瘠的海南島視察教育，比起那些長年高高在上、養尊處優、作威作福的腐朽官僚，要可敬的多。可惜，從檔案文獻中沒有查到他的姓名，這又成了一件歷史懸案。

更難能可貴的是，這位督學官還記得海瑞。他要來海瑞的試卷，發覺三年來海瑞有了長足進步，讚不絕口。他對海瑞既發生興趣，又抱有希望。督學官自然知道「伯樂相馬」的典故，任何含辛茹苦、學有所成者，都深知晚生蒙恩師提攜之重要性，因而，自己一旦功成名就，也應重視提攜後學之士，這才出現了慧眼識人「周公吐哺」之君子。也有不少嫉賢妒能、拔一毛利天下而不為的上司或老師，這種極端自私自利小人，多為學識淺薄、心胸狹窄之人。

海瑞在這位督學官的再三鼓勵下，於是年八月，到省城廣州參加鄉試。不負母親謝氏和督學官之殷切期望，海瑞考中舉人，他寫的文章名〈治黎策〉。

海南島五指山住著少數民族黎族，過著刀耕火種的農牧生活，淳樸、勤勞、善良，服從明中央政府統治。但是，明政府派駐海南島的官吏，向黎族百姓橫徵暴斂、殘酷壓榨，迫使黎民「官逼民反」。朝廷不去懲處無法無天的貪官污吏，卻派兵鎮壓「造反有理」的黎族同胞，激起黎民更激烈的反抗，又促使朝廷增加更多軍隊去圍剿，嚴重地破壞了海南島經濟的發展，社會的穩定，民族的和諧。

海瑞自幼在海南島，耳濡目染了官軍和黎人「冤冤相報，何時為了」的情況。他在〈治黎策〉中，建議朝廷在黎人居住區設置衙門，專門治理黎民事物。大約廣東考官瞭解海南島，亦有同感，因而比較賞識海瑞的見解，使得海瑞順利考中舉人。人都是這樣，有了第一步，就想邁出第二步。海瑞躍躍欲試，積極準備，進京趕考。

第二年，海瑞曉行夜宿，千里迢迢進京會試，又寫了〈平黎疏〉。他堅決反對政府對黎族反抗一味剿殺，他建議應從政策上調整，如選派得力官員來海南島專事處理黎民事物，並毛遂自薦，表示自己願意擔此重任，「上山下鄉，紮根邊疆」。

明中後期科舉已徹底腐敗，朝中胸無點墨、愚不可及的考官，莫說黎族，恐怕連海南島在哪，也未必知道。他們只知道肥私、媚上。海瑞的建議，注定石沉大海，杳無音信。凡是專制腐敗的政府，歷來對百姓的任何呼聲，都採取這種不聞不問的態度，海瑞未考中進士是必然的。

第三年，已經四十歲的海瑞，再次進京參加會試。因為他的思想和考官昏庸混沌的思想格格不入，考官看著海瑞的試卷就心煩，也許考官們根本就看不懂海瑞的文章。看不懂也罷，還要裝出滿腹經綸的樣子，否定海瑞的真知灼見。更有甚者，試卷連看也不看，胡亂批分，一點「職業道德」都沒有。

海瑞再次名落孫山，是意料中的事。自此，他再也沒有進京會試，從中也可以看出他對這群考官的反感。

明朝官場重視功名，但是有進士功名的畢竟是少數人。明初，為了儘量利用讀書人為國效力，永樂中期規定，沒有考上進士的舉人，可以擔任縣裡的「教諭」，相當於今日縣城第一中學的校長。明太祖洪武二年（西元一三六九年），朱元璋頒旨，各縣官學，設教諭一人，訓導二人，協助教諭工作。後來的「訓導長」，大約就是由此而來。

自明朝教諭到中國近代縣裡中學校長，已算本縣學術界「泰斗」，知名人士。明代某縣若有資深望重者可將舉人向朝廷推薦為教諭，如正巧知縣有空缺，又無合適人選，教諭還有可能被任命為知縣。海瑞正是這樣，從任教諭起，開始了他鄙視官場，自己又不得不當官僚的矛盾生涯。

06 爲天下書生出了口惡氣

福建省中部，有個小縣城叫南平，如今已成為南平市。以前知道南平的人不多，進入二〇一〇年，南平市發生了兩件震驚全國的大事，才使南平出了名。

一件是二〇一〇年三月二十三日早上七點多鐘，在南平城內的實驗小學校門口，小學生們正在等候進入學校上課。一個凶手喪心病狂地用刀殺死八名小學生，傷五名小學生，令人髮指，全國義憤，凶手被處極刑，全世界各大媒體均有報導。

另一件是報紙披露，南平市一位女市委書記的公子，年齡不大，七混八混，已混成中共高幹，不合情理，令人生疑。報上刊載此事後，官方未作合理解釋，就更令人懷疑此事內幕。

人們不知，南平還發生過另一件大事，就是明朝的海瑞曾經在南平任過「教諭」。

嘉靖三十二年（西元一五五四年），海瑞被任命為南平縣官學的教諭，從九品。如果這還算個官的話，是最最低的一級。用今天行政級別套，頂多相當於副科級吧。

南平縣屬於福建省延平府管轄。小縣城在群山環抱之中，無論從哪條山路進城，都要穿越青翠的竹林，自有一派世外桃源的意境。為什麼海瑞能夠到南平當教諭呢，這裡自有原因。

南平縣城人口將近一萬人，幾乎與世無爭，民風淳樸，奉公守法。雖然縣城官場上免不了犯大明王朝的通病，庸倦懶散，奢侈虛偽，但是，官民上下，大家還能湊合著混。從檔案文獻中尚未發現大明建國二百多年來，有什麼「突發事件」，或什麼「群體事件」，打破過南平縣的安寧、平靜、田園詩般的生活。但是，「突發事件」最終還是降臨到南平百姓頭上。

＊

嘉靖三十三年（西元一五五五年），從東邊的海岸，竄上六、七十個海盜。他們小小個子，穿著有點像中國唐代的上衣，光著屁股蛋子，只在大腿中間兜塊破白布。特別是那髮型，頭頂兩邊各剃下一大道子頭髮，腦袋中央倒高高梳起一撮毛，猛一看，彷彿一個被砍了幾刀的西瓜，左右少了兩大塊西瓜皮。說起話來，嘰哩哇啦，如貢院科舉之夜「夜審」時的鬼叫聲，誰也聽不懂，滿嘴的「八格牙路」。這是什麼意思？直到幾百年後的抗日戰爭，中國老百姓才明白。

這夥怪物從浙江上岸，姦淫燒殺、搶掠財物，一路衝破了杭州北新關，又闖入淳安縣城（幾年後海瑞到這裡任知縣，後文詳述），再殺到安徽省有名的出產硯臺的歙縣，竄到蕪湖，「光臨」福建。

窮凶極惡的亡命徒，歷來是風高放火，月黑殺人。這群狗屁不懂的小怪物不管什麼「風和月」，風低也放火，白天也殺人。他們搶到女子，先姦後殺，婦女只要聽到他們來了，就彷彿地震似地衝出家門，向山上跑去。其實，只憑他們光著屁股蛋子，就夠中國婦女躲的。老實巴交的中國老百姓開始鬧不清，這些小怪物還算不算人類？叫他們「倭寇」，小個子強盜之意。後來才知道他們是從日本來的，這就牽扯到早期的中日關係史。

早在中國隋唐時期，日本開始從原始社會向奴隸制社會轉化，派人到中國學習文化，將中國漢字一拆，就成了日文，沿用至今，倒也省事。

過了將近一千年，日本仍然在奴隸制社會轉悠，社會進步很是緩慢。因為文化貧瘠，經濟落後，自然不懂得什麼文明禮儀，全民尚武，除了自己打，也向海外打，離日本最近的中國和朝鮮就倒了楣。

也是中國時機不好，正趕上明朝極端腐敗，這群日本亡命徒侵入中國，燒殺搶掠，如入無人之境。大明官兵大多望風而逃，由於多年不打仗，社會、官場的貪腐之風，必然刮到部隊裡，倭寇就乘著這股貪腐之風，像一群群蝗蟲，禍害得中國東南沿海民不聊生，苦不堪言。

那時的日本武士道尚屬萌芽狀態，倭寇還不像明治維新後的日本法西斯，是以把中國變成日本的殖民地為目的。當年的倭寇主要還是「洋匪」，以搶劫財物為主，搶夠了就呼嘯而去，回到日本，下次再來。這幫海盜既沒有鐵一般的組織和統一的領導，也沒有長遠目標，很是「單純」——見錢眼開。

直到嘉靖四十二年（西元一五六三年）歷史名將戚繼光率「戚家軍」才徹底蕩平倭寇，這是後話。

南平屬於抗倭第一線，不少人貪生怕死，給他官當，他也不敢來南平。空著個教諭，朝廷正苦於找不到願意去的應聘者，只有海瑞「一不怕苦，二不怕死」，朝廷派他任教諭，在政策許可範圍內，他答應來南平，也算是解了朝廷的一大難題，這是讓海瑞來南平任教諭的主要原因。

*

海瑞剛到南平不久，倭寇就流竄到距南平縣城不到八十里地的地方。別看倭寇兩條羅圈腿又短又彎，可是行動很快。眼看就要打進縣城了，南平百姓萬分驚慌，大家都眼巴巴指望知縣李夢桃拿主意。在憨厚質樸的百姓心中，皇帝是神，高不可攀，天高皇帝遠，神派駐本縣的代表就是知縣，他是本縣的神，本縣一切的權威。可知縣李夢桃此時在想什麼呢？

凡在官場上混久了的官僚，都信守一條準則：國家興亡，百姓疾苦，再大也是小事；個人的升官發財，再小也是大事。這時的李夢桃不是不知道倭寇近在咫尺，他也怕死，但在他心中，有比倭寇更令他「高度重視」的事：朝廷特派督察官提學御使黃道玉來南平一天，視察官學。李夢桃的頂頭上司、延平府太守劉善祈陪同前來，他們二人可比倭寇厲害。

一個管教育的中央大員，蒞臨偏遠荒蕪的小縣城，自然成了南平縣乃至延平府的頭等大事，大敵當前，國破家亡又算得了什麼？

打開《南平縣志》就會發現，欽差御使巡察南平縣，上一次還是明太祖朱元璋洪武十二年（西元一三七九年），時隔一百七十多年，再沒有中央大員來過，朝廷彷彿把這個小小的縣城給忘記了，這一次終於有朝廷命官來了，李夢桃好像一個老光棍娶了個著名影星那樣轟動、振奮。

知縣李夢桃何以如此重視提學御使黃道玉的大駕光臨呢？除了一百多年沒來過中央大員外，還有更重要的意義。

《大明律》規定，全國各地知縣，每三年都要輪流進京，由吏部進行考核，稱之為「朝覲」，這種「朝覲」關係到每位縣官的前程。吏部考核「達標」，上報朝廷，這位縣官就可保住烏紗帽，若再有人關照，說不定還會高升。如果考核沒有通過，自己「十年寒窗苦讀書」換來的進士出身，或者大把白銀買來的功名，豈不前功盡棄，毀於一旦？只要回想一下自己在會試時，三更半夜經受「夜審」，如何聽鬼叫，就知道當個知縣何等不易。

吏部考核，沒有客觀標準，彷彿沒有觀眾的足球裁判在吹黑哨。考官說你通過，你就通過，看你不順眼，你就別想通過。因而，參加「朝覲」的官員，必須「走後門」，「找路子」，托朝中有關係的官員「說句話」，結結實實的「關照」一下，用今天的話說，是「打聲招呼」。這樣，縣官在考核前，或者已有人給你通風報信，「露題」給你；或問別人問題生冷偏僻，刁鑽古怪，問你問題簡單易答，馬馬虎虎。問題是，誰平白無故「關照」你這個「九品芝麻官」？

古往今來，京官無論何等位高權重，但是比起名不見經傳的地方官吏，還是窮得多，更遑論富甲天下的封疆大吏。京官為什麼比地方官窮？這是另一個話題，本文不做探討。單說京官之位高權重，就夠各級地方官使出吃奶的力氣來巴結了，否則，在高度中央集權的朝廷，莫說京官給地方官點顏色，就是對你「公事公辦」，在一個龐大而效率極其低下的官僚機器中，也夠你這個地方官受的。

俗話說，天無絕人之路，無論京官，亦或地方官，不都為了一個「錢」字嗎？像海瑞如此清廉的官吏，天下能有幾個？因而，人微言輕但手握不義之財的地方官，憑手中白花花的銀子，進得京城，就可以逢山開路，遇水搭橋了。若再拐彎抹角勾搭上個京官，如同學、朋友（其實也是互相利用的「狐狸的友誼」）、上司、老鄉，八竿子打不著的親戚，那在京城辦什麼事，就如履平地、一馬平川了。

明白了這些「官場指南」，就知道為什麼無利不起早的知縣李夢桃，自打聽說提學御使黃道玉要到南平縣來，他就興奮得幾天睡不著覺。即使入睡了，李夢桃「夢」見的也不再是自己走了「桃花運」，而是勾搭上黃道玉，自己今後官運亨通，夢見「在那桃花盛開的地方」，成了白銀堆滿的地方。

*

黃道玉在延平府太守劉善祈陪同下，一路神氣活現，狐假虎威殺到了南平縣。歷來上司到下屬地方，無論「調研」還是「蹲點」、「視察」，對下級來說，多是一場災難，一場浩劫。

按明朝官場規矩，知縣率全城官吏士紳出城十里跪迎。黃道玉、劉善祈下得轎來，道貌岸然地和眾人拱手致意，知縣李夢桃上前，先自報家門，再擇要一一介紹本縣頭面人物。這些人物從地上連滾帶爬地起來，認為這才叫不世之榮，光宗耀祖，個個向黃道玉、劉善祈奉承幾句，極盡卑恭，只差把上司叫親爹。黃道玉既為提學御使，就要「調研」教育情況，發現官學的教諭不在，遲疑了一下，李夢桃忙解釋：「海瑞正在官學門外恭候」。黃道玉聽說海瑞未到城外來迎接，心中先有幾分不快，臉色從高傲變為嚴峻。

黃道玉一行來到學宮（海瑞所管的官學）門口，《明史・海瑞傳》是這樣記載他和海瑞見面的：

御使詣學宮，屬吏咸伏謁，（海）瑞獨長揖，曰：「臺謁當以屬禮，此堂，師長教士地，不當屈」。

是說提學御使黃道玉一行來到南平縣學宮，全體師生跪迎，海瑞左右一邊一個訓導皆下跪，獨海瑞僅僅深深作個揖，不下跪。延平府太守劉善祈一見大事不好，在一旁喝道：

「海瑞快行大跪禮！」

海瑞彷彿沒有聽見，不為所動。知縣李夢桃也必須表個態，厲聲喝道：「海瑞休得無禮！跪下！」

海瑞用眼瞟了一下李夢桃，心說，你是個什麼東西，我還不知道？依然不跪。此時在學宮明倫堂入座的黃道玉，多年來，已經習慣官紳文人在他面前奴顏婢膝、阿諛奉迎，每人跪著都嫌太高，恨不得趴在地上來表敬意。今日海瑞這種人，黃道玉還從未見過，喝道：

「海瑞，你參拜本欽差，為何不跪？」

做官應不怒而威，黃道玉用發怒來迫使下屬向自己表示尊敬，已很沒意思了！

海瑞一臉嚴肅，既像是背書，更像是訓子：

「《明會典・禮部・學規》卷七十八載：本朝洪武二十四年（西元一三九一年）令各處官學逢每月的初一和十五，遇有上司前來孔廟進香，到官學巡視，師生出大門迎接，行禮畢，請至明倫堂，師生作揖，教官侍坐，生員東西序立講書。上司離去，師生送至大門外回學，其別廟行香，師生不必隨行。」

朱元璋沒有多少文化，但他開國前是尊重文人的，這是他成功的重要原因。上述規定，師生不必向來視察的官員下跪，是朱元璋尊重文人的事例之一。真正的知識分子要臉面，極在乎自己的尊嚴，所謂「士可殺，不可辱」就是這個道理。總的講，中國的漢、唐、宋時代，君主專制不太嚴酷，文人地位相對較高，文字獄也較少，文人思想比較自由，因而這個歷史時期中國產生了一大批著名學者，中國的歷史文化也燦爛輝煌。

但是，明以後隨著君主專制日趨強化，衡量人的價值不看他的德、才，不在乎他對社會的貢獻，只注重他的官職大小，即前文講的「官本位」，兩袖清風、一塵不染的文人，自然也為俗人們、小人們輕視。也有不少文人自甘墮落，不知自愛，甘心趨炎附勢，反過來，又促使無知淺薄的統治者藐視知識，造成歷來官僚統治者不重視文人，文人自己也負有一定的責任。

＊

針對這些愚昧的陋習，海瑞根據《明會典》中的有關規定，在南平縣學宮曾立下「教約」：「今後官學師生在明倫堂見官，不許行跪。在校外迎官，不許出縣城到郊野接官。上司至本縣，見過面後，在以後三日內，不必再行見面作揖禮。犯人在衙門也不用行脫帽叩頭禮，『奴顏哀免，自貶士氣』，我海瑞先為諸生樹立一面旗幟。當官的本應道德更高，更應該遵守禮制。有人會說，一介書生，命運掌握在別人手中，人家既可以讓你活，也可以讓你死，書生不得不割捨禮制去獻媚上司，這是『以小人之心度君子之腹也』，諸位弟子不必害怕。」

海瑞如此要求學生，自己也是這樣身體力行的。今日全縣官吏士紳，拜見欽差提學御使全都老老實實下跪，大氣都不敢出一下。只有海瑞，一個小小教諭，站在那，如鶴立雞群，尤其兩個訓導一左一右跪在海瑞兩側，三個人像個「山」字，又像個筆架。黃道玉見硬的不行，就無奈地冷笑諷刺道：

「從哪裡搬來一個『山字筆架』呀？」

海瑞知道提學御使大人在諷刺他，正色道：

「稟欽差大人，卑職行的乃憲綱禮也。我《大明會典》憲綱明文規定，朝廷設教之官，講經授史，教化風俗，通曉古今，知孝悌忠信、禮義廉恥。子曰：『君子不重則不威，學則不固』，且陽明先生（王陽明）倡導『立誠』，因此本朝特諭，在明倫堂參拜上官，可以不跪，迎送亦可不必出城。本堂（明倫堂）乃師長講經授史、為人師表之地，下官怎能違背我祖宗會典憲綱，下跪於大人你呢？你又讓我今後如何正己、正人呢？」說得黃道玉無言以對。

進士出身的黃道玉自然知道，海瑞言之有理，但黃道玉在官場混久了，從書生異化成一個官僚，他已習慣了別人對他的令人噁心的吹捧，這是古往今來無數變質了的知識分子的共同悲劇：當了官，表面上榮耀了，但內心卻已流俗。更可悲的是他們對這種流俗、媚俗不以為恥，反以為榮，直到退休，別人不理他了，他才回過味來。

自此，「筆架先生」之名不脛而走，傳遍全省。腐朽沒落的社會就是這樣，大家徇私枉法習以為常，見怪不怪；誰若奉公守法，反倒令人稱奇吃驚。這回海瑞彷彿一個美女刊登了「徵婚啟事」，引來大齡青年踴躍造訪，一睹芳顏。後來，竟有外縣不少好奇的道員、學憲、按院，找個藉口專程來到南平縣「視察」，實則看看官比他們小得多的海瑞是否見了上司真的是長揖不跪。這群飽食終日，無所用心的官吏，在南平縣見到的海瑞，仍然沒有給他們一點面子，僅僅向他們簡單地拱拱手。反正這幫官吏「有備而來」，根本沒指望海瑞給他們下跪，倒也裝得無所謂，若無其事，他們反而稱讚海瑞「恪守禮法，堪為士範」，官場的虛偽就是這樣。

也許有人質疑，海瑞是否在嘩眾取寵？用今日官場上最時髦的做法，在「作秀」？古往今來，官場上作秀者不勝枚舉，歸其一點，其目的都為了討好自己的上司。在民主社會，最高統治者也作秀，是為了討好選民。海瑞對上司長揖不跪，他討好誰？天下有幾個官吏敢如此？

＊

這使我不禁想起，中國大陸很多學校出現的一個現象。中華民族素來有尊師敬長的優良傳統，但是自從「文革」紅衛兵鬥殺老師，軍宣隊、工宣隊將老師連真帶假的隱私公布、批鬥後，學生不僅不再尊敬老師，甚至鄙視、仇視老師，由於一直沒有徹底肅清「文革」流毒，至今學生不尊敬老師的現象仍然到處存在，且觸目驚心。

近幾十年，各校盛行舉辦「校慶紀念日」，這本是一件很文雅的活動，但是，卻令人不快。

凡本校畢業生中當官的，近幾年又加上發財的「特大款」，學校悉數向他們發出邀請函，彷彿舉辦婚禮不能沒有新郎或新娘一樣，至於本校退休、調走的老師，儘管他們曾經為本校做出過巨大貢獻；或者一般畢業生，儘管他們曾經是本校出類拔萃的優秀學生，對不起，誰讓你們沒有升官發財，能給你打個電話讓你來，已屬學校不世恩典了，大多情況下，連這個電話也沒人想起去打，至於你們來不來，悉聽尊便，沒人在乎。

校慶那天，主席臺上按官職大小，依齒而坐；也點綴幾個有突出名望的教師，多坐在主席臺邊上，或者後排。反正第一排正中是官最大的，臺下是老師和畢業生、在校生的位置。臺上官員多曾為臺下老師的學生，屬於徒子徒孫輩的，但是，學生一旦混個即使是芝麻粒、屁大的官，他的眼裡，老師也成了徒子徒孫。

臺上官員依級別講幾句不痛不癢的官話、套話、甚至多是廢話；臺下老師恭聽徒子徒孫的「重要講話」。如今，畢竟和海瑞時代不同了，老師們不用跪下。老師們在臺下洗耳恭聽完自己徒子徒孫對自己的「諄諄教誨」，這不是「三娘教子」，而是「子教三娘」，不知心中是何滋味。由此可見，海瑞確實為天下讀書人出了口惡氣，並不為過。

海瑞的心情壞到了極點的另一件事：他這個教諭，好歹也是個官。他面臨一件經常性的難題，就是官場應酬。縣衙門官吏每有公款宴請，照例將請帖送到教諭一級。那個時代，凡受邀者，受寵若驚，既可以美餐一頓，又可以拉拉關係，自己不花一文錢，又很榮耀，何樂而不為？開始受邀的海瑞，還認為這是官場規矩，是「工作需要」，自己在南平人生地不熟，初來乍到，認識各色人物，也是必要的，因而，他還去應酬。但是，令他尷尬不快的事時時發生。一入官宴，他被安排在最末席位，這倒沒什麼，誰讓他官最小呢？官員沒有尊嚴，無論自己年齡多大，上司年齡多小，都要按品級高低，依次連向知縣敬酒，官最小的連拍馬屁都是最末一位，而別人從不給他敬酒，對海瑞視而不見。海瑞生平首次悟出官場虛偽：上司拍你肩膀，叫平易近人；你拍上司肩膀，叫「犯上作亂」；上司問你個人情況，叫噓寒問暖；你若問上司情況，叫居心叵測。

官場上最高的境界是「捧」，捧上司需要大智慧，要想盡辦法把他捧起來。讓上司深信不疑你是最忠於他的大好人，這才是官場最大智慧，而海瑞恰恰缺乏這種「智慧」，後來官場再給海瑞送請帖，已很勉強，甚至很失禮，有時故意在晚宴的當天下午才送來，讓海瑞弄個措手不及，海瑞本已答應回家陪母親晚餐了。海瑞開始婉言謝絕，後來乾脆斷然拒絕。再後來，官場也不下請帖了，漸漸忘記了海瑞，他已被官場邊緣化。此時海瑞的內心是矛盾的，他對官場令人作嘔的偽善，眼不見為淨，讀讀書，陪陪老母，和官場徹底劃清界限，倒也各得其樂，相安無事。但是，身邊上下，見海瑞已遠離官場，也對他冷眼相待，「花落無言，人淡如菊」，屬下何等勢利，認為再巴結海瑞已撈不到什麼油水，也就不再搭理他，疏遠他。如果周圍都是小人，只有你一個君子，那麼結果就是：別人都成了「君子」，只有你一個小人。海瑞終日一個人無人理睬，又隱有一絲孤獨、失落和惆悵。他時時自勉：「清水為治本，直道是身謀」，以君子之道支撐自己置身小人之外。

＊

嘉靖三十四年（西元一五五五年），海瑞已經四十二歲，他仍然在南平這個偏僻貧窮的小縣城當個平庸的教諭。那時朝廷還不興教育人民要「學雷鋒」，「甘當一顆永不生鏽的螺絲釘」。當時人的壽命短，五十歲已算老年，海瑞可說是已經接近晚年，這對於一個志向高遠、品德純真、學識淵博的知識分子來講，抱負與現實相距那麼遙遠，救世濟民的理想幾乎成了連他自己也產生懷疑的幻想，他的心情陷入低谷。

他在南平開始懂得了做人和做官大不一樣。做人要光明磊落、忠誠老實；做官要迎合上司，泯滅良心。他親眼見到了上自北京來的欽差大臣，下到本縣的鼠官蚤吏，他們表面上忠順體公，實則各懷鬼胎。海瑞終日話很少，似乎他的啟蒙教育，是從四十多歲才開始。

偉人畢竟是偉人，偉人的偉大，是思想的偉大，無論在任何險惡的困境中，偉大的思想和作為都能使他脫穎而出，出人頭地。執著的海瑞，決心以王陽明先生的理學思想培養出心口如一、道德高尚、有別於官場無恥之徒。海瑞決定對學生要「教書育人」，加強學生的理論修養，不能書是書，人是人，要貫徹王陽明的「知行合一」思想。海瑞的教育思想，即使今人看來，也是值得稱道的。

一般理學大師在談論具體事物時，總是先抽象一通，「假大空」（假話、大話、空話）半天，讓人不得要領，再書歸正傳。有的人連「書歸正傳」也沒有，還美其名曰「務虛」。王陽明針對這種現象，提出「知行合一」，就是「理論與實踐相結合」，有其進步性。

海瑞辦學，以此作為指導思想。他首先寫了〈教約〉，認為對孔孟學說，關鍵在「知」和「行」，學習是「知」，品德是「行」，「忠不忠看行動」，這也是海瑞一生言行一致的實施。

任何一個學校，教學品質優劣的關鍵是教師的質量水平。海瑞對教師的要求也是很嚴格的。他親撰〈嚴師教戒〉一文，論述道：老師一定是個正派人，不能虛度一生，要嚴守儒家學說。海瑞聯想到自己年輕時立下的報國救民志向，以及追求功名之坎坷，他在文中感慨道：人生不虛度的意思，並不在乎是否做了大官，而是一旦做了官，你如何做人？

海瑞教育學生時，又像在捫心自問：你當了知縣，弄錢很容易，住上好房子，也有了美女，你會心動嗎？金錢誘惑，你挺得住嗎？有的人，見人說人話，見鬼說鬼話，當面是人，背地是鬼；或者口是心非、拍上欺下，大私無公，尤有甚者，身為父母官，卻嫉善如仇、無惡不作。你若當了官，能潔身自好，而不同流合污、不沆瀣一氣嗎？海瑞以自問的方式，不僅警戒自己，也在告誡學生。從古到今，不少文人見到官場醜態，總是這樣責問自己，這是中國知識分子最優秀的品質——良知。

*

海瑞僅僅見到的是一個小縣城的貪官污吏，發現他們連「當面是人，背後是鬼」都做不到，乾脆當面背後都是鬼，也算是「表裡如一」了，一個人不要臉了，誰拿他都沒辦法。明代官場腐敗到連「偽」都不用了，一切赤裸裸，官員連臉都不要了，這個國家也就快完了。海瑞每遇到這種官吏，這樣事，總是長歎一聲，久久沉思。任何社會都一樣，權力有多大，誘惑就有多大。無處不在的誘惑，能將人性中最貪婪、權力中最卑劣的那一面激發出來，掌權又不受監督，很難抵制這種誘惑。只要看看誘惑對官員的殺傷力，以及貪官污吏的傷亡人數，就可以看出，海瑞在幾百年前就有這樣的認識，是反腐倡廉的先行者。

社會的腐敗都是先從官場腐敗開始，就像一個家庭，父親是小人，兒子很難成君子；但是，父親是君子，兒子倒可能是小人。明朝的腐敗，是從皇帝開始的，皇恩浩蕩，腐敗之風吹遍大江南北，長城內外，如上傳下達，層層效法，如水銀洩地，無孔不入。

任何時代的腐敗，圍攻的最後一塊淨土是教育界。教育腐敗就意味著國家從根上爛了。因為任何國家的教育，都不會明目張膽地教育學生去當小偷流氓，去殺人放火。但是，政治腐敗到了極致，老師也去搞不正之風了，「身教勝於言教」的效果就顯現出它是至理名言。教師為人師表，教書育人，本該上上君子，令人尊敬，竟也同流合污，以其重於言教的身教，影響莘莘學子沽名釣譽，急功近利，一心升官發財，誰還去背「子曰」、「孟云」？

這樣的學生，參加科舉應試，僅舞弊手段，就花樣翻新，考場防不勝防。其實，也不大去防。反正上上下下全一樣，道高一尺，魔高一丈。各地官學，幾成擺設。既然用銀子可以打通考試關節，還費那勁學習什麼？只有貧苦子弟才用功讀書，這是他們擺脫現狀的唯一出路。至於官商弟子，父親有錢能使鬼推磨，兒子何必去用功？

海瑞自從獲得「筆架先生」美譽後，千百雙眼睛就在偷偷地，甚至公開地盯著他，看他是心口如一地以聖人之道治學，還是故弄玄虛，嘩眾取寵？

海瑞面對官場腐敗，可以「眼不見為淨」，但是，他置身於官學腐敗中，卻令他痛苦憂慮。每晚散學回家，母親已為他備好簡單的晚餐，他邊飲薄酒，邊和母親聊一天官學的感受，本是海瑞一天最幸福的時光，但是，他卻經常仰天長歎：「人心不古！世態炎涼！」對正在靜心諦聽的母親說：「我任教諭一日，就認真一日！」

海瑞不僅制定了「教規」、「學規」，還親自督察施行情況和效果，他態度嚴厲，一絲不苟，學生再敷衍了事，已不可能。有些調皮搗蛋的學生暗中叫他「海閻王」。漸漸傳到海瑞耳中，他只淡淡一笑。一日，他的母親突然問他：「聽說有的學生背後叫你『海閻王』，你也不打他手板（古代老師懲罰學生的一種手段）？」海瑞向母親揮揮手，不屑道：「學生嘛！」一副大度地原諒學生的樣子。

在海瑞的嘔心瀝血管教下，官學學風有了較大轉變，學生成績明顯提高，很快傳遍全省，海瑞這個清明歷練的難得人才，彷彿一片黑暗中的一盞小燈。

07「一個公子哥，算個什麼東西？」

無論何等小人，無論多麼卑鄙無恥，只要他還算個人，那麼，他心裡對君子總是暗暗欽佩的，況且，再腐敗的王朝，也有正派的官員，不過，這樣的人不多。做官也不易，被腐敗的社會和貪官污吏包圍著，若想潔身自好，「鬥私批修」是很難的，清官也就少得可憐。海瑞為人耿直、治學有方的美名，逐漸被清明的人士傳到朝廷。嘉靖三十七年（西元一五五八年），海瑞在福建南平縣當了四年的教諭後，被任命為浙江省嚴州府淳安縣知縣，這一年他已經四十三歲了。

淳安縣是個貧困山區，人民生活極苦，很多沒有土地的農民靠在山區給礦主挖礦為生，過著暗無天日的生活。山下的良田，多成為「皇莊」，被藩王、勳戚、宦官占有。

說起明代的皇莊，那是從明太祖朱元璋開始，把子孫分封到全國各地為藩王，將封地內原本世代屬於農民的良田，隨意賞賜給藩王和功臣，是為「皇莊」。隨著朱元璋後代猛烈繁衍，以及濫肆封賞，擴大賞賜對象的範圍，什麼皇親國戚、宦官太監、阿貓阿狗、烏龜王八，全在賞賜之列，且所賞土地數量越來越多，反正所賞土地又不是皇帝個人的。

明中期以後，全國大多良田，幾乎賞賜精光，到處是皇莊。只要看一看現在北京郊區遺留殘存的地名，什麼「黃莊」、「黃村」、「西黃村」，彷彿「衛星村」拱衛著北京，就可知明朝時皇莊遍地開花，星羅棋布之盛況。沒有節制的公權力，失去人性的弄權者，把這個世界弄成活地獄。

皇莊享有特權，可以不向國家上稅。一個依靠農業賦稅維持生存的帝國，全國絕大部分皇莊的良田依旨免稅，朝廷無糧無錢就活不下去，只有加重對少田或無田的升斗小民橫徵暴斂。中國官僚制度變成合法、有組織的貪污集體團夥，各級貪官污吏再層層加碼盤剝，廣大貧民百姓在人間地獄掙扎。

還有另一個嚴重的惡果，皇帝官吏像打家劫舍的強盜，有如今日官商勾結的拆遷公司強拆民宅一樣，煌煌聖旨一下，原來農民世代經營的土地，頃刻被強行「拆遷」，成了皇莊田產，原來掌有土地、日出而耕、日落而息的守法農民，頓時被趕出家園，成為無地流民。他們既為生活所迫，又滿懷對朝廷的極端仇恨，四下流浪，鋌而走險，紛紛參加農民起義隊伍。官逼民反，明朝皇帝把大批農民「逼上梁山」，這是明末出現了中國歷史上規模最大的農民起義聲勢浩大、席捲全國的主要原因。明帝不懂得這一點，因而，清朝二百多年，朝廷對皇族功臣，可以加官進爵，賞賜錢物，卻從不賞賜任何人土地，就是吸取了明亡教訓。

明朝的田賦制度也弊端叢生，朱元璋窮人出身，懂得民間疾苦。他為了發展農業，恢復元末明初百廢待興的局面，採取了很多措施，其中之一是丈量全國耕地。根據國家支出，朝廷依田地面積，規定各省、府、州、縣每年應上交多少賦稅。但是，自中央到地方為了多徵賦稅，上級往往對下級的耕地數額多算，具體辦法是，一畝等於十分。大多地方官將八分、甚至六分、五分就算一畝，倒楣的是廣大農民。假如一戶農民有十畝地，上級按五分為一畝，這戶就要按二十畝地交賦稅，而且皇莊例不納稅。

海瑞自小在海南就深知這一魚肉百姓的弊端。他決心在淳安縣內重新丈量土地，嚴格按十分等於一畝的標準計算各戶耕地，按畝徵稅，在一定程度上減輕了農民負擔，因而受到全縣交口稱讚。

海瑞在淳安縣真正驚人之舉是他對頂頭上司胡宗憲的鬥爭。

＊

大陸前幾年出了一本書叫《駐京辦主任》，十分暢銷。寫的是自上個世紀五〇年代，全國各省在北京找塊地方，設所謂「××省駐北京辦事處」。顧名思義，各省同中央、北京市有何公務，有辦事處代為辦理，各省官員來北京出差，亦可住在辦事處，比較便宜，也方便。「文革」前，社會風氣尚清明，官民普遍貧窮，駐京辦事處工作正常，沒有人去關注辦事處這個東西。同樣，中央、北京市也在全國各省會設有辦事處，彷佛古代的驛站。我還住過這樣的辦事處，一九八三年我要去西藏講學，住在西藏駐成都辦事處幾天，等進藏飛機。

上世紀進入八〇年代，隨著國家經濟飛速發展，各省駐京辦事處對本省來京出差者已應接不暇，各地方市也紛紛在北京設辦事處，後來，各縣也來湊熱鬧，中國幾千個縣，前幾年你走在北京大街上，會發現：××縣駐京辦事處先後開張，又像機關，更像賓館，一樓是餐廳，二樓是客房，三樓以上是政府機關，不倫不類，說不上像個什麼東西。同樣，中央各機關、國營企業也紛紛在風光秀麗的地方設辦事處，名為「公事」，實為官員及家屬遊山玩水提供方便。

由於各地辦事處主要從事商務活動，少不得各色商人出入辦事處，和各地官員或洽談、或簽約、或淫樂、或行賄、或密謀，各辦事處逐漸變了味，成為各地官員在外為非作歹、藏汙納垢的基地，有的地方官帶著老婆、孩子、七大姑八大姨、老媽子、司機、秘書等等，把風景秀麗、繁華富饒的駐某市辦事處當成自己個人的行宮，樂不思蜀，長期霸占，反正一切開銷全記在辦事處公務帳上，算辦事處的公務開銷，由本省、市、縣自己負擔。只要辦事處主任嘴嚴就可以，萬萬不能講出各位領導在辦事處幹的種種驚天動地、又見不得人的「偉業」，因而辦事處主任總是由領導的親信、心腹擔任。

這種中央駐各地「辦事處」，最早起源於秦始皇統一中國後，各郡縣修驛站，從首都咸陽到全國各地，用驛道將各驛站相連。原來六國的車輪間距不同，在土路上留下的溝——車轍也不同，不同路段的不同車轍不利於車的行駛。秦始皇下令全國驛道統一車轍距離，是謂「車同轍」，這恐怕是全世界最早的高速公路吧。國家的政令、用兵、賦稅等皆通過驛道，將中央和地方聯繫起來，對於全國的統一，無疑十分有利。到了唐朝，名詩「一騎紅塵妃子笑，無人知是荔枝來」，就是宮人從福建帶著荔枝在驛道上飛馳向長安，給楊貴妃送去。

從福建到長安幾千里地，騎馬送荔枝的人總得幾天時間，路上要休息。國家早就考慮到了，每隔一百里修一個驛站，類似今日的中央駐地方的辦事處。據說好馬一口氣能跑一百里，一個人步行趕路，一天也能走一百里。

*

驛站是官設的旅店，歸兵部管。明朝在全國設有一千零四十個驛站，遍布全國，只有出公差的人能住此。手持兵部發的「勘合」——一張公文紙，紙上寫明，此人官至何職，幾品，應享受什麼級別待遇，乘多少匹馬，隨行人員幾個，上蓋兵部大印，還有存根在兵部，防止作偽。存根、正頁合在一起，聯成一體，稱為「勘合」。驛吏驗看「勘合」正頁無誤，才允許休息過夜，第二天繼續趕路。驛站免費負責投宿公差食宿。這筆費用由驛站所在縣負擔，反正羊毛出在羊身上，即使由中央出這筆錢，最終還是從地方徵稅解決，還不如由所在州縣直接支付驛站費用。

海瑞任知縣的浙江省淳安縣，是杭州府到徽州府的必經之路。徽州出文人，當官的也不少，公私等事，他們或者回徽州原籍省親辦事，或者「順便」去杭州觀光旅遊一下，均途經淳安縣。按朝廷規定，他們在淳安驛站中轉的一切開銷，依慣例全部由淳安縣民負擔。每過一官，連同隨行人等，明初約三、五十兩白銀也就夠了。明中葉以後，社會腐敗加劇，地方官也借機巴結拉攏過往官員，地方官員鋪張招待，搞「公關」，拉關係，是為了個人目的，但是所有花銷，皆出自百姓頭上。每過一官，所需銀兩，已達一、二百兩，且三天兩頭有官經過，花天酒地幾天後，送這些官員及隨從人員離去時，還要「酌備薄禮」，這「薄禮」有很文雅的名稱「儀程」，每人最少一百兩，還要送名貴土特產。這對於一個貧困縣，無疑是一筆沉重的負擔，而且，驛站一切開支按戶攤派，廣大農民無力支付，只有四下逃散躲稅。

海瑞面臨驛站迎來送往、鉅額開銷這一問題，決定儘量減少支出。他下決心要「清理整頓」淳安縣驛站，上符朝廷規章，下舒小民疾苦。海瑞規定，凡過往驛站官吏，無論職位高低，一視同仁，粗茶淡飯，若要酒肉，自負費用。也有的中央、浙江省官吏來此，手持海瑞上司的手諭，希望多多關照。海瑞一概置之不理。一天，驛站來了幾十個不速之客，給海瑞出了個難題。

這天，淳安縣驛站來的人是浙江總督胡宗憲的兒子，就等於省長的兒子到下面一個縣來了。這位胡衙內是個名不見經傳、為非作歹的紈褲子弟。用今天的話說，就是個「高幹子弟」、「官二代」。寫到他，倒是有必要將他老子胡宗憲寫上一筆。

＊

胡宗憲，字汝貞，安徽績溪人，嘉靖十七年（西元一五三八年）考中進士，曾經先後任過益都、餘姚兩任知縣，後來被擢升為御使、巡按宣府和大同。嘉靖三十三年（西元一五五四年）任浙江巡按，因破倭寇有功，朝廷破格提升他為右僉都御使，代理浙江總督。第二年六月，朝廷任命他為浙江巡撫，相當於今日的浙江省省長，已算封疆大吏。

此時的胡宗憲，投靠嘉靖十分寵信的權相嚴嵩，用浙江省的錢買朝廷給的權，又用朝廷給的權搜刮浙江省的錢，果然奏效。嘉靖三十五年（西元一五五六年），朝廷又授予他兵部侍郎（相當於國防部副部長）兼僉都御使等榮譽職銜，實權仍是管理浙江，尤其總督沿海軍務，防範倭寇。

有一種官，能力強，品德不好，這種官比純笨蛋危害要大，胡宗憲就是個能力強、品德不好的高官。

嘉靖三十八年（西元一五五九年），御使王本固、李湖彈劾胡宗憲虛報平倭戰功等罪名，但是嘉靖皇帝念胡宗憲曾獻過兩隻白鹿「祥瑞」，又誘擒過倭寇頭目，加之，胡宗憲又對嚴嵩鉅額行賄，嘉靖不僅不追究胡的罪責，反而加授「太子少保」（意為德才兼備，有資格任皇太子的老師，是一種榮譽稱號），並晉升兵部尚書（相當於國防部部長），仍兼任浙江總督，一個皇帝如此昏庸，獎懲不明，是非不分，這個王朝還有什麼指望？

胡宗憲手下有兩員鼎鼎大名的傑出將領，一個是戚繼光，一個是俞大猷，他們是我國歷史上最早的抗日英雄，也是最早打敗日本侵略者的偉人。這二位民族英雄的事跡，青史留名，本書無需贅言，可惜，這二位良將平倭之功，卻算在了胡宗憲身上，胡倒成了平倭功臣。

這個胡宗憲自恃「抗倭有功」，想玩點新鮮的，他聽說倭寇頭目和中國當地士紳相勾結，個別的還結了姻親，真成了「中日親善」，這些士紳大約是最早的媚日漢奸。胡宗憲想搞個「引蛇出洞」，就通過漢奸向倭寇頭目表示，只要受招安，就可以在中國自由經商，花點錢，也許還能在軍隊裡混個一官半職。

倭寇儘管狡猾，畢竟當時的中國比日本進步得多，加上漢奸一通「忽悠」，倭寇大小頭目紛紛前來接受胡宗憲的招安，做著升官發財美夢的日本腦袋，不想被翻臉不認人、自食其言的胡宗憲下令砍下，送往北京朝廷報功，你的「陽謀」玩一次可以，以後可就沒人相信了。後來，倭寇變本加厲野蠻報復，最終還是靠戚繼光等掃蕩了倭寇。

嘉靖三十九年（西元一五六〇年）六月，就在胡宗憲被任命為兵部尚書的第二個月，給事中羅嘉賓再次彈劾胡宗憲，說他利用總督職權，侵貪盜竊軍需物資和糧餉共達三萬三千兩白銀。由於嚴嵩的庇護，朝廷不僅不查處此事，反而提拔胡宗憲，擴大他的職權，不但管理浙江，還「兼制江西」，在嘉靖皇帝眼中，如此「高風亮節」的人，有資格教育皇太子，因而胡仍是「太子少保」。由此可知，太子能成個什麼東西？

中國的官場就是這個樣子，一個官員，你偷雞摸狗、貪污腐化，都沒有關係，只要你投靠的上司保你，你犯再大的罪，都可以大事化小，小事化了。你貪污了，他說「看大節，看長處」，不了了之。像胡宗憲這樣，犯了大罪，經揭發後，反而升官，也只有腐敗的專制社會才會出現。

但是，一旦你的上司倒臺了，或種種原因而不包庇你了，你便什麼都不是，一錢不值，別說你有罪，就是你無罪，也可能打倒你。嘉靖四十一年（西元一五六二年），嚴嵩倒臺，南京給事中陸鳳儀彈劾胡宗憲是嚴嵩黨羽，犯有奸欺貪淫等十大罪狀，嘉靖皇帝不得不降旨，令胡宗憲到北京審問。但嘉靖長期受嚴嵩的影響，因而對胡宗憲仍抱有好感，後又下令釋放胡「閒住」，就是「靠邊站」。

這個胡宗憲囂張作惡，荒淫驕佚慣了，他受不了「閒住」之冷清，不甘寂寞，又暗中和嚴嵩之子嚴世蕃勾結，妄圖東山再起，事發被逮入獄，後病死獄中。

本來，胡宗憲的一生以可恥為結局了，不想明朝什麼稀奇古怪的事全有。萬曆皇帝，是一個糊塗昏庸登峰造極的混蛋皇帝，登基四十七年，除了前十年年少不懂事，有一代名相張居正主持朝政，後來萬曆有三十年不上朝，全國政權處於癱瘓狀態。就是這麼個白癡皇帝，在他繼位不久，竟給胡宗憲平反，不僅恢復名譽，仍然享受省部級待遇，還賜謚號「襄懋」，這個王朝確實是該完了。

＊

大凡貪官奸商之子，所謂「富二代」，「官二代」多為逆子，不通人情事故，這也是有其父必有其子。道理很簡單，從「身教」上講，貪污腐化的父親之醜惡嘴臉，很難瞞過後代，甚至不少爹胡作非為，就沒想瞞過兒子，反而在子女面前炫耀自己的無恥；從「言教」上講，成天作奸犯科的父親，也不可能用禮義廉恥去教育子女。當爹的即使言不由衷地假惺惺從正面教育子女幾句，後代也許口上不敢反駁，心中卻說：「去你的吧！老不正經的！」

胡宗憲對兒子就是這麼連「身教」帶「言教」的。他這個兒子真的「青出於藍而勝於藍」，在浙江省狗仗人勢，胡作非為，到處吃喝玩樂，敲詐勒索財物，尋花問柳，像一條沒拴著的瘋狗，四下撒野。這一天，他帶著幾十個隨從，一路胡鬧，來到淳安縣。

胡宗憲的兒子和他的狐朋狗友及家丁幾十人，一路搜刮，一路招搖，斂了不少銀兩珍寶，足足裝了十幾隻大箱子，路過淳安縣驛站，要進來休息，幾個下人大呼小叫地把驛吏叫了出來。

驛吏不認識胡衙內，看看這一幫窮凶惡煞、歪瓜裂棗的無賴，按例行手續，先驗看兵部「勘合」。這群人是出來胡鬧的，有什麼「勘合」？一個隨從惡狠狠地說：

「沒長眼，在你面前的是胡總督胡大人的公子！」

驛吏雖然沒見過胡衙內，但是聽說過，有這麼一個人，極不是東西，把整個浙江省實際上變成他們家的私人財產，今日見到這幫人，像！

驛吏把胡衙內讓進屋，隨從們喊著餓了，要吃飯，這可難為了驛吏：事先沒有得到消息，因而沒有準備。再者，即使事先得知，也得遵守知縣海瑞的規定，粗茶淡飯，酒肉自費。瞧這幫人，讓他們自費是沒門兒！

但是，看在胡宗憲的份上，驛吏還是盡力備了飯菜。不想胡衙內一見如此寒酸，下令吊打驛吏。明朝規定，騷擾驛站的罪名和你咆哮衝擊縣衙門的罪差不多。現在倒好，一群流氓混混毒打驛吏，簡直就是造反，立即有人去飛報知縣海瑞。

海瑞原想將這一群人傳到縣衙門，但又一想，若真是胡總督之子，人多勢眾，還不知會把縣衙門鬧成啥樣，就親自來到驛站，問：

「何人膽敢用私刑吊打朝廷命官？」

「這位是本省胡總督胡大人的公子！」

一位隨從狗仗人勢般地用右手拇指向胡衙內方向指了指。

其實海瑞明知他是胡衙內，心說：「一個公子哥，算個什麼東西？」卻假裝不相信，指著地上的十幾隻箱子，表示詫異地問道：

「不會吧？總督胡大人一向為官清廉，一身正氣，兩袖清風，他怎麼會容忍自己的兒子在外為非作歹，搜刮了這麼多民脂民膏啊？你們一夥人又沒有勘合，一定是冒充胡公子的強盜，敗壞胡總督的名聲。來人，打開這些箱子！」

海瑞帶來的縣衙役們，一則想為驛吏出口氣，二則也想看看十幾隻箱子裡都裝了些什麼？海瑞一聲令下：「開！」眾人七手八腳打開箱子，只見箱中皆裝滿了白花花的銀子。海瑞心想：這一路也夠他們抬運的！臉上威嚴地怒喝道：

「大膽強盜，膽敢冒充胡公子搶劫錢財，將這夥歹徒押解到總督胡大人處聽候發落！這十幾箱不義之財充入本縣官庫！」

胡衙內的酒肉朋友及下人，早趁亂溜了幾個，剩下的連同胡衙內被押解到杭州總督府。海瑞還將事情經過寫具公文，呈胡宗憲。胡宗憲收下公文，打發走淳安縣衙役，回過頭對兒子說：

「你淨給我惹事，上哪去不成，非要去淳安縣！」

胡宗憲就是這樣高度重視、教育自己的「可靠接班人」！他吃了啞巴虧，不便公開對海瑞發作，但心中暗恨他，伺機打擊報復，遂派人不時打探海瑞有無不法行為。

封建王朝的官場上，貪贓枉法的官員，很像賣身的風塵女子：大家都在公開、暗中、或半明半暗地幹著不為人齒的事，卻又都在那裡表面上裝成一塵不染的大家閨秀，暗中盯著別的同行有沒有見不得人的勾當，以便將影響自己「生意」的對手置於死地。

關於海瑞懲治胡宗憲的兒子一事，在《明史·海瑞傳》中有記載：

宗憲子過淳安，怒驛吏，倒懸之。瑞曰：「曩胡公按部，令所過毋供張。今其行裝盛，必非胡公子。」發橐金數千，納之庫。馳告宗憲，宗憲無以罪。

看來該事屬實，符合海瑞為人，更為驚人的事還在後邊。

08君子頭頂上的小人上司

自漢朝以來，徵收鹽稅和鐵稅就是國家財政的重要收入，歷朝歷代負責徵收鹽稅、鐵稅的稅官一職是最肥的美差，朝廷都派心腹親信擔任此要職。嘉靖三十九年（西元一五六〇年）嚴嵩的乾兒子鄢懋卿被任命為總理東南八省的鹽稅。中國歷來富者不貴，貴者不富。因而才官商勾結，彷彿一對婚外戀情人，當眾一本正經、道貌岸然，暗地裡勾勾搭搭，專幹不要臉的事。這個鄢懋卿即如此。沿海各省的食鹽徵稅專賣都歸他節制，他這個高官勾結鹽商，頓時成了暴發戶，億萬富翁，中國首富。

他此次「奉旨」出京，名義上是催徵八省鹽稅，以助剿倭軍餉，實則他私下盤算，嚴嵩已八十高齡，來日無多，宦海沉浮，誰知道嚴嵩之後會是個什麼樣子？鄢懋卿要為自己安排後路。這次南下，他要狠狠地搜刮一下，以備不時之需。再者，也借機帶著眾多妻妾，利用公款到江南旅遊，「有權不用，過期作廢」嘛。

這個鄢懋卿後來上了清朝康熙年間編寫的《明史．奸臣傳》，只要看看正史將他歸入哪一類，就知道他算個什麼東西了。《明史》說他「以才自負」，他到底有何「才」，未見檔案文獻有記載，倒是他的無恥小人嘴臉，史書卻有形象而生動的描述。

他明明下江南是為了斂財肥私和遊山玩水，卻「又當婊子，又要立貞節牌坊」。下去之時，先要標榜自己「崇尚簡樸，不喜承迎，凡飲食供帳，俱宜簡樸為尚，毋得過為華奢，糜費里甲」。這種言不由衷的官樣文章，無非是他一貫沽名釣譽的伎倆，對這號小人只能「聽其言，觀其行」。

他從北京出發，乘坐八抬大轎，帶去一百名轎夫輪流抬送，以示威風凜凜；他的妻妾多人分別乘坐「五彩轎」，轎用綾羅綢緞披掛，每轎由十二名女子輪流伺候。沿途地方官見這位欽差大臣喜好女色，還不斷補充「三陪小姐」，一路「五彩轎」隊伍不斷壯大。這支視察大軍越看越像一支「黃色娘子軍」。鄢懋卿有一隻便壺，是用純金做的，乃他心愛之物，也隨身帶著，尤其俗氣的是還經常向別人顯派，彷彿是傳家寶。

這支「大軍」每到一地，像一群蝗蟲，地方官為了迎合鄢懋卿的「素性簡樸，不喜承迎」，不僅張燈結綵，提供山珍海味，而且對每位隨行妻妾下人，都有一份根據其行政級別不同的厚贈。至於鄢懋卿，倒也簡單，什麼名優特產、珠寶玉器，他統統婉拒，只不拒白銀。這就明示：只收銀兩。可惜，那時貨幣經濟不發達，金卡、轉賬支票之類還沒有發明出來，只能將銀兩裝成一箱箱，在一行轎子後邊，用馬車馱運。這隊人馬很像「運鈔大隊」。

＊

福建嚴州產鹽，較富。一行人都沒有去福建玩過，那麼，這回肯定要到福建「調研工作」了。從浙江去福建，淳安是必經之地。鄢懋卿義正詞嚴地表示自己堅持「簡樸」的通知，海瑞已收到。

海瑞明白，對這種官方「通知」，要從反面去領會，他曾派人瞭解鄢懋卿在前面的行蹤，聽彙報後，他知道貧困的淳安縣根本無力承擔這次「接待任務」。於是海瑞給鄢懋卿上了一個稟帖，談了自己對上級通知精神的理解。

明代下級給上級的呈文稱為「稟帖」，海瑞在給鄢懋卿的稟帖，一開頭要自報身分：「嚴州府淳安縣知縣海謹稟」，然後敘述了一遍鄢懋卿下的那道假惺惺「通令」的內容。海瑞竟對這位權傾朝野的「鄢大人」下了拒客令：

「鄢大人您奉命南下，到浙江之前，已經有人知道了您一路上的情況，您每到一地，各處皆為您設酒洗塵，每次酒席動輒三、四百兩白銀，並有金花、金緞在席間不斷地奉獻。您下榻的館舍也十分華麗，即使是您使用的溺器，也是用金子打造的。您在通令中稱『素性簡樸，不喜承迎』，希望大人摒棄這種奢華的排場，亦不要搜刮地方，拒絕地方官對您的阿諛奉承，否則將來勢必無法做到公事公辦，難以完成皇上交給的任務。淳安縣太小太窮，實在無能力招待您，請鄢大人另取別道走吧。」

鄢懋卿看了海瑞的稟帖，心想，一個小小縣官，敢如此跟我講話，大膽！可又一想，好在淳安縣也是個窮縣，撈不著什麼油水，遂下令繞過淳安縣，不去自討沒趣。

鄢懋卿在北京朝廷，高高在上，海瑞不過一個小知縣，按說得罪嚴黨，輕則丟官入獄，重則殺頭。鄢儘管心中不快，何況又是個小人，肯定要打擊報復，但他畢竟和海瑞地位懸殊，差距太大，要報復海瑞，隔不少級別，再說，實在沒聽說海瑞有什麼貪贓枉法的事，也實在找不著藉口向皇帝那裡告他一狀，海瑞倖免一難。

海瑞得罪的另一個上司胡宗憲，同樣也是個小人。不是小人還進不了嚴嵩集團。他自己和兒子讓海瑞調侃了一下，吃個啞巴虧，又不便發作，懷恨在心，念念不忘，這是天下小人的通病。他們治病的藥方就是暗箭傷人，打擊報復，吃了這兩服藥，小人才舒服。胡宗憲本來也比海瑞在級別上高得多，一個是省部級，一個是縣團級，二人根本沾不上邊，但是，胡宗憲這種小人，寧可放著國家大事不幹，也要全力以赴收集海瑞的「黑材料」。

胡宗憲派人下去調查海瑞，通過「內查外調」，得到的情報是，據《明史・海瑞傳》記載：海瑞「遷淳安知縣，布袍脫粟，令老僕藝蔬自給。」

《明史》中的記載和胡宗憲下令瞭解到的情況是一樣的。海瑞做淳安縣知縣時，平日穿的是棉衣布袍，吃的是糙米，蔬菜是老僕自己種植的。胡宗憲曾下令，一旦海瑞有點滴「越軌」之事，立即上報。由於總督念念不忘海瑞，胡宗憲派去的「外調」人員終於發現了海瑞「奢侈」之事：《明史》載：「總督胡宗憲嘗語人曰：『昨聞海令為母壽，市肉二斤矣』」。

海瑞的母親謝氏，生於明孝宗朱祐堂弘治元年（西元一四八八年）。她二十五歲生海瑞，二十八歲（明正德十一年，西元一五一六年）守寡，海瑞只有三、四歲。母子相依為命，含辛茹苦。嘉靖三十七年（西元一五五八年）海瑞任淳安縣知縣，謝氏正好七十周歲，海瑞為了感念母親養育之恩，買了二斤肉為母祝壽。有人實在找不到海瑞的把柄，聽到此事，彷佛發現了哈雷彗星，立即密報給胡宗憲。但令胡宗憲很失望，心想：海瑞給母親過七十大壽，才買了二斤肉，可見他平生之節儉，算了吧，再密查海瑞，也未必有什麼結果。

凡賢者，受世人尊敬、後人景仰，必有一定的道理，歸根結蒂有共同的一條：表裡如一，言行一致、嚴於律己，如孟子所云「慎獨」。

海瑞信奉的程、朱理學，鼓吹「忠、孝、節、義」，核心是讓人成為符合孔孟之道的「君子」，用今天的話說，就是「完人」。豈不知，人總是有弱點或過失的。人類歷史上，只能將「君子」、「完人」作為言行的準則，奮鬥的目標。真正成為了「君子」、「完人」恐怕是不存在的。正因為成為「君子」難度太大，幾近不可能，因而大多數人才成為滿口仁義道德，滿肚男盜女娼的偽君子。看來，偽君子歷史有幾千年了，否則，孟老夫子為何在那時就呼籲要「慎獨」呢？

＊

嘉靖四十年（西元一五六一年），海瑞已經四十八歲，年屆半百。這年冬天，又到了進京接受考核的時候。朝廷規定，全國各地四品以下官員任滿三年，要進京接受吏部考核該官三年的業績。其中主要考核三年來賦稅徵收完欠、地方治安、百姓太平以及官吏廉潔諸情況。

明初，中央重視地方官三年一考的規定。到了明中期，隨著吏治的腐敗，加之大明朝疆域廣袤，交通不便，從邊遠地區到北京，往返途中，再用公款遊山玩水，流連忘返，往往要半年之久。因而有的地方官進京敷衍了事，走走形式，只要對吏部主考官員給足了銀子，或者吏部官員平日到地方「調研」、「視察工作」，地方盛情得近乎狂熱的款待，地方官等於下了賭注，三年考核，吏部考官也就高抬貴手，睜一眼閉一眼了。反正這種考核成績也沒有客觀標準。就像今天考核官員的面試，大家都馬馬虎虎，心照不宣。

有兩種地方官重視這種「考核」，一種是借進京考核之機，跑「部」「錢」進，行賄拉關係，搞「公關」，或者借機辦私事，最起碼攜妻帶子公款旅遊一趟也不錯。這種官員占絕大多數；還有一種地方官員確實把朝廷三年考核地方官當回事，認真對待，並積極準備。不過這種「愚忠」的官員如鳳毛麟角，屈指可數，海瑞即是這樣。

一般官員滿腦袋除了如何搜刮百姓，就是怎樣巴結上司，對於自己的本職工作根本不往心裡去，漠不關心。即使進京考核，必須帶「師爺」，如今日官員的貼身秘書。以明清兩朝各縣衙門為例，均設兩名師爺，一個管錢糧賦稅收支，一個管文書檔案刑法，多由知縣的大舅子、小舅子擔任。郎舅一條心，一塊貪污舞弊放心。兩位師爺是知縣的心腹，也代知縣掌管全縣，用現代官場用語：主持日常事務性工作，知縣樂得省心。凡百姓一應事物，全由師爺做主。只有上級的公私事，知縣才「事必躬親」，親自過問。

這種知縣去了北京，肯定是一問三不知，他們必須帶師爺同行。另外，師爺還負有暗中監督知縣的任務：他沿途有無尋花問柳、胡作非為之事，以向自己的姊妹彙報。官太太僅限於在自己先生的男女關係上才加強監督，至於貪污受賄，夫妻二人是一致對外的，有句歌詞「郎呀，咱倆總是一條心」，也適用於此。

海瑞在考核之前，就親自查看徵收賦稅錢糧的賬目，一一核實，做了記錄，加上他經常下鄉，實地考查土地貧瘠、莊稼長勢、收成、農家口糧等情況，因而他對全縣基本情況已瞭如指掌。這次他進京，胸有成竹，只帶了給他種菜的那位僕人隨行。主僕二人餐風飲露、櫛風沐雨、風塵僕僕直奔北京。

＊

海瑞很順利地通過了吏部考核。很多尸位素餐、飽食終日的地方官，在北京大把大把地使銀子，托熟人遞話，請朝廷官員「笑納」，「不成敬意」。這樣的地方官雖然說起話來狗屁不通，三年考核居然順利通過，可以理解。說來也怪，像海瑞這樣，分文未出，任人未托，只是在考核中，對本縣情況如數家珍，倒背如流，朗朗上口，吏部考核居然也通過了，倒是不可理解。其實，凡還有一丁點良心的人，心中懷著未收到海瑞銀兩的不快，但仍暗自欽佩他的人品，不僅依然讓他合格，而且還上奏皇帝，建議提升海瑞。果然，第二年，嘉靖四十一年（西元一五六二年）五月初，朝廷升遷海瑞為嘉興府通判。

明朝的府相當現在省會下的市。浙江省嘉興府通判，正六品，比七品芝麻官的知縣高一品，僅次於知府（相當於今天的中等城市市長）。同知是二把手，通判算是本市的第三把手，用今日中國大陸的標準，如果知縣是正處級的中層官員，通判已屬於副局級高幹了。

通判是有實權的，他掌管一府的防衛、巡捕、徵兵、籌餉、農業、賦稅、水利、屯田、牧馬、抗災等等。如果說知縣手下有錢糧師爺的活，知府的通判，就是放大了的錢糧師爺。尤其元明清三朝首都，主要靠江浙大米運往北京食用，稱為「漕糧」，而杭（州）、嘉（興）、湖（州）三府是主要生產供應漕米之地，嘉興府通判的責任極大。當然，凡重要職務，也是油水最多的職務，古今一樣。徵收漕米就可以從中盤剝，在小人眼中，通判又是肥缺美差。

明朝官場盛產小人，不是小人就不善趨炎附勢，就很難當官。海瑞每前進一步，都有小人向上司掩袖工讒，注定了海瑞人生道路崎嶇坎坷。這回，等著海瑞的小人仍是那鄢懋卿。小人的通病是疾「善」如仇，又在折磨鄢懋卿：鄢懋卿心中不快，他知道提升海瑞的消息後，本能促使他雷厲風行，採取措施，從中使壞。

有個負責鹽政的巡鹽御使叫袁淳，早就千方百計巴結鄢懋卿。袁淳自然知道，當初海瑞是如何將欽差大臣鄢懋卿拒之淳安縣之外的。而今，吏部又要擢升海瑞為通判了。袁淳，又是另類的小人：他和海瑞，本來遠無冤，近無仇，海瑞的升遷完全和袁淳毫不相干，但是，天下有一種人，就渴望把一切正人君子「打翻在地」，他再去「踏上一隻腳」，袁淳就是這號人，更何況，他認為拍拍鄢懋卿馬屁，渾水摸魚，從中撈點好處，何樂而不為？此其時矣。他立即跑去拜訪鄢大人。

六月初的一天，鄢懋卿正在家中苦心思考如何阻止海瑞這次升遷。正巧袁淳求見，鄢懋卿如魚得水，喜出望外。他指使袁淳給皇帝上奏疏彈劾海瑞。袁淳給海瑞羅織了許多莫須有的空洞罪名，什麼「倨傲弗恭，不安守分」等等。反正朝臣上的奏疏，大多都由嚴嵩帶回府內批閱，皇帝也不看，頂多心不在焉地、似聽非聽嚴嵩的處理意見，就算聖旨了。這樣，海瑞能落著什麼好！果然，六月二十五日，聖旨下，取消海瑞嘉興府通判的任命，令海瑞「調簡僻用」，意思是海瑞仍供原職，提升的事以後再說。任何人，遇上小人上司算他倒楣，有什麼辦法？

09嚴嵩集團的覆滅

腐朽專制的社會，由於政權全憑帝王個人意志為方向盤，翻手為雲，覆手為雨，朝令夕改，出爾反爾，造成政局風雲變幻莫測，是很正常的。明朝那麼多昏君、庸君，朝廷就像一鍋滾開的粥，本來就混沌不清，水一沸騰，一會兒米上，一會兒豆下。海瑞這次在仕途上受挫，本質上是受到嚴嵩集團的迫害。嚴嵩父子又是何許人呢？

大奸臣嚴嵩擅權二十年，君臣合力，把全國弄得暗無天日，民不聊生。嘉靖後期，嚴嵩已八十歲，精力衰退，凡朝廷大小事，多由其子嚴世蕃辦理，尤其能夠代皇帝批閱題本，也就等於代替嘉靖下達聖旨。

明永樂二十二年（西元一四二四年），規定全國各衙門向皇帝彙報請示公務，如政治、經濟、軍事、人事等等，一律用「題本」。題本長約三十公分，寬十公分。在題本封面寫一個「題」字，題本最後貼上一張黃紙，俗稱「貼黃」。無論題本內容多麼龐雜，一律將概要壓縮在這一頁「貼黃」內，這是一項「便君措施」，擔心皇帝懶得看題本，耽誤大事，就請皇帝先看貼黃內容，覺得重要，再看題本全文。其實，明帝多懶惰得連貼黃也不看，還談什麼看正文？後來，海瑞給嘉靖上的「疏」，就是這種題本。

臣下將題本送到內閣，內閣官員根據題本內容，分別送到內閣下屬有關的部：吏、戶、禮、兵、刑、工，部中官員看了題本，根據題本內請示的事宜，先代替皇帝用紅筆在另紙上恭恭敬敬草擬個「聖旨」，稱為「票擬」，夾到題本內，送到宮中，請皇帝最後定奪。皇帝同意票擬內容了，這票擬就成了聖旨，再交回內閣，用紅筆寫於題本封面，稱為「批紅」，就是正式「聖旨」。但是，多數明帝根本不看，談不到定奪，這個「票擬」或「批紅」的最後決定權歸誰，誰就控制了政權。

嚴嵩最初就有決定票擬之權，他想，反正嘉靖皇帝一心迷戀道教，不理朝政，給他看也是白看，乾脆下令內閣，將題本票擬後，直接送到嚴府，不用送宮中。他閱題本及票擬後，自己定奪，然後有一搭無一搭地向嘉靖口頭彙報一下，嘉靖也不正經聽，只要皇帝沒有反對，就作為聖旨下發。「辦事效率」大增，嚴嵩權力也確實大了。後來嚴嵩老了，就讓兒子嚴世蕃代為決定票擬，仍總攬朝權。

大名鼎鼎的嚴世蕃，嚴嵩的親兒子，父親的文采，兒子沒學到。嚴嵩八歲就作詩句：「手抱屋柱團團轉，腳踏雲梯步步高」。嚴嵩二十四歲中進士。嚴世蕃這些方面不成，不過，俗話說，「有其父必有其子」，嚴嵩的「基因」加上熏陶，使得這個「官二代」，自幼就為人圓通，賊光油滑、處事機警，兩面三刀、見風使舵，整個一個滑頭。長大後，畢竟隨父接近政務，養成他「曉暢時務、頗通典章、善揣君意」。真不愧是嚴嵩的親兒子。

大量的題本送到嚴府，嚴嵩別說老了，即使不老，也看不過來，就由嚴世蕃決定票擬、嚴世蕃心想，好在皇上也不看題本及批紅，萬一皇上問起，我答什麼就是什麼，國家大事不就是兒戲嗎？代皇上和老爹審閱票擬，沒什麼難的。

難的是寫「青詞」，那是道教在齋醮儀式上，焚化的奏章祝文，表示獻給玉皇大帝、太上老君了。這個祝文是用硃筆寫在青藤紙上，故稱「青詞」。嚴嵩本以會寫「青詞」而得嘉靖寵信，而嘉靖的「聖旨」，也多是通篇青詞之語，彷彿黑話、咒語，百官看不懂（其實，連嘉靖自己也未必懂），只有嚴嵩能夠連蒙帶唬地「詮釋」一通，嘉靖不懂裝懂，百官不懂還是不懂，又不敢發問，君臣關係反正就是爾虞我詐那麼回事。

＊

八十歲的嚴嵩，嚴重「知識老化」，聖旨中許多黑話「新概念」，嚴嵩無論怎麼望文生義、胡勒八扯，再也哄不了皇上，騙不了百官，這對於一個新接手的凡夫俗子嚴世蕃來說，更是個難題。

暗室中的政治，必定在陰謀中發展。嚴世蕃確實「青出於藍而勝於藍」，他用重金賄賂嘉靖身邊的太監，給自己通風報信，論質定價，公平交易。凡太監提供重要情報，嚴世蕃出手大方，故買賣興隆，他及時掌握了皇上的動態，嚴世蕃借此既理解了聖旨上那些不是人說的黑話，還可與嘉靖對答時投其所好，博得皇上滿意，嚴世蕃就這樣把持朝政幾年。

「下民可欺，上天不容」，天有不測風雲，嚴嵩老妻歐陽氏病故。按朝廷規定，嚴世蕃應將母親靈柩奉送回故居，並在家鄉守孝三年，是謂「丁憂」。皇帝嫌他滿身「穢氣」，服喪期間不得進宮面聖，也不得為官。老嚴嵩只得「東山再起，捲土重來」，重新定奪票擬，重新進宮面聖。到底人老珠黃，馬瘦毛長，嘉靖問他，他答上忘下，或答非所問。嚴世蕃新任免的官吏，嚴嵩也不知道，代擬聖旨往往驢唇不對馬嘴；嘉靖的面諭，有的話嚴嵩因耳背沒聽清，又不敢問；有的聽清了，卻忘了；尤其令嘉靖不能容忍的是，嚴嵩連有的青詞也記不清了。嚴嵩終日閉目養神，像隻冬天臥在爐邊呼呼大睡的老狗。嘉靖對他已經失去興趣，這也就距離嚴嵩集團覆滅不遠了。

再說這個嚴世蕃，本應在家懷著悲傷之情為母守喪，以盡孝道，但是，吃喝嫖賭，無一日間斷，已經「雷打不動」的他，在家鄉耐不住寂寞，偷偷溜回北京，仍然天天跑到妓院「擁諸姬狎客」，終日呼朋引類。有時嚴嵩看票擬遇到不解之事，叫人去找兒子，竟找不到。嚴嵩只得自己胡亂裁決，次數多了，更加引起嘉靖不滿。真正讓皇帝動怒的，是發生了這樣一件事：

自從嘉靖二十一年（西元一五四二年）發生宮女要勒死嘉靖的「壬寅宮變」（後文詳談）後，嘉靖就一直住在皇宮西側的西苑（即中南海）永壽宮，基本不見群臣，不理朝政。嘉靖四十年（西元一五六一年）十一月二十五日夜裡，嘉靖齋醮了一天，似乎很虔誠，但到了晚上，什麼神仙道士，清心寡慾，統統扔到腦後，見鬼去了，一心和新近寵幸的尚美人飲酒後鬼混，在臥室貂帳內玩弄炮竹煙火，一不小心將貂帳點燃，大火頓起，頃刻之間將永壽宮燒毀，「乘輿服御皆毀」，嘉靖只好暫居玉熙殿。

玉熙殿狹隘潮濕，嘉靖居住在此，感到不舒服。本來就暴躁的他，越發瘋狂，動輒發威，像條瘋狗，成天在皇宮狂吠咆哮。有的大臣建議他回到皇宮內乾清宮居住，也有利於皇上處理朝政，因為他已經二十年不見朝臣了。但是，嘉靖以乾清宮乃先帝晏駕的地方，列祖列宗死後，遺體都要先擺放在此數日，嘉靖不想住在這裡，何況住進宮內，就要上朝，他對朝政極為反感，但又緊握權力不放。除此原因，還因在此齋醮不大方便。

嘉靖打算營建新宮，就問嚴嵩。畢竟嚴嵩腦子慢了，考慮問題已不全面，何況這一次沒有號準皇上脈，沒有摸透嘉靖的意圖，竟脫口而說：建議皇上遷居南城齋宮。南城齋宮，俗稱「南宮」，曾是「土木堡之變」後，英宗朱祁鎮當太上皇時被軟禁的地方，很不吉利。讓皇上居住南宮，犯了忌諱，嘉靖心中嘀咕，難道我也要被軟禁？

自此，嚴嵩徹底失寵，嘉靖只問他祈禱齋醮等事，極少跟他提及政務。俗話說「雪中送炭君子少，落井下石小人多」。真是「位尊身危，財多命殆；上無常操，下多邪術」。朝中盡小人，如同小人國。別看他們愚不可及，但是搞起陰謀詭計，卻是機關算盡技高一籌。嚴嵩勢力稍稍遇挫，另一夥人立即粉墨登場，「第二梯隊」花樣翻新，銳不可擋。

＊

當時有個大臣徐階，和嚴嵩爭權奪利很激烈，二人面和心不合。徐階為了徹底打擊嚴嵩父子，派人找了個江湖術士藍道行。藍道行，山東膠州人，擅長扶乩術，徐階設計讓嘉靖寵信藍道行，開始導演一場「倒嚴大戰」。

有一天，嚴嵩有事要密奏嘉靖。按慣例奏疏應先送到通政使司，看看奏疏有無規格、措辭不妥之處。徐階從親信那裡獲悉後，立即面君，向嘉靖舉薦藍道行，只要是給皇上找道士或美女，嘉靖一律來者不拒，立即召見。

藍道行奉召來到西苑，嘉靖命他用扶乩之語預告吉凶禍福。藍道行裝模作樣喃喃自語一陣後，故作驚訝：「今日有奸臣密奏！」徐階安排的正在宮外手持嚴嵩密奏的太監，聞聲進宮，將密奏進呈嘉靖。「全國人民的偉大領袖」嘉靖皇帝，像觸電般地從寶座上一躍而起，向藍道行驚叫：「真人也！真人也！」

徐階和藍道行的這點小伎倆令嘉靖為之傾倒，心悅誠服。從此，低智商的皇上對藍道行「無限信仰，無限崇拜」，嚴嵩的末日也就快到了。

藍道行在焦急地等待對嚴嵩致命一擊的最佳時機，但是又不能主動向皇上提及嚴嵩。歷朝都有個規矩，臣民不許主動向皇帝發問，理由是一則怕皇帝答不出來，場面尷尬，影響聖上的「光輝形象」；二則擔心臣下借主動提問之機，窺測皇上秘密，圖謀不軌。臣下在皇帝面前亦不許主動講話，如京劇《武家坡》中，王寶釧唱詞：「你問一句，我答一聲」。

嘉靖問藍道行：

「今天下何以不治？」

蘭道行見機會來了，答道：「原因是沒有完全使用賢臣，不肖奸臣沒有退出朝廷。」嘉靖又問：「朝中誰是賢臣，誰是奸臣？」蘭道行答道：「賢臣如徐階、楊博，不肖奸臣如嚴嵩。」

「果真如此，上仙為何不治罪於嚴嵩呢？」嘉靖吃驚地問道。他真沒想到問題如此嚴重。

「留待皇上親自處治嚴嵩！」蘭道行又是獻媚，又是狠毒地斬釘截鐵道。

嚴嵩得勢時，滿朝還算正直的大臣敢怒不敢言，甚至既不敢怒，又不敢言。但是，官場的「政務資訊」極其重要，它比任何領域都早早地進入了「資訊時代」；尤其官場的勾心鬥角和雞鳴狗吠的資訊之發達，更是比任何領域都超前和成熟，而且迅速進入實用階段。資訊就是運動比賽的信號槍，就是向敵人進攻的衝鋒號。

嘉靖剛剛從內心深處滋生對嚴嵩不滿，對哲學狗屁不懂的太監，無師自通，自學成才，卻懂得了哲學「認識論」中的重要理論：「透過現象看本質」，立即悟出：嚴嵩要失寵！

嚴嵩是龐然大物，太監們心存疑問，並不敢明言，只能繼續在皇帝身邊觀察、分析「哲學現象」。但是，直接導致嚴嵩垮臺，還是御史鄒應龍碰到的偶然事件。

*

再說這個鄒應龍，字雲卿，西安人，史上有名。嘉靖四十一年（西元一五六二年）陰曆五月的一天，他途中遇雨，正巧路經一太監家，遂進去避雨，和這個太監聊天中，太監發覺鄒應龍對嚴嵩父子頗有微詞，就透露出蘭道行如何用乩仙之語，使得嘉靖不再信任嚴嵩的天大資訊。

但是，官場老手鄒應龍對這個太監本也沒什麼好感，僅淡淡一笑，未有表示。雨停回府，鄒應龍細想，官場就是賭場，賭徒押的是錢，官員押的是命。儘管嚴嵩可能要失寵，儘管嚴嵩父子惡貫滿盈，但他畢竟現在還沒倒，他的黨羽遍布朝野，要慎之又慎。反嚴嵩這一寶，押準了，自己前途無量；沒押準，自己吃不了兜著走。

鄒應龍決定投石問路，先上疏揭發嚴世蕃，就憑他把持朝政多年，搜刮民脂民膏，欺君罔上之事，罄竹難書。歷朝歷代的肥缺美差都一樣，朝廷不查，有關官員就是「信得過的好幹部」，朝廷只要一查，他們就是貪污腐敗的典型。鄒應龍連夜上疏：

「嚴世蕃本工部侍郎，借修城池、修水利大撈油水；他伸手吏部，賣官鬻爵；他故籍在袁州，卻在南京、揚州等地購置房產數十所；嚴世蕃在為母守孝期間，竟然『姬妾滿前、酣飲竟夕』。」

鄒應龍揭發嚴世蕃守孝中的表現，在當時是蔑視禮教的大逆不道、禽獸不如的嚴重罪行，十惡不赦。中國人歷來堅信，凡好人，都孝敬長輩；凡壞人，都忤逆不孝，一個人不孝敬父母，還算個人嗎？

如果沒有蘭道行的那次乩仙之語，嘉靖也許對這種奏疏連看都不看，或者即使看了，也不當回事。問題是蘭道行的乩仙之語已經深深打動了皇上的心，加之嚴嵩也開始失寵，因而嘉靖於五月十九日降旨，將嚴世蕃下「詔獄」，用今天的話說，就是被「雙規」（中共規定，將貪腐黨員幹部，不經審訊，在「規定的時間，規定的地點」坦白交代自己罪行，再經司法機關處理，簡稱

「雙規」，這一規定受到全國人民擁護）。

不久，嚴世蕃及其子嚴鵠、門客羅龍文等「戍邊」，發配到邊疆，到「廣闊天地煉紅心」去了。嘉靖念及嚴嵩寫青詞的贊玄之功，對他「法外開恩」，許其退休乘船回鄉。八十三歲的嚴嵩察出皇上仍然對自己有眷戀之心，他不甘就這麼退出歷史舞臺，還想「發揮餘熱」，尤其恨透了政敵徐階，伺機反撲。

嚴嵩用重金托人賄賂嘉靖左右的太監，讓他們揭發藍道行假借乩仙之語，欺騙皇上的內幕。同時，嚴嵩又托人告訴藍道行，只要藍將責任推到徐階身上，就可保證藍道行無事。但是藍道行心想，你嚴嵩「泥菩薩過江——自身難保」，還能保我無事？藍道行拒絕供出徐階（還真有點「仙風道骨」）。這個徐階也不是個省油的燈，他知道藍道行入獄，曾經提心吊膽，擔心藍道行供出徐階這個黑後臺，巴不得藍道行速死滅口，根本不救藍道行。按說，設法救藍道行出獄，徐階還是有這個能力的。藍道行至死沒有供出自己弄虛作假乃徐階指使，結果被判死罪，死於獄中。僅此一點，令人扼腕歎息，官場殘酷，遠勝江湖。

這個嚴世蕃，作威作福，目無王法，已經深入骨髓，習以為常，此次被降旨「遣戍邊地」，他竟敢走到南雄就私逃回原籍。逃回家老老實實隱藏起來也便罷了，他卻繼續為非作歹，搶奪民女、劫掠商旅、役使百姓四千人為其大造府第。這個小子根本就不懂今非昔比的道理。此人數十年養尊處優，在別人阿諛逢迎中度過，他認為人生的快樂，就是建築在別人痛苦之上，因而他除了給別人製造苦難，就無事可做了。

嘉靖四十三年（西元一五六四年），有人上奏皇帝，稱嚴世蕃在老家要謀反。一切皇帝，可以不關心任何政事，唯獨有人謀反，才牽動皇帝神經。帝王沒有是非，明君以自己利害為是非標準，昏君以自己喜怒為是非標準，但只有防人謀反這一點是共同的。嘉靖不由分說，降旨殺了嚴世蕃，抄得嚴嵩家產：黃金三十萬二千九百六十兩、白銀二百零二萬七千餘兩、珠寶古玩值數百萬。嘉靖四十五年四月，已被削職為民、八十七歲的嚴嵩在孤獨和貧困中死去。

類似像嚴嵩集團失寵，歷朝歷代屢見不鮮，他們將自己的一切，都押在了專制帝王身上，帝王寵信他，他就擁有一切，一人之下，萬人之上；一旦失寵，或帝王死去，他們則什麼都不是，一錢不值。從明朝的嚴嵩集團，到「文革」中的林彪、江青集團，都是一個樣子。

樹倒猢猻散，大臣紛紛上疏揭發前文提到的嚴嵩那個死黨鄢懋卿。真是牆倒眾人推，鼓破萬人捶，在一片聲討聲中，六月二十七日皇上降旨，鄢懋卿回籍閒住。

還有那個反對海瑞被提升為嘉興府通判的袁淳，亦被揭發貪贓枉法，降旨「戍邊」，被流放到邊疆，也去「廣闊天地煉紅心」，度他的餘生去了。

嚴嵩集團像過眼雲煙，煙消雲散，無論他曾經多麼顯赫，他的覆滅是注定的，只剩下後代史學家對他的客觀評價。此時的明王朝呈現了短暫的平靜。

10「海青天」美稱的由來

在幾年前，嚴嵩開始失寵但尚未徹底倒臺時，精明的朝臣已經想到被嚴嵩迫害的海瑞。嘉靖四十一年（西元一五六二年）十二月，吏部侍郎朱衡遺珠重拾，建議給海瑞平反。但是，吏部的老官僚，老謀深算地認為，當時嚴嵩尚未徹底倒臺，何況皇上又喜怒無常，翻雲覆雨，萬一哪天嚴嵩父子又東山再起呢？在中國歷史上，這種反覆無常的事還少嗎？再者，嚴嵩樹大根深，盤枝錯節，朝野內外，嚴黨遍布，吏部提升海瑞，談何容易。有不少吏部官員心中暗想：海瑞沒有給我一錢銀子，我也不認識他，何苦為了一個海瑞，得罪嚴嵩父子呢？

吏部官員還考慮到，也不能駁了朱衡侍郎的面子，誰知道他和海瑞私下是什麼關係？而且海瑞確實清廉耿介，三年考核，成績優異，說不定他今後會飛黃騰達！這幫人真不愧是官場老手，搞人事有辦法。為了左右逢源都不得罪，第二年一月，將海瑞調到江西省興國縣仍任知縣，未升未降，屬於平級調動。

興國縣位於江西省贛江的支流平江江畔。說來也巧，這裡是三百年後另一個「海瑞」——彭德懷領導「平江暴動」的地方。這裡地瘠民貧，遠甚於浙江淳安。由於本縣偏僻閉塞、交通不便、百姓貧困，無論官吏、士紳、百姓，都顯得木訥、憨厚、愚鈍，真是「不知有漢，遑論魏晉」。官吏做事拖沓僵化，幾句話就可辦完的事，三天解決完了算效率高的；百姓終日種田、養家、餬口，婦女小小年紀就出嫁，在家比著生孩子。再窮的農村，也要向朝廷上交苛捐雜稅。農民交不上租稅，只有棄家逃亡，沿街乞討。

海瑞上任是在嘉靖四十二年（西元一五六三年）二、三月間。這一年，海瑞正好五十歲。一個年已半百的人在那個時代算是老者了，只混上個縣太爺，不能算官運亨通。「五十知天命」，一般人到這個年紀，混上去的，開始坐享其成，不再進取；一事無成的，自暴自棄，得過且過。因為五十歲了，上天給你的使命也就這樣子。

海瑞上任後，經常帶著一個僕人，下鄉真的搞「調研」，訪貧問苦。他發現興國縣存在的問題，和淳安縣差不多，遂寫有〈興國八議〉，提出清丈田畝、革除冗員、平均徭役、減少支出、招撫逃民、抑制大戶、扶助羸弱等主張。

海瑞在江西興國知縣任上只幹了一年半，可惜他的〈興國八議〉未來得及實施，便隨他的調離而夭折。但是，名垂青史的「海青天」大名，卻是興國百姓送給海瑞的。那個時代消息閉塞，海瑞在福建南平和浙江淳安的事跡，未必傳到江西興國，但是，他疾惡如仇，不畏權勢的作風，卻在興國縣城又刮起一場風暴。

*

朱元璋曾經定都南京，後來他的第四個兒子燕王朱棣發動「靖難之役」，就是政變，奪得政權，是謂明成祖，年號永樂。成祖下令在北京修建了紫禁城（今日故宮）等建築。永樂十九年（西元一四二一年）正式遷都北京，同時，他又在南京保持原有的六部，各部設官吏，多為象徵性衙門，但也協助北京的六部處理南方或不太重要的事務，重大問題還要向北京請示。像京劇《蘇三起解》，蘇三在山西洪洞縣的案子，就被押解到南京的刑部去審理。

南京的兵部尚書有個叫張鏊的，退休後回到原籍江西南昌城。本應在家安享清福，頤養天年，但是由於他的兒子在北方邊疆同蒙古騎兵作戰犧牲，加之張鏊乃一介武夫，為人淺薄，人情世故不懂，因而，他退休在家，不是深居簡出，低調待人，而是仍然作威作福，指手畫腳，到處張揚，不改土匪惡霸習氣。地方官員也拿他沒辦法，或沆瀣一氣，或敬而遠之。尤其他收養的兩個遠房姪子張豹和張魁，狗仗人勢，無惡不作，終日出沒於青樓賭場，拈花惹草，光天化日之下，有看中的良家婦女，他的打手就衝入人家，將家人趕出，張家公子進入人家，肆意糟蹋，很像倭寇。

嘉靖四十二年（西元一五六三年），張豹和張魁再一次鼓動叔叔張鏊修建府第。說「再一次」，是因為這二人只要一沒錢了，就建議蓋房裝修。他倆很像今日各級政府官員，經常藉口修建，從中漁利，所需經費再由張鏊向地方政府強要。張鏊明知兩個吃裡扒外的姪子，借建房之機，虛報冒領，偷工減料，盤剝剋扣，凡不是人幹的事，他們全幹。但是，張鏊心想，反正修建費由地方財政撥款，羊毛出在羊身上，還省得由我個人來支付這兩個小子的開銷，何樂而不為？

距張府不遠的一條街，是南昌府的「紅燈區」，妓院、賭場林立，每晚燈紅酒綠，妓女在街上拉客，烏七八糟，紙醉金迷。這裡是張家公子經常出沒的地方。

離紅燈區不遠有一片居民住宅，張豹、張魁想，在這一片居民區建府第，將來逛妓院也方便。明朝各地強拆民房比今日還簡單，今日各地官員在收到房地產開發商鉅額賄賂後，還裝模作樣令開發商多少象徵性地出點拆遷費給原住戶，再強行拆遷。而在明朝，只要官員收到徵地者的賄賂，就下令強拆。而像有權勢的張鏊根本不用向地方官行賄，頂多請有關地方官來家宴，一切問題全在「合法」程序中解決了。張家公子建府第，決定去興國縣弄木材，為什麼去興國呢？

江西興國縣出美女，小姑娘長得嫵媚水靈，每年朝廷都下「應徵」任務，彷彿徵兵，有一定指標，送入宮中。經過嚴格篩選，選中的，可以作妃子；次等的，可為宮女；再差一些的，分送給各王府當丫鬟。這些事，自然是張家公子津津樂道的話題，積極參與的「政治運動」，並趁火打劫，假公濟私。

這一次，二位少爺商議，何不借此次購木材機會，到興國去一併採集美女？辦事要講效率，說去就去，雷厲風行，也不用帶很多銀兩，只要帶夠打手，不管是美女還是木材，凡看上眼的，搶走就是。只要說是張府要用，哪個敢攔？

這幫人簡直像「文革」中的紅衛兵「大串聯」一樣，呼嘯上路，殺向興國。江西人對這二位惡少，盡人皆知，可他二人根本不知興國新來個知縣海瑞，更不知道海瑞的為人，活該他們自投羅網。

*

張家二少自南昌南下，一路狂嫖濫賭，到得興國臨江鎮，見平江上有四艘裝滿方松木的大船，他倆一合計：「假裝說買這四船木材，騙他運到南昌，到了咱們地盤，一分不給，讓知府找個藉口全數沒收，令木材主人滾蛋，諒他不敢不從。一則可以省下購木材銀兩，悉數歸己；二則，建造府第有兩船木材足矣，另兩船木材可以強賣給木材商。」

哥倆打好如意算盤，令家僕前去傳話。家僕素來狐假虎威，狗仗人勢，找到這四船木材的主人趙習侯，向趙強「買」木材，趙習侯見這幫人不是正經玩意，一口拒絕，並下令開船快走，惹不起還躲不起嗎？不想張豹、張魁一聲令下，幾十個打手圍住趙習侯死打。

早有人報告新來知縣海瑞，海瑞一聽衙役介紹著二位少爺的斑斑劣跡，怒從心中起，喝令將兄弟二人及趙習侯帶到縣衙。

明清規定，官員和有科舉功名者，可以見官不跪，餘皆人等，一律見官下跪。張家少爺，自從出生，還沒有給任何官下過跪，今日更沒把海瑞這個小小縣官放在眼裡，加之，自幼沒有家教，又不好好讀書，已經徹底劣質，說通俗點，就是「完蛋」了。他們進縣衙門，如同進妓院，嘻嘻哈哈、罵罵咧咧。

見到海瑞，不僅不跪，見大堂有用刑的板凳，大大咧咧一坐，向海瑞挑釁。

「見本知縣，為何不跪？」海瑞強忍著氣，低沉而威嚴地問。

「哈哈，有意思，我給誰跪呀？」張家兄弟沒見過這陣式，也許真不知道給誰跪。

「放肆！給我各打四十大板！」海瑞喝道。心想，你老子已經退休，還如此猖狂，老子在位時，不定何等囂張！可惡之極！

衙役們早已忍不住了，兩個班頭將二位公子一人一個從板凳上拉起來，很麻利地照他們後腿飛起一腳，踢倒在地上。衙役們一擁而上，有的拿刑杖，有的按住人，有的扒褲子，四根刑杖，輪流打在兄弟二人肥白的大屁股上。兄弟二人有生以來哪裡享受過這等「待遇」！大白屁股挨一板，蹶一下，殺豬似的叫個不停。開始，還口罵，繼而求饒，後來，漸漸沒聲了。

海瑞又問過趙習侯以及幾個證人，寫下筆錄，然後喝令將兄弟二人收獄，聽候發落。畢竟兩個混賬是南昌人，異地犯法，不是本縣屬民，不似現在的警察可以隨便跨省亂抓人。海瑞將情況寫了呈文，稟報江西省贛州知府。知府夙知張氏兄弟惡行昭著，罪可當斬，又知海瑞之鐵面無私，擔心事情鬧大，張鏊那不好交代，令海瑞放人。下級服從上級，海瑞又教訓張氏兄弟一頓，何況沒搶走木材，屬於搶劫「未遂」，只好轟出興國地界。

興國百姓對海知縣本不十分瞭解，見他敢在太歲頭上動土，則奔走相告，街頭巷議此事，「海青天」大名傳開。

嘉靖四十三年（西元一五六四年）十月，朝廷調海瑞任戶部雲南司主事。海瑞之母謝氏一生在海南島、福建、浙江、江西生活，懼怕北方嚴寒乾燥，何況當時已七十多歲，身體時時不適。孝順的海瑞，也擔心母親受不了一路風霜之苦，幾經思考，決定留下老母在興國調養，自己只帶老僕北上，開始了新的歷程。

11 嘉靖也就這麼點本事

海瑞名垂千古，最為人稱道、景仰的一件事，是敢於上疏批評當朝皇帝。這個皇帝，就是毛澤東提到的嘉靖皇帝。毛澤東在發動批判吳晗的新編京劇《海瑞罷官》時，講了這樣一段著名的話：

嘉靖皇帝罷了海瑞的官。一九五九年我們罷了彭德懷的官，彭德懷也是「海瑞」。

嘉靖為什麼要罷海瑞的官？這就要從嘉靖到底是個什麼東西說起。

這個嘉靖皇帝，當可以躋身中國歷代「著名」皇帝之列。說他「著名」，倒不是他創立了宏圖大業彪炳千古，雄視百代，而是他的另類，或者講白一點叫「不是玩意兒」。嘉靖具備人類歷史上一切帝王的劣根性，尤其繼承了明朝朱家世代昏君的劣質基因。一個嘉靖皇帝，一個他的孫子萬曆皇帝，祖孫二人都是幾十年不理朝政，創「歷史新高」，榮獲「昏君佼佼者」之「美譽」，當之無愧。

嘉靖皇帝名朱厚熜，年號嘉靖（本書以「嘉靖」稱他），生於明正德二年（西元一五〇七年）八月八日。正德十六年（西元一五二一年）繼承皇位。他是明朝第十一位皇帝，在位時間長達四十五年。大明共十六個皇帝，他在位時間僅次於另一個超級昏君、他的孫子萬曆皇帝（在位四十八年）。

嘉靖皇帝死於嘉靖四十五年（西元一五六六年）十二月十四日，終年六十歲，其壽命在明帝中，僅次於明太祖朱元璋（享壽七十一歲）和明成祖朱棣（享壽六十五歲）。朱厚熜死後廟號「世宗」，史稱嘉靖皇帝或明世宗。

海瑞進京後，成為朝廷大臣，他可以近距離聽到、感觸到這個「神」一樣的嘉靖皇帝，發覺他簡直就是一個無賴，一個混世魔王。以前，海瑞對嘉靖的「無限崇拜」，現在，他開始產生了疑問。但是，海瑞自幼受到的「忠君」思想，又在支撐著海瑞的精神信念，使他發自肺腑地感到，忠於這個「大無賴」才是正途。海瑞一生，幾乎都處在這種信念與現實的矛盾中。那麼，這個大無賴皇帝嘉靖，到底何許人也？寫到「海瑞罷官」，就必須要深入瞭解罷海瑞官的嘉靖，以及海瑞所處的那個時代。

＊

有的史家說嘉靖皇帝「不可一世」，主要指他在繼位之初「禮儀之爭」中的表現。這牽扯嘉靖皇帝是怎麼冒出來的。話還得從他的爺爺、明朝第八位皇帝憲宗朱見深說起。

明朝第八個皇帝憲宗，即成化皇帝，有四個兒子，長子和次子早死，三子名朱祐樘，就是後來的孝宗（弘治皇帝）明朝第九個皇帝，四子名朱祐杬。

三子孝宗朱祐樘有二子，長子朱厚照；次子朱厚煒，次子不滿三歲就死了。孝宗死後，皇位傳給自己唯一的兒子朱厚照，就是那個極度荒淫放蕩的武宗（正德皇帝）。他自十五歲登基開始，就沒日沒夜地造兒子，越沒兒子，越日夜不停地狂轟濫炸，想多快好省地造出個兒子。一輩子「生命不息，造子不止」，總是在發揚「革命加拚命」的精神，結果，到了三十一歲，兒子沒造成，倒把自己的命給早早拚進去了。也有史家考證，武宗可能生理有缺陷，明朝皇帝遺傳基因也許確實有問題，要不怎麼有那麼多白癡皇帝？這一話題超出本書研究範圍，按下不表。

卻說武宗（正德皇帝）無子，又無兄弟，既不能「子承父業」，亦不能「兄終弟及」，武宗死後，這支香火斷了，就要上溯到武宗之父孝宗朱祐樘那一輩。

孝宗的親弟弟朱祐杬被分封為興獻王，封地在安陸（今湖北鍾祥）。按說武宗死了，孝宗、武宗父子這一支絕了後，就輪到孝宗的這個弟弟朱祐杬繼位了，但是，朱祐杬在封地也是終日放蕩不羈，比姪兒武宗還早死二年，死時四十四歲。這樣，有資格繼承皇位就落到興獻王朱祐杬唯一的兒子朱厚熜身上。他和武宗朱厚照是堂兄弟。這一年，朱厚熜十五歲。

武宗正德皇帝向來不理朝政，以荒唐淫亂為己任。在他後期，朝中大事全由內閣大學士楊廷和主持。武宗一死，又沒有兒子繼位，權力出現真空。好在楊廷和還算個忠心耿耿的大臣，和武宗之母張太后商議後，以武宗名義頒布遺詔，決定立朱厚熜為皇帝。國不可一日無君，立即派人去湖北安陸，宣召朱厚熜進京榮登大寶。

其實，興獻王一家在安陸也沒閒著。他們懂得明朝繼位祖制，也知道朱厚熜眼看就要當皇帝了。越臨近目標，人越急切，天天在算計、求仙問道的，只要武宗無子而崩，這帝位就是他朱厚熜的。盼星星，盼月亮，這一天終於盼到了。宮闈政壇，夜長夢多，詭詐多變，天曉得會有什麼突發事件。朱厚熜接旨後，第二天，帶五十個家臣僕人匆忙上路，星夜兼程，殺向北京。

從湖北安陸到北京，沿途所經州縣，地方官哪個不想盛情款待，大吃大喝，借機獻媚取寵這個新君？但是心急如焚的新皇帝，在隨行家臣袁宗皋的授意下，拒絕了沿途一切應酬，曉行夜宿，只用了二十天就撲到了北京城。到了北京城下，做著今後榮華富貴美夢的朱厚熜，才發覺有一件事還沒鬧清楚。

*

明朝規定，外地藩王（就像嘉靖這樣）繼承皇帝位的禮儀，要選擇吉日良辰，由外地入皇宮，先從大明門（二十世紀五〇年代初已被拆，位於北京大前門之北，今毛澤東紀念堂的位置）進入承天門（今天安門），登上奉天殿（今故宮的太和殿），接受百官朝賀，是謂登基大典（相當於現在的國家元首宣誓就職），這就算是正式當上皇帝了，改明年為新皇帝紀年，如這一次，明年為嘉靖元年（西元一五二二年）。

也有一種情況，皇帝無子，先找個人繼承皇太子之位，熬到老皇帝駕崩了，群臣紛紛「勸進」，勸皇太子登基，皇太子則假惺惺地推辭再三，群臣也明白，皇太子早把皇帝寶座盯得眼睛都紅了。君臣反正吃飽了飯不幹正經事，都在那假戲假作，最後皇太子「推辭不過」才登基。為爭皇位，親兄弟可以打得頭破血流，白刀進，紅刀出，三刀六洞。真要當皇帝了，還能推辭？鬼才相信！「準皇太子」由紫禁城東側的東安門（今東華門）入皇宮，住文華殿，然後再擇日登基，繞到太和殿去行繼承皇太子的登基大典。

嘉靖皇帝登基之初，朝中大權掌握在顧命大臣楊廷和手中。楊廷和，字介夫，四川新都人，成化十四年（西元一四七八年），他十九歲，考中進士，可謂少年得志。他成功早，因而歷史給他提供的活動舞臺也格外廣闊。他歷任成化、弘治、正德、嘉靖四朝高官，達半個世紀之久。《明史・楊廷和傳》描述楊廷和這個人：長得高高的身材，相貌漂亮，很帥，性格沉靜，好動腦子，文筆簡暢，喜好研究歷史典章制度、社會問題和邊疆事務，是一個有思想、有學識、儀表堂堂的高級官員。這個「做人低調、做事排場」的官員，在今天也是個當官的料，不可多得、難得的人才。

武宗後期，朝政被這個阿飛皇帝攪得實在天昏地暗，一塌糊塗。一個品質低劣、放蕩無羈縱慾的二十來歲惡少，一旦當了皇帝，沒有任何約束，他能幹什麼，這個武宗就幹什麼。無論理學如何教導每個忠臣都必須無條件地忠君，「忠不忠，看行動」，但是武宗這個「君」真的沒法子讓人「忠」，滿朝倒是不少貌似忠於他的人，不過幾乎清一色都是為人不齒的奸佞小人。正派人的容忍總是有一定限度的，對於武宗的胡作非為，實在忍無可忍了，楊廷和也上疏，對武宗委婉提出異議，敢於杯葛皇上，因而楊廷和在正直的官僚士大夫中頗受讚譽。

武宗死後，提議由朱厚熜繼位的，就是楊廷和。當然，即使沒有楊廷和提議，按明制也應由朱厚熜繼位。但是，反對他繼位的人，也可能找藉口從中作梗，增加朱厚熜繼位的難度。因而，楊廷和在朱厚熜繼位事上，功不可沒。從武宗去世到嘉靖繼位，中間有三十七天權力真空，全賴楊廷和主持朝政，用計擒獲了武宗寵信的權臣巨奸江彬，還以武宗名義下遺詔，革除武宗時代諸多弊端，保持了政局的平穩過渡，使政權順利交接。

楊廷和有政治頭腦，他已經注意到，明朝歷代多昏君，明朝盛產昏君，創歷史之最，昏爺、昏爹、昏子、昏孫，輩輩相襲。楊廷和還不可能認識到，這種現象的出現，是封建君主專制制度造成的。楊廷和只希望他扶保的新君嘉靖，千萬千萬別像武宗那麼荒唐。不過，楊廷和也沒有什麼高招，只想採取小打小鬧的方式，對新皇帝有點約束。他想出了一個辦法，就是讓嘉靖以孝宗朱祐樘（弘治皇帝）兒子的名義登基。他以為這樣就可約束嘉靖了，道理何在？這還要從武宗之父孝宗說起。這是一段很有意思的歷史故事。

＊

現在北京東城燈市西口有一條著名的胡同「奶子府」，是明清兩朝專為皇宮儲備奶媽的衙門。貧苦女子剛生下嬰兒，無力撫養，趁奶水正旺，被迫扔下自己嗷嗷待哺的親子，任其死活，經人作保，體檢後（不必政治審查，比考進士簡單），即在奶子府等候。皇帝后妃多，很難說哪天、哪個妃子生了孩子。這些奶媽，一邊給皇子哺乳，一邊想念自己的親骨肉，且多少年不能相見。大多奶媽哺乳皇子長大，才得以回到原籍，方知自己親生骨肉已死多年，確實可憐。

但也有例外的。有個奶媽姓萬，山東諸城人。說來也巧，和後來的江青是老鄉。她扔下自己剛出生的兒子，經人介紹來到奶子府，正巧朱見深降生。這個朱見深即後來的明憲宗，孝宗朱祐樘之父，武宗朱厚照之爺，史稱成化皇帝。宮中選中萬氏為憲宗奶媽，這一年，她十九歲，她給憲宗餵奶十年，後改為服侍憲宗飲食起居。她施展手段，使憲宗只吃她做的飯菜，並產生了感情。憲宗十六歲登基，將奶媽萬氏封為萬貴妃，這一年，她已經三十五歲。亦母亦妻，已經亂倫。

說來也怪，這個萬貴妃魁梧的身體，膀大腰圓，聲音粗亮，無論你從她身前或身後看，都像個男子柔道或日本相撲運動員。這絕不是我故意醜化她，檔案文獻記載她「貌雄聲巨，類男子」，真鬧不清憲宗為什麼就愛上了這麼個「運動員」？真不能用正常人的思維去衡量明朝皇帝。

成化二年（西元一四六六年），這個「運動員」已經三十七歲，給憲宗生下個兒子夭折，此後，她再未生育。萬貴妃為了保持自己專寵的地位，見哪個后妃懷孕了，她也不管懷的是男是女，在她眼裡，「生男生女都一樣」，一律設法使其墮胎。為此，她不僅使后妃徹底做到了「絕育」，甚至還害死了幾個懷孕而又不想墮胎的妃子。後宮一時處於萬貴妃的白色恐怖之中，彷彿整個皇宮在搞「文化大革命」。

皇宮內的圖書館，有個管圖書的宮女姓紀，廣西瑤族人，其父是土司（部落酋長），造反兵敗被殺，女兒被擄至宮中為宮女。一天，憲宗信步走進圖書館，見紀氏漂亮，哪肯放過她？遂使她有了身孕。憲宗三十多歲了，一直無子，這回紀氏懷孕了，一時間，后妃、宮女、太監擔心萬貴妃又施毒手，一同瞞著萬貴妃。紀氏生下個男孩，就是後來的孝宗朱祐樘（武宗之父，嘉靖之伯父）。

宮中遍布萬貴妃的耳目爪牙，藏匿一個孩子之難，可想而知。但是，許多人共同努力，朱祐樘在艱苦、恐懼環境中長到六歲。其父憲宗才知道自己還有這麼個「地下兒子」，立即父子相見，封他為皇太子，封紀氏為紀淑妃。萬貴妃知道後，惱怒的心情是可想而知的。她感到大家都在欺騙她，遂害死了紀淑妃等幾個人。由於太子已立，萬貴妃也年長不育，她遂不再干涉別的妃子生育，使憲宗後來又有了幾個兒子，嘉靖之父朱祐杬就是其中的一個。萬貴妃也很快在氣惱中死去，年五十九歲。

孝宗朱祐樘登基後，年號弘治，由於他幼時受過苦，比那些自幼就養尊處優的皇子多少明白事理。人在險惡環境中肯定要善於動腦筋，因而孝宗成了明中期一位比較明白的君主。他深知自己生母紀氏之不易，因而他也是中國歷史上唯一一位只有一個皇后，沒有妃子的皇帝，最起碼在名義上是一夫一妻。這已很難能可貴了。當然，也不排除他唯一的張皇后馭夫有術，有「內功」，也難說。

孝宗只有一子朱厚照，就是後來那個混蛋透頂的武宗。武宗無子，楊廷和等群臣都為孝宗無後而遺憾，希望孝宗的親姪子朱厚熜（後來的嘉靖）過繼給伯父孝宗，既為孝宗續後，又希望嘉靖繼承孝宗之賢明，楊廷和這一良苦用心，根本得不到同樣混蛋透頂的皇帝嘉靖的認可。

＊

這次朱厚熜來北京，一心來當皇帝。他的堂兄武宗已死，他一步登天也就得了。不知道這位大學士楊廷和是怎麼樣想的，徵得孝宗之后張太后同意後指示禮部官員，嘉靖要按照皇太子即位的禮儀，先自東安門入住文華殿，而不是按藩王登基的規格，從大明門入皇宮。這就表明，嘉靖是以孝宗兒子的身分繼承皇位。

但是，朱厚熜那個親信家臣袁宗皋卻在思考一個問題：武宗死後，朝政由張太后和楊廷和把持，新皇帝嘉靖才十五歲，很容易被他們控制，成為傀儡，而自己這批從興獻王府來的親信，萬一被一腳踢開，靠邊站，撈不到油水，來個雞飛蛋打怎麼辦？中國官場就是這樣，一事當前，首先考慮的是自己在這件事中能撈到多少好處，再做決策。

袁宗皋拿過楊廷和以武宗名義起草的遺詔，發現上面有一句，令朱厚熜「即日遣官迎取來京，嗣皇帝位」。袁宗皋抓住「嗣皇帝位」這四個字，對朱厚熜說，您不能任他們擺布，不能按皇太子禮對待，您是來當皇帝的，應該按皇帝禮。

朱厚熜本來是旁枝藩王繼位，不似正枝嫡傳正宗，心中隱有一些自卑感，經袁宗皋一煽動，認為有道理，下令停止進北京城，表示如果不按皇帝禮，乾脆回安陸老家去。

武宗再不是東西，他的遺詔也是「最高指示」，必須，「字字照辦」。

張太后畢竟在深宮，沒有政治頭腦，不可能認識到這是新皇帝在鬧「獨立性」，只是心中暗說：「新來的這小子不是個省油的燈！」

張太后向楊廷和提出個折中方案，即先假設朱厚熜已經繼承了皇太子位，省去皇太子繼位的禮儀，以及免去群臣再三勸進、皇太子再四推辭那套假模假式的做戲，決定朱厚熜從北京城外，直進大明門、承天門，登上奉天殿，舉行登基大典。楊廷和心說：「妳一個婦道人家懂什麼，我這是要讓新皇帝今後聽咱們話！」但是，太后再無知，她的話也只得服從。朱厚熜取得了最初的勝利。

細想起來，這點所謂的「勝利」有什麼了不起？一方面朱厚熜身邊有家臣袁宗皋給出主意，而這個袁宗皋也算不上名臣，和他主子朱厚熜一樣，一生也沒有什麼大的作為，另一方面，張太后根本不是個政治人物，但專制王朝卻把這個僅僅給皇帝生過兒子的普通女人（而且生個武宗這樣的劣質皇帝），推上政治舞臺，我真不理解一些史家把這事大書特書，稱讚嘉靖「少年不凡」值不值得？

12 就憑嘉靖也配改寫歷史？

明朝皇帝無奇不有，皇帝幹的怪事更是「琳琅滿目」。這個嘉靖皇帝，要介紹他登基後企圖改寫自己歷史的「大手筆」，還要從皇陵說起。

提到明皇陵，海內外都知道，名揚四海的北京十三陵。其實，除了十三陵，還有五處明皇陵。

有兩處在安徽，一處是朱元璋稱帝後追封自己祖先的陵墓，後來被洪水淹沒，現在已經見不到當年的建築了，只知遺蹟尚存。還有一處是朱元璋為自己父母建的皇陵，在他的原籍鳳陽，現在這個陵墓的夯土墳包依然存在，皇陵前的多對石象生（稱為翁仲），大多還算完整，仍然立於陵前守衛著，彷彿在開地下這對貧苦一輩子農民的玩笑：我們威武地守衛著地下這一對窮光蛋！

在南京中山陵附近，有著名的孝陵，埋葬著朱元璋，現在仍然保存著石象生，松柏掩蔭，皇陵遺址歷歷可數，已成觀光遊覽景區。

北京除了昌平的十三陵，在西郊金山埋葬著代宗朱祁鈺（景泰皇帝），他的哥哥就是英宗朱祁鎮（正統皇帝）。正統十四年（西元一四四九年）瓦剌部也先入侵，英宗被擒於土木堡，國不可一日無君，哪怕是個白癡皇帝，也得有一個充門面，群臣擁立他的弟弟朱祁鈺當皇帝，就是景泰皇帝。也先考慮到其兄英宗朱祁鎮已失去被扣押的利用價值，遂放回來，還可以製造明朝宮廷矛盾。被放回的英宗發動政變，復辟帝位，廢景泰皇帝朱祁鈺，封為成王。朱祁鈺死後，葬在金山，不得享受皇帝待遇，現陵墓已蕩然無存，只剩一殘破石碑亭，孤立於金山山坡。

還有一座皇陵，在湖北省鍾祥縣東郊外松林山下，名顯陵，至今陵園城牆完整，石象生依然威武，華表豎立，一派皇家氣勢。二〇〇〇年十二月初，聯合國教科文組織正式將顯陵列為世界文化遺產之一。這裡埋葬的，就是嘉靖皇帝的生父朱祐杬，這座皇陵是經嘉靖皇帝奮力拚搏爭奪而來的。

＊

經過武宗十六年惡作劇式的統治，把已經千瘡百孔的大明帝國折騰得一塌糊塗，他好不容易死了，新皇帝嘉靖上臺，本應一門心思勵精圖治，大展宏圖。但是，這樣要求明朝皇帝，特別是對嘉靖皇帝這等貨色，顯然太苛刻了。此時的朱厚熜，已成為嘉靖皇帝，順便講一下，這時，還不能稱他為「明世宗」，因為「世宗」是朱厚熜死後，以他兒子的名義給他的廟號，他活著是萬萬不可能有的。

這位嘉靖皇帝，此時在想什麼呢？那就是：他死去的父親朱祐杬，到底算個什麼？算皇帝？

他沒有做過；不算皇帝，他兒子可做了皇帝！中國歷朝，還真有幾個開國皇帝把自己的父親也封為皇帝的，儘管他們的父親連一天皇帝也沒幹過。

由於嘉靖皇帝朱厚熜和正德皇帝武宗朱厚照是平輩的，嘉靖皇帝名義上繼承武宗的父親明朝第九位皇帝孝宗朱祐樘（弘治皇帝）為帝，朱厚熜到底算孝宗朱祐樘的兒子，還是算朱祐樘的弟弟興獻王朱祐杬的兒子？這個問題，今人看來十分荒唐、無聊，但在過去，越是封建社會，越講出身，這可是關係到皇帝值多少錢一斤的大事。

一個人什麼皆可選擇，就是生身父母不能選擇，但是，今日的嘉靖皇帝卻面臨選擇誰是自己「親爹」的為難問題。從歷史上看，朱元璋得天下以後，把自己的大兒子朱標封為皇太子，留在身邊準備接班，其他兒子分封到全國各地為王，稱為「藩王」，像有名的明成祖朱棣，他是朱元璋四子，被封到北京，稱為「燕王」，負責坐鎮邊疆，守衛長城。朱元璋死後，朱棣發動政變「靖難之役」，奪得皇位，年號永樂。

分封藩王制度歷代相沿，到了明朝第八個皇帝憲宗朱見深（成化皇帝）臨終時，三子朱祐樘為弘治皇帝（孝宗），四子朱祐杬分封到湖北安陸州，為「興獻王」，生下朱厚熜。因而，嘉靖皇帝的生父朱祐杬的封號就是「興獻王」，這是歷史。我們知道，對歷史事實的認識，可以改變，但歷史事實本身不能改變，這是對待歷史的基本態度。但是，嘉靖皇帝硬要改變歷史事實，他要把生父變為皇帝，且鬧騰了許多年，他認為這件事才是「治國大綱」的「基本國策」。

中國封建王朝歷來繼承制度講嫡傳，也就是皇后生的大兒子首先有權繼承帝位，若皇后無子，退而求其次，選一個妃子生的兒子繼位，也馬馬虎虎可以了，好歹也是皇帝的親骨肉。問題麻煩在如果皇帝根本沒有兒子，就要從皇帝的弟兄中找個兒子，過繼給皇帝，就像這次，憲宗傳孝宗，孝宗傳武宗，為嫡傳。武宗無子，只能從他的叔叔興獻王朱祐杬那找繼承人，過繼給孝宗，就是嘉靖皇帝。

嘉靖皇帝上臺後，腦袋裡沒有別的事，心中只念叨自己非嫡傳，很沒面子，怕被看不起，總想改寫自己的歷史。先是登基前夕鬧了一場禮儀之爭，以勝利告終，當上皇帝。自己現在已貴為天子，可是出身太低，想到自己親爹興獻王朱祐杬只是個藩王，自己不是「根壯苗正」的嫡傳，心中不爽，因而他處心積慮地試圖將自己生父的身分變為皇帝，以抬高自己的身價，以示「老子英雄兒好漢」嘛！

*

導火線發生在嘉靖皇帝登基的第四天。他派大臣去安陸州接母親興獻王妃蔣氏進京，母子相見，本是極令人感動的事，但是在帝王家，問題就複雜了，封建禮規，超越了母子親情。

在封建王朝，任何人見到皇帝，都必須行君臣大禮，皇帝的生母是后妃，也屬於「君」，見到自己當皇帝的兒子，可以免行君臣大禮。但是，如果皇帝的生母不是老皇帝（稱皇考）的后妃，而是別的哪個王的妃子，則從禮制的角度，應當給自己當皇帝的親生兒子下跪磕頭，行君臣大禮。

藉口有了。嘉靖皇帝抓住這件事，明確表示，絕不能讓我的親生母親下跪給我行「君臣大禮」，解決的辦法只有承認我的生父興獻王朱祐杬也是皇帝，我媽是皇妃，她就不用給我跪拜叩頭了，嘉靖皇帝還找出了歷史根據，他想到了朱元璋的孫子朱允炆就幹過。

明朝自太祖朱元璋到武宗朱厚照，一直沿襲老皇帝先立皇太子為接班人，老皇帝駕崩，皇太子繼位，無所謂新皇帝登基後，追封自己爹為皇帝。只有一次例外。

朱元璋曾封長子朱標為皇太子，但是，在朱元璋六十五歲那年（洪武二十五年；西元一三九二年），朱標先於朱元璋而亡，根據中國立嫡傳統，當立朱標長子，但長子早夭，朱元璋遂立朱標次子朱允炆為皇太子。

洪武三十一年（西元一三九八年），朱元璋病逝，朱允炆繼位，年號建文，史稱建文皇帝。朱允炆登基後，鑒於自己父親朱標只當過皇太子，沒有過過皇帝癮，因而在建文元年（西元一三九九年）追尊朱標為孝康皇帝，比較順利，未有人提出異議。

四年以後，朱元璋的四子朱棣發動武裝政變，奪得政權，朱允炆下落不明，是謂「靖難之役」。朱棣登基後，心想：我老四才是正宗的皇帝，我大哥朱標怎麼能是皇帝？下令廢了朱標「孝康皇帝」的稱號。

朱允炆封自己生父朱標為皇帝，和後來的嘉靖皇帝封自己的生父為皇帝，從封建倫理上講，並不一樣。朱元璋、朱標、朱允炆，人家是嫡傳，而嘉靖皇帝的父親朱祐杬不是正宗嫡傳，是旁枝。雖然自明成祖朱棣登基後，大明江山朱家天下已經由旁枝取代了嫡傳，「有槍便是草頭王」，老四朱棣憑武力奪得天下，當然可以為所欲為，誰敢反對，可以對誰實行專政。

＊

嘉靖皇帝就不同了，你既不是孝宗、武宗嫡傳，又沒有實力，硬想給死去的爹戴上皇冠，觸動了中國視為神聖不可侵犯的綱常倫理，在那個時代，簡直大逆不道。理學鼓吹「武死戰，文死諫」才是忠臣。「武死戰」好理解，「文死諫」指的是忠臣敢於向皇帝諫言，哪個混蛋皇帝一不愛聽諍諍諫言，把這大臣殺了，這大臣才是名揚千古的忠臣。

這種「忠臣」大明王朝是有的，不過不多，多的是溜鬚拍馬的奸臣。「忠臣」們強烈地反對追封興獻王朱祐杭為皇帝，也真是愚忠，他們為了維護朱家天下的正統，明目張膽地得罪當今皇上，何苦來哉！今日看來，這幫忠臣在冒傻氣，被理學洗過腦筋的他們卻堅信頭可斷，血可流，「革命原則」不可丟！

楊廷和聯合禮部尚書毛澄，上書嘉靖皇帝，先引經據典，列舉歷史上的典故，論證嘉靖皇帝應該以孝宗朱祐樘為父。古代對死去的父親稱為「考」，死去的父親若是皇帝，稱「皇考」。楊廷和和毛澄讓嘉靖皇帝換個父親，將孝宗認作自己的親生父，稱其為「皇考」。一個人不可能有兩個生父，既然把伯父認作自己生父，那麼嘉靖皇帝就得把自己真正的生父稱為「皇叔父」，自己的親媽成了「皇叔母」。別說貴為一國天子的嘉靖皇帝，就是個平民百姓，沒要特別原因也不會同意這麼幹，更何況他從小過慣了公子哥生活，在養尊處優、群小阿諛迎奉的環境中，養成了妄自尊大，自以為是的作風，他才不會連爹帶媽一塊換。

一旦有人建議他應當以伯父孝宗為皇考，他就反唇相譏：「難道自己的父母也是可以隨便改變的嗎？」不少人就無言以對。但是，禮部尚書毛澄在楊廷和的支持下，仍然不依不饒地堅持什麼「為人後者為之子，自天子至庶人一也」，意思是你是人家後代就算人家的兒子，從天子到平民百姓都是一樣的。

其實，認誰當作自己的父親，是個人的權利、自由，他願意認誰當爸爸，旁人管得著嗎？但是，身為皇帝，在一幫迂腐的大臣看來，這可是關係「國本」的原則問題，尤其楊廷和等前朝重臣，企圖用這事約束住皇上，不使他如武宗那樣肆意妄為，桀驁不馴。當時嘉靖也感到自己從地方來到中央，在朝樞勢單力孤，羽翼未豐，尤其自己帶來最得力的袁宗臯年邁多病，不久病逝，因而嘉靖只好先退一步，表示可以從長計議，這一退就拖了四年。

*

古今中外的官場上，總是盛產一批善於拍馬屁的小人，當然，拍馬屁也是一種特異功能，要抓住適當的時機、適當的場合、適當的對象，所拍的馬屁言辭，多一分則太過，少一分則太虧，要恰到好處。很多極其不學無術、胸無點墨、卑鄙無恥的「三無產品」官僚，之所以能登堂入室，位居極品，道理在此。

正德十六年（西元一五二一年）七月，正當嘉靖皇帝就誰當他爹和群臣吵得不可開交之時，一個叫張璁的新科進士看準機會，結結實實地給嘉靖皇帝拍了一下馬屁，把他屁股全拍紅了。

張璁，字秉用，浙江永嘉人，鄉試中舉後，從弘治十二年（西元一四九九年）到正德十六年用了二十二年才中進士，可見其「資質」！大約成天研究拍馬屁這門學科，影響學習「四書」、

「五經」了。這時他已四十七歲，來日無多，他盤算：我這把年紀，若拍楊廷和馬屁，一步步升遷，要待何年何月？何況還可能升不了，必須「只爭朝夕」，就要在拍馬屁上再下功夫，「短平快」（打排球術語，接對方來球，一下子打回去，直接得分）賭一把，這叫「放短線」。

趁嘉靖急於戰勝楊廷和等人，又苦於自己人手不夠，張璁抓住機遇，上了〈大禮疏〉反駁楊廷和道：嘉靖所繼承的大統，實際上應該是太祖朱元璋的大統，而不是來自祖父憲宗（成化皇帝朱見深）的大統。況且，現在嘉靖皇帝要迎接自己的生母進京，若稱她為皇叔母的話，那麼原本是母子，現在成了君臣，難道讓生母成為自己兒子的臣子？嘉靖皇帝登基是根據兄（孝宗）終弟（興獻王）及的原則。

張璁在〈大禮疏〉中還列舉了自漢朝以來兄終弟及的事例，以及反駁了楊廷和等讓嘉靖尊伯父為父、生父為叔的主張。張璁最後主張嘉靖應稱生父興獻王為皇考，稱伯父孝宗為皇伯考，在北京建紀念生父興獻王朱祐杬的皇考廟（明朝規定，這種廟是為生前是皇帝的人而建的）。張璁拍馬屁的建議，句句說到了嘉靖的心坎上，撓到了癢處。

張璁在中進士前做過瑤溪山羅峰書院的教師，不愧是教書的，理論水平和皇上身邊的「三無產品」老官僚比，就是不可同日而語。嘉靖為此興奮地說：張璁「此說一出，我們父子的安全就有了保障」，在嘉靖眼裡，張璁的話「一句頂一萬句」。但是楊廷和、毛澄一派官僚根本不把書生張璁放在眼裡，又見嘉靖年幼，孤掌難鳴，仍然頑固地反對嘉靖認自己生父為皇考的做法。楊廷和這樣的君子遇上小人，你自認倒楣吧。

＊

正在此時，恰巧嘉靖的生母興獻王妃也從湖北安陸州來到北京近郊，她此時來真是添亂，一聽自己到底是「王太妃」，還是「皇太后」，至今沒有定下來，又聽說群臣反對嘉靖的意見，她在隨行家臣的鼓噪下，命令停止前進，暫不進城，她表示：自己一日不成為皇太后，一日不進城。

在紫禁城內的嘉靖一聽到母親拒絕進北京城，彷彿打了雞血，頓時來了精神，一母一子，城內城外遙相呼應，二人彷彿民歌中的隔山對唱，老媽剛唱罷，兒子跟著唱：如果不按母親意思，不能給她以皇太后稱號，自己還不如回到安陸州藩邸，不當皇帝了，只求母子團圓。不瞭解他的人，還真以為他是個「不愛江山愛老媽」的「孝子」，其實，他能忍心讓千里迢迢來北京的老媽蹲在城外！

此時，劍拔弩張、君臣僵持不下，這個張璁瞅準機會，又上了一個〈大禮或問疏〉。雖然還是老生常談，陳詞濫調，但是此間寫奏疏支持皇上，無異於火上澆油，唯恐天下亂得不夠。

在這種情況下，楊廷和才發現，想方設法約束小皇上，不要成為另一個武宗，已不可能。你實事求是，皇帝認為你胡說八道；你胡說八道，皇帝認為你實事求是。那麼，為什麼不胡說八道？楊廷和不可能認識到，在中國君臨天下的制度中，這種專制制度就是造成帝王專橫跋扈的溫床、沃土，任何憑藉個人的力量，企圖在這種制度中使皇帝保持自覺、自愛、自尊，是幻想，因為沒有任何力量可以監督、制約皇帝。楊廷和在萬般無奈、極度失望中，只能提出辭職，一走了之，惹不起，還躲不起嗎？

說來也巧，正在此時，嘉靖元年（西元一五二二年）正月，皇宮內清寧宮後殿發生火災，楊廷和等以「上天警示」為由，和群臣力諫嘉靖，說這是上天對皇上無視禮制的懲罰，若皇上仍一意孤行，固執己見，可能今後還會遇到更大的懲罰。

古代，人們對上天的一些自然現象既無知，又恐懼，嘉靖尤甚。從他以後走火入魔地迷信江湖術士那一派胡言亂語看，在他的心中早已迷信得根深蒂固，因此嘉靖同意了生父為「興獻帝」，生母為「興國太后」。

楊廷和不愧官場老手，他利用嘉靖被迫讓步的機會，雷厲風行，立即設法將張璁等人排擠出京城，到外地去當個無足輕重的小官。這樣，楊廷和既打擊了政敵，又孤立了皇帝。嘉靖卻仍在思考誰是爹的事，又提出一個折中方案，在「興獻帝」和「興國太后」名稱上加一「皇」字，反正必須和「皇帝」掛鈎，傍上「皇」字，稱為「興獻皇帝」和「興國皇太后」。這個折中方案，仍受到毛澄的反對，理由是「皇」字可不是隨便亂加的，「興獻帝不宜加皇號」。

正在鬧得如火如荼時，嘉靖大概忘了，他的親媽還蹲在城外等著結論，彷彿醫生專心吵架，忘了在醫院等診斷結果的絕症患者。不能久拖不決，這邊毛澄又發難，嘉靖的得力幹將張璁一夥又被「下放」，「上山下鄉」了。嘉靖畢竟是個平庸剛愎的毛頭小孩子，實在束手無策，黔驢技窮了。堂堂一個「真龍天子」，想了個「餿招」（北京方言，食物變質為「餿」，「招」為辦法，「餿招」意為蠢辦法）他派個太監跑到毛澄府上，明朝太監專權，十分囂張跋扈，一般太監到大臣府邸，多是代表皇上，或宣讀聖旨，或要事相商。大臣對太監皆客客氣氣，畢恭畢敬，甚至奴顏婢膝、低三下四，一則經常有事求太監在皇帝面前行方便，二則提防太監在皇帝面前進讒言使壞。

今天這個太監奉皇上煌煌旨意，進得毛府，也不顧身分，也不管府上旁人，噗通就給毛澄跪下了，嚇毛大人一跳，還以為這太監犯了何罪，請毛大人在皇帝前美言。毛澄親自攙扶太監，連說：「公公請起，有話好說。」

這個太監越發來上勁了，非但不起，乾脆給毛大人叩起頭來，腦袋碰地，嘭嘭直響，如搗蒜一般，口中連說：「這是聖上讓我這樣幹的。聖上讓我對您說：『人誰沒有父母，為什麼我就不能敬表尊崇父母之孝心呢？務請毛大人改變主張！』」

這個太監隨後拿出一大袋黃金呈給毛澄，說是皇上讓送給他的。皇帝向大臣行賄，天下奇聞！要是在今天，上司向下級行賄，下級不收，那上下級全是神經病患者。但是，在極端腐敗的明朝，頗有風骨精神的毛澄，竟「拒腐蝕，永不沾」，拒絕收下皇帝向他行賄的贓物，氣憤地說：「老臣雖然糊塗，但不能讓禮法壞在我手上！送客！」

毛澄轟走了這位太監，當天就上奏皇上，辭去禮部尚書一職。對於毛澄的愚忠，我們後人可能覺得可笑，其實，皇上愛叫他爹什麼就叫什麼，關你屁事？但是，毛澄為了自己的信念，黃金都不要，恐怕天下沒有幾個官能夠做到，令人肅然起敬。

「敵進我退，敵退我進」，楊廷和與毛澄相繼辭職，遠在南方的張璁等人聽到這特大喜訊，真是有如再生。他們再一次向嘉靖上疏，老調重彈，請求改稱孝宗為皇伯考，興獻王為皇考，母為興國皇太后，稱聖母。

＊

嘉靖三年（西元一五二四年）正月，隨著嘉靖地位的穩固，大臣紛紛使出看家本領——見風使舵，轉而支持追認嘉靖的父親為皇帝，結果，地下的興獻王朱祐杬成了「本生皇考恭穆獻皇帝」這麼個不倫不類、假冒偽劣名字。不管怎麼說，反正這回就是「皇考」、「皇帝」了。嘉靖大約比較滿意，目的達到了，張璁也沒用了，因此令張璁等就不要為這事再來北京。

張璁為了自己今後高升，不留後患，他堅持除惡務盡，在嘉靖力量由弱變強之時，機不可失，時不再來，趁此時必須把楊廷和、毛澄等徹底趕出朝廷，否則，萬一楊、毛死灰復燃，自己將「吃二遍苦，受二茬罪」，可能永無出頭之日。

中國官場就是這樣，明明各懷鬼胎，專謀私利，卻硬要冠冕堂皇地說一大堆「出以公心」的理由。張璁抓住「本生皇考」四字做文章，再次興風作浪，上疏說：「皇上將自己親爹稱為『本生皇考』，實質上還是暗示自己是伯父孝宗的兒子。因為若真是『本生』，何必強調？與稱自己生父為『皇叔父』沒有多大區別。」並賊喊捉賊，挑撥離間說，「那些大臣表面似乎尊重您的意見，實際上在割裂您對父親的一片孝心。」

嘉靖本來就智商低下，頭腦簡單，看了張璁的奏疏，想都不想，馬上降旨，又宣張璁等人即刻進京。張璁一幫精神抖擻地進京後，一批大臣又見風轉舵，支持張璁；另一幫官員知大事不好，紛紛辭職。嘉靖特將張璁調進中央，為翰林院學士，張璁如願以償。看透官場的人都明白，其實他才不關心什麼「皇叔父」、「皇考」，無非「打著紅旗反紅旗」，以此打擊對方，達到自己高升的目的。對於這些，嘉靖全然不曉。

嘉靖三年七月，皇上在皇宮左順門召見百官，太監宣旨，去除「本生皇考」中的「本生」二字，沒想到引來一場更大的政治風波。

13 哭門事件

嘉靖三年（西元一五二四年），皇上十八歲，用今天的標準，他在生理上算是個成年人。這時的朝廷，楊廷和已經退休，毛澄也死了，張璁開始得勢。一些大臣彷彿在賭場上押寶，上盤狂輸，下盤下注，急忙轉彎子，馬上巴結張璁一夥。朝中還有一幫人，多為楊廷和、毛澄的晚輩，這幫「官二代」比較年輕，政治資歷尚淺，權勢比不上他們的前輩，眼見張璁像新的明星「大腕」（北京俗語，意指演藝界名人），深得皇上信用，如日中天，這群「高幹子弟」既看不起張璁，又不甘心，蓄勢待發。一次，在左順門聆聽聖旨，就成了反張導火線。

太監在左順門前，向百官宣讀完去除皇考前「本生」二字的聖旨，嘉靖下令「群臣退下」。但是，群臣反正吃飽了飯沒事幹，為了表示反對將「本生」二字抹去，從辰時（上午七點到九點）跪到午時（中午十一點到一點），硬是趴在地上不起來。北京的農曆七月，氣候炎熱，檔案文獻中沒有記載這一天天氣如何。按照常規，在攝氏三十五度以上當無問題。每個官員身著官袍官靴，驕陽似火，大家沐浴在夏日的陽光下，一跪就是四個多小時，表面是為了皇上對他的親爹該叫什麼，實則在和皇帝的新寵爭奪權力。

已經下午一點了，烈日炎炎，一大片官員不僅伏地不起，還哭聲震天。有的一把鼻涕一把淚，撕心裂肺地真哭；有的純粹在那跟著乾嚎，乾打雷，不下雨。哭聲飄揚在紫禁城上空，知道的人明白，百官是為了議禮之事，大家關心誰是皇帝之父；不知道的人，會以為宮中又死了誰。今人可以設想一下，如果哪國內閣成員，正襟危「跪」，集體在總統府門前廣場上縱情跪哭，肯定成為首都觀光一景，可國家成何體統？

嘉靖在文華殿正要睡午覺，聽到群臣悲天憫人的哭聲，感到自己傳旨退朝，大臣置若罔聞，膽敢如此抗旨不遵！本來就性格狂暴的皇上，不覺怒從心中起，下令錦衣衛將八個哭嚎聲最大的捉起來，入詔獄（「詔獄」：乃對某些犯人，不必司法部門審議定罪，皇上一句話就可以關押起來的監獄）。但是，抓走了八個，剩下的仍大哭不止，嘉靖命太監將跪哭官員的姓名記下，以便「秋後算賬」。同時下令，按官員級別，不同待遇，分別處置：四品以上的俱奪俸祿，等於扣發薪水；五品以下一律逮入獄中。檔案記載，當時抓的五品以下官員一百三十四人，擴大打擊面，從最初八個人變成打擊一大片。

世宗性格不僅狂暴、易怒，且記恨、多疑，凡昏君的劣質，他幾乎全有，從這個角度講，他也算夠「難能可貴」了。第二天，嘉靖怒氣未息，上午剛一起床，立即下令將昨日先抓的八個和又抓的一百三十四人「廷杖」。

凡有關明朝的那些事，經常出現「廷杖」一詞，這也是明朝特有的一種懲罰官員的手段。

＊

現在到北京故宮參觀，先穿過雄偉莊嚴的天安門、端門，就到了故宮的大門——午門。午門上四座亭式樓閣巍峨壯觀，金碧輝煌，這是皇宮的正門，稱「五鳳樓」。從高空俯視，午門如鳳頭，四座亭式樓閣如鳳凰展翅，給人一種君臨天下，傲視臣民的氣勢。午門除用作獻俘儀式，其重要功能，是用以對大臣廷杖。

所謂「廷杖」，顧名思義，就是凡大臣講了皇帝不愛聽的話，無論大臣的意見多麼正確，皇上都可以令錦衣衛拿下，在午門前，按倒地上，扒下褲子打屁股，不少大臣活活被打死，這是明朝特有的制度。

明朝大臣多是通過科舉考試上來的，文化程度很高，知識分子最愛面子，所謂「士可殺，不可辱」。沒有文化的朱元璋，不懂得文人好面子，他更可能是明知故犯，就是要侮辱一下「臭老九」。但他執政那時還沒有廷杖，只是在宮門外鞭撻、罰跪，以示侮辱，並不扒下大臣的褲子，大臣還沒到當眾光屁股挨打的程度。

直到明成化年間，憲宗寵信的太監汪直，發明了廷杖。行刑地點在午門前御路東側，現在的故宮售票處一帶明朝這裡是錦衣衛執勤的地方，檔案文獻記載的廷杖情況為：

凡受廷杖者，用繩子繫住兩手腕，穿著囚服押赴至午門前，在杖所，排列校尉百人，執木棍林立。司禮監宣布廷杖開始，然後坐在午門西廊沿下，錦衣衛使坐在司禮監右側，有幾十名錦衣衛站列於他倆身後。過一會兒，受廷杖者被押到，左右錦衣衛厲聲喝道：「閣棍！」走來四個錦衣衛，七手八腳扒下受廷杖者褲子，光著屁股在眾目睽睽之下，人家也是兩榜進士出身的內閣大臣、高級知識分子！這使我想起一九五七年「反右派」到「文革」動亂，將教授、學者、專家，又戴帽子遊街，又批鬥，又坐「噴氣式」（「噴氣式」乃「文革」中發明，兩個紅衛兵將被批鬥者雙手臂扭向身後朝上撅，彷彿噴氣式飛機，不少老學者高血壓、心臟病發作，立時斃命），罰跪，再被「打翻在地，踏上千萬隻腳，讓他永世不得翻身」，大批被鬥的學者多受盡侮辱後，含冤而亡。

廷杖者也同樣是當眾受辱，光著屁股被按在地上，一個校尉執棍子從隊伍中走出，將棍子放在受廷杖者屁股上，左右錦衣衛喊：「著實打！」或「用心打！」，受廷杖者一般挨幾十棍，每打五棍換一人，以保持棍棍質量高，不能偷工減料。受廷杖者無論老少，一視同仁，挨幾十棍，幾乎沒有活下來的可能，能享受廷杖待遇，如同「文革」中有資格享受挨批鬥，多是年近花甲之年的權威學者了，因而能活過來者不多。

執廷杖者每喝一聲，周圍錦衣衛齊聲狂和之，有如「文革」中紅衛兵在呼革命口號，喊聲動地，聞者股慄。被廷杖者挨夠棍子數，人若沒死，還需放入大布袋中，四個錦衣衛提著，舉起來一齊往地上摔，十之八九肯定活不了。即便沒被打死，挨完打，提著褲子，撅著屁股，還要到衙署上班，凡看見此官的人恐怕首先想到的是，他的屁股怎麼樣了？

＊

這次，嘉靖下令對昨天被抓的一百四十多人廷杖，分作幾攤，大家同時脫褲子挨打，一時間午門前遍地開花，鬼哭狼嚎，連打帶摔，彷彿在排練雜技，幸虧此次挨廷杖的多為「高幹子弟」，是「早上八九點鐘的太陽」，尚屬年輕，只死了十六個。這次廷杖一百四十多人，僅僅是嘉靖初試鋒芒，就如此「大手筆」，從小看大，嘉靖為人之殘忍，可見其今生今世。嘉靖此次「普及」廷杖，不僅創明朝之最，亦創中國歷史之最，其實，他創歷史之最的事，還很不少，容後介紹。

武力是解決政治問題的最高手段，嘉靖終於取得了決定性的勝利。嘉靖三年（西元一五二四年）九月，其父的地位最終得出「政治結論」，稱孝宗為「皇伯考」，稱孝宗張皇后為「皇伯母」，平心而論，這是實事求是的，孝宗本來就是他伯父嘛！嘉靖稱生父興獻王為「皇考」，生母為「聖母」，就不實事求是，嘉靖的父母一生沒有和皇上、皇后沾過邊。一不做，二不休，嘉靖還將興獻皇帝牌位自安陸州迎到北京皇宮奉先殿，和明朝列祖列宗牌位供在一起，躋身於「正宗」行列。其實只要牢牢掌握了政權，嘉靖將其父母就是和玉皇大帝、王母娘娘供到一塊，也是「英明偉大決策」，也是可能的，後來那個大太監魏忠賢，全國各地不就將他和孔子一塊供奉嗎？

嘉靖一舉蕩平了朝中反對他的大臣，但還沒有趕盡殺絕，他知道「少壯派」的老一輩是這次事件的「黑後臺」，尤其是那個「老不死」的楊廷和，怎麼處置？嘉靖內心是矛盾的。

想當初，是楊廷和舉薦自己當的皇帝，有擁戴之功，嘉靖明白，若當初楊廷和沒有向張太后舉薦自己，而是擁戴了別的什麼阿貓阿狗，憑那個愚昧無知的老太婆張太后，也會同意。那麼，今日我朱厚熜還只能在安陸州當我的興獻王，當我的土皇帝，吃我的油炸臭豆腐。

但是，歷代帝王都忘恩負義，為了自己的統治地位，恩將仇報，殺戮功臣，在所不惜。嘉靖對一位帝王應有的德才，他一生都沒有學會，也沒有學，正經的才能他才不學；但是，對於忘恩負義，他無師自通，這就是出於本性。他決定將楊廷和削籍為民，用今天的話說，就是「撤銷黨內外一切職務」，遣送回原籍。那個禮部尚書毛澄已死，死了也不饒，奪去他生前職務。其他牽連的官員也悉數罷官。

這次從「大議禮」到「哭門事件」，今人會感到很無聊，沒有任何意義。從正德十六年（西元一五二一年）鬧到嘉靖七年（西元一五二八年），等於一個八年抗戰了。對嘉靖來說，倒是產生了一些影響，不僅影響他本人，也影響以後的明王朝，甚至影響了今後的中國。

＊

從嘉靖的個性來說，他剛愎自用，獨斷專行，殘忍多疑，智商很低，不學無術，他倒不是個窩囊廢，因不是皇家嫡傳而導致他的自卑感，使他通過這事，更加一意孤行，妄自尊大。如果怕別人看不起自己身世，可以採取的措施有兩種，一種是承認歷史事實，但發憤圖強，孜孜不倦，以自己的艱苦奮鬥歷程和光輝燦爛的成就，令別人在你面前，只有歎為觀止、由衷佩服的資格，別人還會看不起你嗎？另一種人怕別人看不起自己的身世經歷，力圖用欲蓋彌彰的方法，盡力弘揚自己的弱點，硬把自己的弱點說成是優點，就像「文革」中和「文革」前，沒文化的人就宣傳

「大老粗萬歲」，「工人階級必須領導一切」，知識分子是「臭老九」，必須接受工農兵「再教育」等等，顛倒是非，混淆黑白。嘉靖對待自己的身世，就是像後來的阿Q，精神勝利法，自我陶醉，採取瞪著眼睛胡說八道這種方法。

從此，嘉靖更加發揚缺點，泯滅優點（本來他的優點就有限），你們不是嫌我父不是皇帝嗎？我偏要將他的牌位供奉到祭祀列祖列宗的奉先殿，他還硬將父親的陵園建成帝王陵規格的明顯陵，企圖改變自己的歷史。

通過這次事件，嘉靖更加看不起大臣，此時，滿朝文武，皆噤若寒蟬，阿諛迎奉，吹牛拍馬，助紂為虐。這幫群小，也助長了嘉靖的妄自尊大、胡作非為。以致他不屑和大臣溝通，根本不把下屬當一回事，在他之後四十多年的統治中，荒唐、殘忍、非人、怠政，就是必然的了。

嘉靖本是「從地方到中央」，按說，應當比自幼生長在深宮大內中養尊處優長大的「龍子龍孫」，多少瞭解一點兒社會和民間，中國歷史上還是有幾個這樣的帝王。但是，嘉靖以極快的速度，迅速腐敗墮落，楊廷和原本力求新君千萬不要成為武宗第二，結果，沒等楊廷和死（楊廷和死於嘉靖八年），嘉靖就「青出於藍而勝於藍」，他要「得道成仙」，力圖使自己成為半人半妖的怪物，武宗遠遠達不到這個「水準」和「境界」。

14 還得從道教說起

凡研究明史的人，不得不把很大精力用於研究嘉靖；凡研究嘉靖的人，不得不把很大精力用於研究道教，因而，談到成年後的嘉靖，不得不從道教說起。道教本是中國自己的宗教，彙集中華民族許多優良傳統，是高雅的文化。但是，嘉靖把它極端化、庸俗化，甚至荒唐化、胡鬧化，他和道教結成了「生死緣」。

中國的漢族人，自古以來不大信仰宗教，就算是信仰，也遠不夠虔誠。大多對神採取實用主義態度，有急事或災難了，跑去拜神，祈求神靈保佑，無論靈驗與否，事後很少再去還願，所謂「平時不燒香，急來抱佛腳」，不像有的少數民族或外國人，每天都極為虔誠地向神「早請示，晚彙報」，外加「鬥私批修」（懺悔）。

中國人（多是漢人）的這種現象，主要因為孔老夫子就不信神，「子不語怪力亂神」，是說孔子從來不談論怪異、暴力、叛亂和鬼神，他乃「敬鬼神而遠之」。後來，孔子成了人們心目中的神，他的偉大思想成為了「戰無不勝」的精神武器，自然也就影響著千秋萬代的中國人民。

自秦始皇以後，把歷代皇帝吹捧成活的神，從「真龍天子」，到「紅太陽」，尤其自明清以後，對皇帝的神化，達到「無限」的程度。廣大愚昧無知的臣民，硬是將比他們更愚昧無知的帝王，視作「活神仙」。活神仙的「語錄」就是聖旨，是「放之四海而皆準」的「最高指示」，「戰無不勝的思想武器」。在近現代歷史上，曾經把史達林和毛澤東神化，導致如此英明、偉大的人物也在一片吹捧中犯了錯誤，更何況歷代帝王，他們遠遠沒有偉人的智商，有的低智商帝王，連凡夫俗子都達不到，臣民卻硬要神化這個白癡，白癡皇帝不胡作非為才怪！

宗教的特徵有三點。一是有被信徒崇拜的神，如佛教的釋迦摩尼，道教的太上老君，伊斯蘭教的真主穆罕默德，天主教的上帝和基督教的耶穌；二是有經典，如《佛經》、《道藏》、《可蘭經》、《聖經》等等；三是有宗教組織及儀式。

中國沒有國教，但以上宗教的三個特徵都存在：「神」：皇帝，全國人民都要對他「無限忠誠，無限熱愛」，且不管有的皇帝多麼荒淫無恥、殘暴凶惡；「經典」：儒家學說以及皇帝的聖旨，且不管有的「聖旨」何等荒誕不經、胡言亂語；宗教組織及儀式，古往今來，從秦始皇封禪泰山，到「文革」中的向「偉大領袖」「請罪」，這些在中國遍地開花。

中國出現的宗教，大多是舶來品，由外國引進的。只有道教，是我們中國人自己發明創造出來的國貨，土生土長。寫嘉靖，就不能不寫道教，只有明白道教的內容，才可以理解嘉靖信仰所謂「道教」，已經走火入魔到何種程度。

提到道教，人們總是把它和春秋末期的老子、莊子連在一起。其實，老子和莊子二人沒有傳承關係，他們也從未自稱為「道家」。只有儒家自稱為「儒」，墨家自稱為「墨」。「道家」一詞第一次出現，是漢代著名史學家司馬遷之父司馬談，在〈論六家要旨〉中出現的。可見，老子是思想家、哲學家，但他不是宗教家，從未創立過道教。

先秦時代，人們尚未完全脫離原始狀態，離開了迷信便不能思維，尤其對許多自然現象及社會現象無法解釋和解決，因而中國在春秋戰國以前就有方術、巫術，人們企圖用這種方法達到長壽健康，甚至永生的目的。一些神仙方士借機宣傳自己可以製造長生不死之藥，廣大下層人民或無法戰勝病魔，或無錢治病，也相信神仙方士之言。在此基礎上，到東漢末年，逐漸形成道教。

道教包含兩方面的內容，一方面，統治階級企求延年益壽，道教成為他們精神的奢侈品；一方面下層百姓利用其巫術、符咒進行治病和組織活動，如東漢末年的黃巾起義，宋代的方臘起義、清末的義和團起義，都是以道教為號召、組織信徒的工具。

南北朝時期，道教開始把老子稱作「太上老君」供奉，同時又製造出不同性別、不同級別、不同職能的神仙，如竈王爺、財神爺、馬王爺、山神爺等等。除了男神，還有女神，不像有的宗教中的男女神，是不食人間煙火的非人、超人，道教中有的神仙則是被神化的大活人，如三國中的關雲長，有的女神是結了婚的某某夫人。

道教是中國土生土長、具有濃厚中國特色的宗教，那麼，嘉靖和道教又為什麼產生了不解情結呢？這還要從嘉靖的祖籍說起。

*

湖北省安陸州西北方向約三百里處，是聞名於世的道教聖地武當山，又名「太和山」，也是道教敬奉真武大帝的發祥地。自從東漢末年道教誕生，這座山就被尊稱為「仙山」、「道山」，號稱「天下第一仙山」。

唐代皇家推崇道教，因為當時傳說道教崇拜的太上老君是老子，老子名李聃，唐皇亦姓李，自唐高祖李淵、唐太宗李世民開始，硬攀附說自己是老子的後代。儘管唐代史學發達，大師輩出，但是任何一位史家都不敢考證一下，當今皇上是不是老子後代這麼回事。反正唐朝大肆修建道觀，從武當山的道觀建築，到北京的白雲觀，全是唐朝興建的，流傳至今，好個盛唐。

武當山峰崎谷險，洞室幽邃，山勢奇特，一峰擎天，眾峰拱衛。既有泰山之雄，又有華山之險，懸崖、深澗、仙洞、清泉，星羅棋布。馳名中外的金殿就屹立在海拔一千六百一十二公尺高的天柱峰頂端——金頂之上，為道教傳說中七十二福山之一。自唐太宗貞觀年間（西元六二七年～六四九年）在此創建五龍洞以來，歷代增修擴建，成為擁有八宮、二觀、三十六庵堂、七十二岩廟、三十九橋、十二亭的龐大道教建築群。

二十世紀八〇年代初，大陸有部電影《武當》，風靡一時。隨後出現不少有關道教的武俠小說，都寫了武當拳，其祖師爺叫張三丰。據說他是中國內家拳技的創始者，好生了得，比後來的美國拳王阿里不在以下。這個張三丰是宋徽宗時武當道士，檔案文獻有記載，看來確有其人。

到了明朝初年，武當山又出了個「張三丰」，《明史》載，這個張三丰是遼東懿州人，生於元定宗二年（西元一二四七年），又名均寶、全一，道號玄玄子，因不修邊幅，又號張邋遢（不修邊幅，不講衛生）。據傳說，他讀書過目成誦，精通三教經書，寒暑只一納一蓑，事能前知，料事如神。明太祖朱元璋於洪武二十四年（西元一九三一年）曾遣使接他去南京，鬧不清是沒有找到他，還是他不願去，或者來使見他太邋遢，不宜面聖，沒有帶他去南京，總之，他未成行。

明成祖朱棣，發動「靖難之役」，從姪兒建文帝朱允炆手中奪得政權，年號永樂。朱棣內心總有「以臣弒君」、「同族相戮」的陰影，揮之不去，畢竟自己這個當叔叔的對姪子幹了傷天害理的事，就想方設法編造出「真武護佑」自己得天下的神話，自命為真武大帝轉世，以示自己的皇權是天授的。為了達到感謝神佑之功，他決定在武當山大興土木，為玄武大帝修建宮觀，也沒有忘記派人請大名鼎鼎的張三丰到北京來。這次使臣連張三丰人也沒見到，不知張邋遢是不想進京伴君，還是原本是個冒牌的贗品，不敢面君，反正弄不清他躲到哪裡去了。自永樂十一年（西元一四一三年）到永樂十六年（西元一四一八年），武當山建成了現在留給我們的這個樣子。

由於朱元璋最初參加過白蓮教起義，依靠白蓮教起家，他以後的幾個皇帝，也多信奉道教，加之明王朝是漢人建立的，而道教是中國漢族土生土長的宗教，融合了許多中華民族文化，因而，明朝道教比較流行，尤其在武當山一帶，自稱是某某「大師」的江湖術士，走街串巷，自稱能夠「驅妖除邪」，他們裝神弄鬼，生意頗好，商機無限。

*

住在距武當山幾百里開外的興獻王朱祐杬，反正飽食終日，無所事事，他和任何時代的貴族王侯一樣，有兩個共同的願望，一個是「身體健康」，「永遠健康」；一個是吃壯陽滋陰藥，學些房中術，練點床上功夫，飽暖思淫慾嘛，何況又有那麼多大老婆、小老婆的。

但是，他這兩點夢寐以求的夙願，互相又是你死我活的，要想「身體健康永遠健康」，就不能縱慾，更不能過度；要想「無限荒淫狂蕩」，就不能「永遠健康」，連短期健康都不可能。為了將矛盾的雙方，達到高度完美和諧的統一，只有求教於江湖術士這些「大師」，自稱氣功、龜息、扶乩、占卜，無所不能。他們如簧之舌，保證藥到神驗，妙手回「春」，給興獻王又是開丹藥，又是開春藥，很快就把興獻王給折騰死了，虛歲才四十四歲，這在明朝皇族中還算長壽的。

興獻王朱祐杬自號「大明興國純一道人」，還寫了本《含春堂稿》，顧名思義，這個「含春堂」是他和妻妾女子實施房中術的實驗室。他撰寫的「實驗總結報告」叫「太極陰陽五行」論，真是絕妙的自我嘲諷。就這本不倫不類的「房中術實驗總結報告」，成了他兒子朱厚熜從一認字開始的啟蒙讀物。十五歲稱帝後，自然也帶到北京，成了「天天讀」的「紅寶書」。這本朱家的祖傳秘笈至今在故宮保存，涇縣榜紙，朱絲欄墨書，裝訂古雅，內容淫晦。

有其父必有其子，家學淵源，乃祖遺及，在大環境的熏陶下，在「慈父」的言傳身教中，朱厚熜自幼對道教產生了畸形的興趣。本來，信仰某一宗教是很正常的事，但是，嘉靖對道教的篤信，極其荒唐、低劣，不倫不類，荒腔走板。

朱厚熜自幼過的不是正常兒童的生活，胡吃海塞，沒有節制，沒有管束、沒有規律，因而從小體弱多病，這是事實。特別是到北京後，不適應寒冷乾燥的氣候，加之又是「議封號」，又是

「大禮議」，弄得他心煩意亂，任人擺布，都不利於他身體成長，更何況他畢竟才是個十五歲的小孩子。

中國封建社會有個非常不好的陋習，就是早婚、多妾、多子。說到早婚，小孩子十二三歲，無論生理還是心理，不管成熟不成熟，長輩就讓他成婚，渴望「早婚早子」，這種陋習的後果，不僅造成不少家庭悲劇，還嚴重地影響了中國人的體質。

嘉靖當上皇帝不久，更是捷足先登，首當其衝。嘉靖元年（西元一五二二年）九月，剛剛十五周歲，就當新郎了。明皇室規定：「一后以二貴人陪升」，也就是說，皇帝第一次結婚，就娶一個皇后、兩個妃子，還不算以後不間斷地、陸續擴充后妃團隊陣容。

嘉靖小小年紀，大事還沒幹，就先有了三個老婆。他本來就不是個正經玩意，毫無自律可言，終日在深宮，像他們的列祖列宗一樣，尋歡作樂，見哪個小宮女好看，就像惡狼一樣撲上去，宮女自然不能反抗，縱慾無度的皇帝再「偉大」，就算是「性超人」，也不能違反科學，結果不到一年，身體就垮了。

嘉靖開始恐懼，多次指天發誓，暗下決心：要節慾，要勤政。這就像不成器的初中生，每次考試不及格後，總發誓今後保證「好好學習，天天向上」，但是，他根本管不住自己，仍不用功，仍不及格。這個嘉靖每到晚上，又發揚「一不怕苦，二不怕死」的精神，荒淫達旦，白天昏迷。「春宵苦短日高起，從此君王不早朝」，白居易這詩句不僅是寫唐玄宗，彷彿也是寫給幾百年後的明朝各皇帝的。平心而論，嘉靖在某些方面是肯動腦筋的，他經常思考，如何能開創一條又可極度荒淫，又能「萬壽無疆」的自學成才之道呢？嘉靖似乎聽人說過「以史為鑒」，那麼看看本朝史吧。

＊

我們先沿著嘉靖的思路，去看一看他是如何學習和研究列祖列宗創造的大明史。他只關心以下問題：

明朝一共十六個皇帝，嘉靖以前是十個，他以後是五個，不算南明政權那麼幾個短命皇帝。嘉靖打開明史，開頭皇帝還行：

開國皇帝明太祖朱元璋，年號洪武，在位三十一年，活了七十一歲。

第二個皇帝是朱元璋的孫子建文帝朱允炆，二十一歲稱帝，四年後，他的四叔朱棣發動所謂「靖難之役」，奪得政權，朱允炆下落不明。

第三個皇帝就是那個赫赫有名的明成祖朱棣，永樂皇帝，文治武功，在位二十二年，死時六十五歲。

第四個皇帝是仁宗，洪熙皇帝朱高熾，四十八歲登基，不到一年而亡。明帝國開始走下坡路，反映出朱家後代日益蛻化腐朽。

第五個皇帝宣宗朱瞻基，即那個好「促織」（鬥蟋蟀）的皇帝。這個皇帝玩促織，弄得百姓傾家蕩產，家破人亡，當時幸虧沒發明出原子彈，若有，皇上又酷愛玩核武器，會是個什麼樣？二十八歲繼位，太平天子，荒淫無度，三十八歲即死。

第六個皇帝英宗朱祁鎮，正統皇帝，在土木堡讓瓦剌人也先俘獲的那位，八歲繼位，三十七歲死亡。

第七個皇帝代宗朱祁鈺，景泰皇帝，哥哥被也先活捉，他二十一歲接替哥哥當皇帝，八年後，二十九歲死去。

第八個皇帝憲宗朱見深，成化皇帝，就是那個愛上比自己大十九歲乳母萬氏的皇帝，還封自己奶媽為萬貴妃，媽妾相混，偷倫不齒，十七歲登基，四十歲而亡。

第九個皇帝孝宗朱祐樘，弘治皇帝，嘉靖再熟悉不過了，他的叔父。嘉靖剛當皇帝，「大禮儀」之爭時，差一點稀裡糊塗地成為他的兒子。弘治十八歲登基，三十六歲死去，正好在位也十八年。

第十個皇帝武宗朱厚照，那個無賴阿飛皇帝。超級「混混兒」，十五歲繼位，三十一歲就死了，才輪到嘉靖進京繼承他的帝位。

嘉靖看到這裡，不禁捏把冷汗：十個皇帝前三個不算，後七個，除仁宗當了十個月皇帝，四十八歲死，還有憲宗，四十歲死，其餘五個，都三十幾歲就完了。我嘉靖能活多久？真是「人生苦短」啊！

嘉靖幾乎逐天計算這五個前輩活的準確時間，也在算自己自登基那天起，到今天已經過了多少天。他不寒而慄，精神快崩潰了。他對於正經的治國方略，既不懂，也不學，更不感興趣。但對他的幾位祖宗，再結合自己的後宮私生活情形，很清楚列祖列宗是緣何短命的。

嘉靖讀「明史」後，不禁犯了愁：有一種恐懼感，是否朱家子孫當了皇帝都得短命？可他又具備沒出息人的通病，捨不得放棄縱慾放蕩、毫無節制的生活。他試圖探索一條具有他自己特色、兩全其美的萬全道路。嘉靖真的很鬱悶。

蒼蠅不叮無縫的臭雞蛋。嘉靖的「心理障礙」逃不過身邊一雙賊眼的關注。

15太監是怎樣製造出來的?

嘉靖的鬱悶，逃不過他貼身太監的眼睛，這雙眼睛如果不賊，就不會混到「貼」皇帝「身」的地步；如果不一刻不離地觀察、捉摸皇帝，遲早會丟掉貼身太監的顯赫地位。

說到嘉靖後來對道教走火入魔，離不開太監對他的引誘。中國的太監，是個值得好好研究的特殊群體，他們伴隨中國專制制度幾千年，幾乎形成了「太監文化」。

專制制度的唯一原則就是輕視人類，使人不成其為人，太監的產生，就是中國極端專制的產物。太監又叫「宦官」、「老公」等等，在中國源遠流長，《詩經・小雅》中有一首詩名叫〈巷伯〉，這個「巷伯」，就是太監，作者孟子（不是後來的孟軻），因被人進讒言而受宮刑（割去生殖器），憤而作此詩諷刺周幽王。在《左傳》中亦有關於宦官的記載，例如襄公二年「令司宮、巷伯儆宮」，根據晉代著名學者杜預解釋，司宮、巷伯都是宦官。說明周代宮廷中已存在宦官。

宦官彷彿皇帝的身影，隨皇帝存而存，隨皇帝長而長，隨皇帝亂而亂，隨皇帝亡而亡。迄今為止，尚未發現檔案文獻記載，先秦有宦官擅權干政的事情。宦官隨著君主集權的加強而強化，成為嚴重干預國家統治的特殊政治勢力，則是東漢以後的事。唐後期的宦官為禍甚為嚴重，但是宦官控制朝政最怵目驚心的還是明朝。

現今文明社會，一夫一妻，夫妻二人還要「長期共存，互相監督」，可是，皇帝在後宮蓄養了那麼多后妃，他怎麼監督得過來？皇宮內，有許多活計，又是女人無法勝任的，非得男人不可，例如，做皇帝和大臣的聯繫人，或者重體力勞動等等，讓皇宮中的女人幹，就不合適了。所以，皇宮中還必須有一定數量的男人，在這樣矛盾的狀況中，太監這種割去生殖器、不男不女的人，就「應運而生」了。

帝王專制的中國，皇帝大權獨攬，乾綱獨斷，即使是英明、勤政的皇帝，很多政務也忙不過來，何況，中國皇帝絕大多數都無能、昏庸、弱智、懶惰、劣質。在深宮中的皇帝周圍，只有貼身太監朝夕相處，這就為宦官干政提供了機會，因而，宦官擅權是專制制度的產物。

鑒於東漢末年和唐末宦官干政的教訓，明太祖朱元璋立國之初，曾經嚴禁宦官干政。但是，也正是他本人破壞了這條禁令，既然個人獨裁，又不信任任何人，和他患難與共、久經考驗的功臣，也被他幾乎殺光，有些事，朱元璋不靠太監不成，明代極端的君主專制，為宦官干政創造了沃土。

明成祖朱棣在北京當燕王時，準備謀反，南京皇宮中的「動態簡報」、「內部參考」都是太監們提供給朱棣的。後來朱棣發動「靖難之役」，打到南京皇宮，也是宮內潛伏下來的臥底太監出生入死，前仆後繼，打開了皇宮大門，並給叛軍當嚮導。朱棣稱帝後，論功行賞，對他的「開國功臣」——宦官的干政，睜一眼，閉一眼，甚至支持宦官參政議政，「共襄國是」，為爾後明朝的宦官擅權，徹底掃清了障礙，鋪平了道路。中國歷史上，有的宦官為人正派，利用他的特殊地位，做出歷史貢獻，如，明朝的鄭和七下西洋，就是一例，但是，這畢竟鳳毛麟角。

皇帝和太監彷彿在玩翹翹板，皇帝有才幹，太監就難以干政；皇帝無能，太監干政的就凶，二人總是一上一下。從憲宗以後，昏君輩出，宦官專權也一發不可收拾。他們把持朝政，在軍隊中有監軍，控制了專政工具錦衣衛和特務機構東廠和西廠，各地經濟大權也掌握在太監手中。這群畸形人已經對國家實施了全面專政，除了皇帝，無任何制約太監的力量，而極迂腐的皇帝，不僅不制約太監，反而縱容太監肆意妄為。

＊

隨著宦官干政的加劇，明朝太監隊伍的來源，也發生了質的變化。不可否認，歷朝太監的主要來源，是貧苦農民，由於無以為生，忍痛將不滿十歲的幼子「淨身」，賣入宮中當太監，幹些低下的工作。

腐敗的社會盛賭，明朝尤盛。許多市井刁皮，無賴賭徒，在賭場輸光了錢，開始賭自己的田產妻女，最後輸得一無所有，有的用自己身體做賭注，力求「翻盤」。例如，賭場上，我押我的雙耳，你押十兩銀子，我贏了，十兩銀子歸我；輸了，當時割下雙耳。明代北京賭場旁邊多設有

「外科手術醫院」，賭四肢、眼珠、舌頭、鼻子等等，「手術大夫」醫術高超，什麼全可以割。

最荒唐的是用生殖器做賭注。有的賭徒輸紅了眼，急於翻盤，孤注一擲，又在周圍賭徒的瘋狂起哄鼓噪下，一次性「投資」，遂押上自己的生殖器，對方押上百兩銀子，（價格是浮動的，可以討價還價），明碼標價，價格不菲。在眾目睽睽下，押生殖器者又輸了，賭場規矩，不許反悔，這是賭徒的「職業道德」，平心而論，從「職業道德」角度看，賭徒比官員強得多。

賭徒本來就是亡命徒，圖財捨身，視死如歸。割下生殖器在所不惜，視如遊戲人生；也有的失敗者只是後悔不該賭這把，亦為今後生活中僅僅能濫賭，不能再狂嫖而遺憾。

在贏家和湊熱鬧賭徒的簇擁下，以及賭場「代辦動手術業務」的莊家帶領下，享受一條龍服務，手術方便，服務周到，比今日去醫院動手術要方便得多。手術師先充當麻醉師，給輸者一大碗白酒，讓他一飲而盡，待酒力發作，被手術者仰面躺到炕上，屁股下墊上爐灰。不像影視作品演魏忠賢被閹時那樣：屋頂掛一利刀，正對生殖器根部，繩子一鬆，利刀垂直向下，正好割去要害，這是影視劇胡編。

史書記載，「麻醉師」一身而二任焉，還兼任「手術師」。見受手術者已處酒醉狀態，含一口白酒，噴在手術刀上，在火上以極快速度烤一下，不能慢，火烤時間長了，刀刃易軟。手術師以麻利的動作，一刀到位，三下五去二，受手術者的陰莖、陰囊、睪丸，血淋淋，悉數根除。「手術師」用一根毛筆桿粗細的竹管捅入尿道，技術「先進」，為的是手術後排尿，尤其防止尿道內的肉長合後，尿道被堵死。「手術師」用爐灰包住刀口處以止血。虧他們還懂爐灰經高溫消毒，爐灰外再用布包上，手術師邊包邊說：「今日苦中苦，明天人上人」。「苦中苦」自然沒有說錯，「人上人」就不一定是這麼回事了。

出現了這麼多閹人，他們又沒有任何謀生手段，只會吃喝嫖賭、坑蒙拐騙。社會如何消化他們，那時候又沒有民政部門，如何安置這些無業人員？真是「天無絕人之路」，皇帝正需要造就一支浩浩蕩蕩太監大軍，源源不斷的太監後備梯隊，通過各種渠道被輸入皇宮，例如明朝頭號太監魏忠賢就是賭掉了生殖器，都三十一歲了，進宮當太監。

怪也不怪，這群無賴的智商是很高的，凡道德文章，他們一概不懂；但他們精通「厚黑」之道，臉皮要厚，心要黑，凡小人之術，他們無師自通，看人眼色，見風使舵，油嘴滑舌，欺上瞞下、賊光油滑等等，無所不能。在宮中太監堆中，和那些自幼從鄉下來，閹割後入宮當苦力的基層太監相比，這群無賴太監很快顯示了他們超高才華，立刻「鶴立雞群」，他們根本不屑於幹髒活累活，只會偷雞摸狗、勾搭宮女、打架鬥毆、聚眾賭博。他們發現，只有混到皇帝身邊，才能輕鬆體面，出人頭地。他們本身就是一群無恥之尤，看透了這世界，口頭禪是：人生一世，不就是一場賭博嘛！我這太監專幹無恥勾當，你們君臣幹的事就都磊落高尚嗎？

又是「天無絕人之路」，皇帝的子孫自幼就由這些無賴太監們陪玩、陪讀、陪生活，真是「隨風潛入夜，潤物細無聲」地熏陶，未來的皇帝自幼就是如此被潛移默化。儘管皇帝也沒把太監當人看待，但處久了，自然產生感情，就像家中寵物，你明知牠不是人，但混久了，你待牠比親兒子還親，離不開了。當我們瞭解了明朝皇帝自幼成長的「啟蒙老師」、「周邊環境」，就理解為什麼明朝皇帝那麼低劣愚昧，世代昏君；也可以理解為什麼中國每逢亂世，必有太監粉墨登場，禍亂朝綱了。

明朝皇帝寵信太監，宦官擅權，皇帝滿不在乎，究其原因，除了專制制度使然外，還因明朝皇帝信奉一條歷史規律：中國歷史上，沒有宦官篡位的先例，因而，皇帝對太監委以重任，放心大膽，宦官也會在皇帝面前察言觀色，弄虛作假、巧言善辯，因此，君臣倒也配合默契，琴瑟和諧。

宦官擅權，注定誤國。除了因為宦官自身多無文化，毫無治國能力，又手握大權，必然要亂來外，還因太監心理陰暗。中國人有一句咒罵別人十分狠毒的話，就是「斷子絕孫」。這大約從孔子他老人家的名言「不孝有三，無後為大」來的。太監應了這句話，極其自卑，知道人們看不起他。歷史上不乏重臣名士巴結太監，「公公長」、「公公短」的，但是，那是為了達到個人目的的無奈之舉。大家在心裡還是看不起太監，而巴結太監也被公認是不齒之舉。太監一旦手握大權，自卑的心理加上多疑的性格，何況經「手術」後，太監已沒有感情，冷酷而殘忍，完全心理變態，仇視人類，也就什麼壞事全幹得出來。好可怕啊！

*

縱觀嘉靖當政四十五年，沒有出現宦官擅權或者嚴重干政的局面，很多學者歸咎於嘉靖本人的性格，如他剛愎自用、懷疑一切、嗜權如命等等。我想，除了他本人的心理因素，還有以下原因：

一是嘉靖出生於藩邸，不在皇宮，自幼未和宮中太監在一起生活，和太監沒有淵源。明朝皇宮規定，后妃生下皇子後，即由乳娘（俗稱奶媽）哺乳撫養。作為親媽的后妃並不哺育皇子，據說讓后妃儘快斷奶，以便從速再生皇子，那時根本不懂母乳對嬰兒發育最好。明朝皇子大約在十歲才徹底斷奶。

皇子五歲以後，無需由生他的后妃撫養，改由一幫太監夜以繼日地陪伴他，自此，到他登基稱帝，直至駕崩，這皇上算是掉到太監坑裡了。俗言「近朱者赤，近墨者黑」，再想一想這些太監是怎麼「動手術」進宮就業的，就知道明朝皇帝為什麼盡皆昏君，太監為什麼能夠在擅權上「創歷史新高」了。

嘉靖和宮中太監就沒有這種「童年的情誼」，你對他沒有感情，就無需對他「感情用事」，看他就可能客觀了。要求嘉靖看人客觀，未免「緣木求魚」，不切實際。但他能將太監僅僅看做奴僕，不是什麼「鐵哥們」、「肱股之臣」、「九千歲」等，倒是可能的。這是從歷史上看嘉靖與太監的關係。

二是嘉靖和道教有歷史淵藪。他終其一生癡心不改地迷戀江湖術士，是緣於他迷信道士法力無邊，既能助他長生不老，又能讓他淫慾無度。太監可沒有江湖術士的功力，太監雖有助紂為虐之功，卻無「呼風喚雨」之能，引不起嘉靖興趣。

再者，後來令嘉靖迷戀癡情的江湖術士，個個具備引誘哄騙皇上的特異功能，並不在太監以下。在嘉靖身邊的術士和太監，不是被信任的烏龜，就是被重用的王八，反正一路貨。俗語說：

「貓有貓道，狗有狗道，獨眼耗子貼牆跑」，嘉靖二者擇其一，結果，選中了術士。

中國古代，大多皇帝，荒淫放蕩，稀裡糊塗，若碰巧用上了賢臣，賢臣一心治國，井井有條，昏君既不懂，也不問，如三國時劉備之子劉禪（阿斗）之用諸葛亮，後來萬曆皇帝最初之用張居正，皇帝樂得省心，賢臣樂得專心，那倒也好。若如前文所述，壞蛋專門賞識笨蛋，笨蛋情有獨鍾壞蛋，那麼國家就完了。笨蛋和壞蛋「珠聯璧合」，皇帝與太監「交映生輝」，嘉靖一朝君臣就這樣荒誕不經地治理這個龐大的帝國。

16 啓蒙教育

武宗時，宮中有個太監叫崔文，他本已娶妻生子，在賭博中，妻、子、田、產全部輸光，「四大皆空」，自己生殖器也沒了，從「硬體」到「軟體」一無所有，成了「赤貧」、「純無產階級」，進宮當了個專司晨鐘暮鼓的基層小太監，他可是個志向「高遠」的太監，絕非等閒之輩，他不甘心做一名普通的勞動者，更不甘心做一顆「永不生鏽的螺絲釘」。

「螺絲釘」很難見到皇上，即或偶遇皇上，小太監也必須立即跪倒在地，不許抬頭。不僅不能和皇上說話，連皇上長得什麼樣子，也看不到。看來，能混到皇上身邊當太監，還真的有點特異功能、超人智慧。

崔文的機會來了。一天，崔文無意中聽一個皇上貼身太監說：「當今聖上（武宗）現在信上佛了」。言者無心，聽者有意。崔文認為機會真的來了，真是佛光普照，佛讓人們在機會面前，任何人都平等。

崔文上街在舊書攤買了本介紹佛經的小冊子，圖文並茂，買回來，只要當著人面，崔文就假裝在那裡刻苦攻讀佛學經典，其實，他一字不識，卻成天手不釋卷，彷佛真要把書中的真經「溶化在血液中」。他自己也裝出一派「超凡脫俗」、「靈魂昇華」的高僧模樣。

也活該崔文時來運轉，武宗本性就是個「劣種」坯子，窮極無聊，成天在皇宮亂竄，招貓鬥狗，惹是生非，沒有半點天子威嚴。一天，武宗又竄至崔文等小太監聚集賭博的角落。大家慌忙給武宗跪下，崔文恭恭敬敬將佛經放到自己腳前，跪下，向佛經雙手合十，閉目喃喃自語，彷佛口中連呼「阿彌陀佛」，然後，再向武宗叩頭。

這一切武宗看在眼裡，令崔文將地上的那本書呈上來，一見，驚呼：「你信佛？」崔文立即又跪下，不回答，雙手合十，口中不住連呼「阿彌陀佛！阿彌陀佛！善哉！善哉！」

武宗對崔文大為賞識，頓時另眼相待，頗有相見恨晚之意，想不到宮中太監中竟有如此「覺悟達慧」之高人，當即提拔崔文為內宮監，即後宮暖殿太監，可以在皇帝身邊服務了。

武宗和崔文本來都在裝模作樣信佛，不過武宗是真裝蒜，崔文是假裝蒜。崔文只會一句：「阿彌陀佛」，別的一概不會，時間一久，武宗也聽煩了，開始表現出對崔文的不滿。凡佞臣小人都是出色的「心理大師」，他們判斷皇上心理之準確，能達到獲諾貝爾獎的水準。機警的崔文覺察到僅僅用「阿彌陀佛」已經不能滿足皇上的「知識需求」，必須立即給武宗「知識更新」。

明朝從意識形態到國家制度，都要保障全國人民務必把皇帝當作一貫完美、永遠正確的神來對待，這個「神」沉迷於深宮大內，和廣大臣民保持著相當的距離，宣傳「神」是什麼樣，廣大臣民也就只能相信「神」是什麼樣，「完美」的神就這麼形成了。也許這也算是「距離產生美感」吧！

「神」到底什麼樣，逃不過「神」身邊的太監。他們能夠看到這個「紅太陽」般「神」的真實面貌，是謂「僕人眼中無偉人」。崔文能接近武宗了，深感：跟皇上講「阿彌陀佛」沒用，必須考慮皇帝的「收視率」，投武宗之所好，什麼佛不佛，他只要愛聽就是「佛」。

崔文大字不識一個，談不到他有什麼知識，腦袋裡唯一的「知識」，僅僅是自己入宮前，在花街柳巷、賭場淫窟的實踐經驗和秘辛內幕。給武宗講這些，要讓皇上知道「外部的世界很精彩」，自己悶在宮中「很無奈」，崔文講這些夠得上「博士生導師」一級的「資深教授」。他說得天花亂墜，武宗聽得如癡如醉，彷彿西漢時，賈誼在給漢文帝講鬼神（唐詩「可憐半夜虛前席，不問蒼生問鬼神」，是說漢文帝聽大學問家賈誼講得入迷了，不停地在席子上向賈誼靠近。可惜文帝不問黎民百姓情況，只問鬼神）的樣子。武宗和崔文完全忘了原來用以維繫主僕關係的宗教「信仰」，二人彷彿一同墜入情網的戀人，如漆似膠，情投意合。

崔文倍加受寵，「有權不用，過期作廢」這個至理名言，從崔文那時候就懂。他是如何用權的呢？他還沒有賣官鬻爵、擅權干政的野心和水準，也就是在宮內，欺壓盤剝小太監，敲詐勒索眾官員；在宮外，秦樓楚館是不能光顧了，望樓興歎；對於賭場，輕車熟路，舊地重遊，「重操舊業」。不過，今非昔比，舊日賭友，誰敢再贏他？巴結猶恐不及，這崔文儼然一個黑社會大哥大，又像警匪勾結中的公安局長。

崔文的唯一資本，是武宗的珍愛。但好景不長，武宗三十一歲就折騰死了，崔文也立即狗屁不是。崔文是什麼東西，前文提到的權臣楊廷和自然知道，趁嘉靖初來乍到之時，楊廷和建議將崔文又打發回基層去敲鐘擊鼓，這回真的「重操舊業」了。

這個崔文，絕非等閒之輩，生命不息，奮鬥不已，夢想恢復失去的天堂，企圖再以廉價的手段，東山再起，收復失地。封建專制王朝，總是厚愛小人，給他們提供施展作惡的舞臺和觀眾。

*

嘉靖二年（西元一五二三年）春，崔文聽說皇上縱慾過度，龍體欠佳，多次生病，不能上朝。一心尋求滋陰補腎之良方，同時，又急尋房中仙術。崔文比別的太監高明之處，是他能抓住機會，靈活多變，「知識」隨時更新。

崔文在武宗時代曾經建立了自己的宮中關係網，但是太監有幾個講義氣？樹倒猢猻散。崔文自從下放到基層，原來的關係網也就自動解散了，現在，崔文要想探聽點皇上的資訊，只能花上銀子，給能接觸嘉靖的太監。

當崔文得知皇上迷戀道教，崔文毫不心疼地花大把銀子買通一個皇上貼身太監，這是崔文成功的另一手，「該出手時，就出手」，反正官場如賭場，不下狠手押銀子，怎能大翻盤？讓這個貼身太監伺機向嘉靖介紹：崔文「深通道法，尤善乩術」。這回崔文又「精通」上了道教，他立即將自己買的那本「佛經」銷毀，又買了塊道教的無極陰陽牌掛在脖子上，一個道教「真人」就此誕生。他特地跑到北京南城道教聖地「天下第一叢林」——白雲觀，向道士問了點道教基本知識，才剛知道道教尊崇的原來是太上老君，他一直以為是財神爺。

俗語說「陰天賣矛，晴天賣盾，皆言天下無敵」。崔文無論賣矛還是賣盾，無論信佛還是崇道，他這個人有一個不變的「基本原則」：無論天陰天晴，還是賣矛賣盾，反正沒有一句實話。

崔文「備過課」了，終於等來了皇上對他的召見。嘉靖既要壯陽補陰，長生不老；又要房中之術，夜不虛度。崔文從大街上賣藝人那聽來，自己回來背了幾遍，立即對嘉靖說：「人在兩腎之間直到天門穴，有一根紅線，練久了，紅線會浮現；再練，紅線成紅珠，紅珠上下浮動，會幻化無窮，直至成仙。」對於道教主張的「清心寡慾」、「清靜無為」，嘉靖不想聽，崔文也不會講。雖說崔文講的「房中術」，並不是江湖術士主張的那一套，不過是崔文當年尋花問柳、狂嫖濫賭的經驗之談。由於崔文被閹多年，時過境遷，講起來不倫不類，知識嚴重老化。

正當崔文知識枯竭，束手無策之際，一天，他再次去白雲觀「調研」、「考察」，或叫「在職培訓」，白雲觀正在「齋醮」。崔文看完，大徹大悟，立即急奏皇上，說齋醮可長生不老、包治百病、返老還童、起死回生、一夜御女數人，可以「金槍不倒」。崔文油嘴滑舌地一通渲染，嘉靖簡直聽呆了。從此，嘉靖畢生和齋蘸有了生死之緣，凡提到嘉靖，沒有不涉及「齋醮」的。

*

「齋醮」本是道教祭祀祈禱的儀式活動，「齋」指祭禱時需要使身、心、口潔淨，體現一個「誠」；「醮」指建醮時進行祭禱活動。由於齋與醮緊密相連，故通常將二字合在一起稱呼。信仰道教的信徒，建醮舉行祭禱活動時要設壇，在道壇上按儀式進行。因此又稱「壇醮」，一般俗稱為「做道場」。

齋醮的內容較多，主要有清心潔身、設壇擺供、焚香、化符、念咒、上章、誦經、讚頌，還要配合上燭燈、禹步和音樂等儀式，以祭告神靈、謝罪懺悔、祈求降福等。

十分複雜的齋醮，是自東漢出現五斗米道時，經過近千年的發展變化、豐富完善而成。這種宗教儀式保存了一些中華民族傳統文化的內容。例如舉行祭祀時演奏的道教音樂、讚頌詞章等，對於研究中國古代音樂、詩詞韻律，都有一定參考價值，齋醮本身是健康的宗教文化。

問題是齋醮後來被一些心有雜念的道士利用，成為掙錢謀生的手段。尤其道教齋醮在古代朝野上下許多人熱中以後，歷代帝王常常召請名道士在宮中設壇建醮，為朝廷祈福去災。在民間，齋醮也十分盛行，因而催生不少道士以齋醮為業，向請其做道場的人收取報酬。任何純潔的宗教信仰，一旦和政治、經濟掛鈎，往往使宗教信仰不再聖潔，甚至有成為邪教的危險。

早在東漢五斗米道時，即出現了「旨教齋」和「塗炭齋」，還是很原始和簡陋的。到南北朝時，有個叫陸修靜的道士，他總結了各派齋儀，訂立了「靈寶六齋」，即：金籙齋、黃籙齋、明真齋、三元齋、八節齋、自然齋等。又整理了齋醮儀範一百多卷，等於規範了齋醮，統一了齋醮的理論和程式，為道教齋醮奠定了基石。

齋醮發展到明代，已經形成一系列紛繁複雜的儀式，比如齋醮中最核心的「三籙七品」：

「三籙」：「一者金籙齋，上消天災，保鎮帝王；二者玉籙齋，救度人民，請福謝過；三者黃籙齋，下拔地獄九幽之苦」。

還有「七品」：「一者三皇齋，求仙保國；二者自然齋，修真齋道；三者上清齋，升虛入妙；四者指教齋，禳災救疾；五者塗炭齋，悔過請命；六者明真齋，拔夜之魂；七者三元齋，謝三官之罪」。

這「三籙」中的「上元金籙大齋」，「皆天子事，非有朝旨不可為也」。只有帝王才能享受這個等級的齋醮，其他臣民沒有資格得到這超豪華享受；「中元玉籙齋」，「諸王公侯為之，可以固本守邦」，「大臣將相為之，可以斂福錫民」，這是專給王公大臣的，廣大百姓不夠級別，仍然無緣享受這個政治待遇；「下元黃籙齋」倒帶有普及性，「自天子至庶人皆可建也」。

*

嘉靖和齋醮有了不解之緣，除了因為崔文一通信口開河的瞎白活，還有另外因素。這還得從他登基時說起。有個道教天師叫張彥羽，以祝賀新君登基名義，進京傳道，一來二去結識了崔文。崔文正值自己「知識枯竭」，如獲至寶，把張彥羽介紹給嘉靖。

張彥羽一見皇上，才十五、六歲，蒼白的瘦臉，有氣無力地說話，說明皇上縱慾過度，已快燈油耗盡。道教講「精、氣、神」，他勸皇上要搞齋醮。但齋者，要先「清心寡慾」。

無論何種宗教，都有禁忌，尤其佛、道，更講禁慾，而這個嘉靖，他所謂的崇信道教，無非既需要房中術，床上功夫，又需要長生不老。就這個「清心寡慾」要他命也做不到，連一天都做不到。他聽了張天師的勸誡，皺了皺眉頭，心想，齋醮可以，反正不需要自己付出什麼代價和犧牲。他決定在信仰道教上走第二條道路，分工明確：白天寡慾齋醮，夜晚縱慾荒淫。

嘉靖降旨，在皇宮中的乾清、坤寧諸宮廣建道場。崔文裝成道教「大師」模樣掛帥總指揮，聲勢浩大地搞起齋醮。舉辦齋醮要有道壇的設置、有法服冠飾、經典文檢，道士們要圍繞著道壇進行唱、念（誦經）、做（手印、點彈、步罡踏斗、步虛、旋繞、散花等）的各種表演，尤其像九皇金籙大齋，要一口氣搞九天九夜，耗費驚人，好在皇上有的是錢。嘉靖第一次在皇宮內舉行的齋醮就「連日夜不絕」，甚至一天舉行幾次。不受制約的權力多麼可怕，整個國家機器為他一個人的胡鬧服務。

嘉靖還令幾十個太監裝扮成道士模樣，習道誦經，演練法術。一時間皇宮成了道觀，煙霧繚繞，祈禱念咒之聲不絕於耳，你也分不清這裡是皇宮還是白雲觀。

楊廷和等一批比較正直的大臣，對於武宗因所謂的「信仰」佛教，把朝廷攪和得烏煙瘴氣，記憶猶新，現在楊廷和自己建議立的小皇帝嘉靖，從小看到大，也不是個東西。那時，中國人還不懂什麼是君主立憲，楊廷和最初也曾想約束這個小皇帝，但沒有什麼效果。小皇帝現在正在步武宗後塵，眼見又是一個小玩鬧皇帝，楊廷和只能吞下自己種下的苦果。

楊廷和等一幫大臣決定趁小皇帝初來乍到，根基未穩，還是盡力規勸他，他們紛紛上疏，援引歷史上變態迷戀佛道的梁武帝、宋徽宗禍亂朝政的前車之鑒，勸誡嘉靖。可是，小皇上的頑劣本性決定了他對大臣的忠諫置若罔聞，滿不在乎。

有個禮科給事中劉最，也上疏勸諫。嘉靖在崔文等太監煽動、教唆下，先將劉最調到安徽廣德州為判官，不久，乾脆下詔將他入獄，充軍到邵武縣，成了流放的囚徒、下放幹部。

自此，朝中再無人敢勸諫嘉靖，尤其嘉靖三年（西元一五二四年）二月，楊廷和致仕（退休）後，大臣們誰都不敢再上疏勸皇上了。嘉靖則像歷代昏君一樣，肆無忌憚地開始過他那人不人、妖不妖的帝王生活，他的靈魂也越來越遠離人類，成為了肉體的人和精神的妖，在人妖之間遊蕩。嘉靖口口聲聲要淨化心靈，每當他裝模作樣搞齋醮「淨化心靈」時，不知他心靈到底淨化沒有，反正宮中后妃、宮女、太監的心靈此時都暫時「淨化」了，因為這會兒嘉靖沒有折騰。

17「入道」導師邵元節

一個「大師」的出現，離不開成千上萬盲從的信徒；一個「神仙」的誕生，離不開成萬上千迷信的群眾；一個騙子的問世，離不開蒙昧頑固的愚民。年幼無知的嘉靖，一開始還真把崔文當成了「天師」、「真人」，時間久了，崔文除了講妓女、嫖客，對於仙山道術，一無所知。嘉靖逐漸對崔文不感興趣了。在帝王前，就要爭寵。爭寵的要津，是要把滿足帝王樂趣作為朝野上下的中心任務來抓，以哄著帝王高興為綱。現在崔文的中心工作，已從瞎糊弄嘉靖，升級為要為皇上尋訪一個真正的「天師真人」。

江西省龍虎山是著名的道教聖地。山上有個道觀叫仙源觀，住著一位道士名范文泰。一天，有個青年來到仙源觀向范文泰表示，希望留下來做徒弟，這個青年叫邵元節。

邵元節生於英宗朱祁鎮天順三年（西元一四五九年），字仲康，號雪崖，江西貴溪人。范文泰見他為人聰敏，對答得體，相貌不俗，也好讀書，就收留了他。

范文泰大公無私，熱心授徒，將自己的秘術《龍圖龜範》傳授給邵元節，邵還盡得真傳，逐漸出了名。

武宗正德年間，南京的寧王朱宸濠聽說武宗荒淫無道，民怨極大，寧王準備起兵謀反，派人到龍虎山請邵元節出山造反。邵元節早就聽說寧王也是個昏庸無能之輩，成不了氣候，就婉言拒絕，未赴南京。後來，寧王造反失敗，兵敗被俘，邵元節當然名氣陡增。

邵元節的「英雄事蹟」，在皇宮中傳頌著。開始，人們倒沒有關心邵的宗教身分問題，用「文革」中時髦的話說，沒有注意邵元節的「階級出身」。這時，再次顯露了崔文的「階級覺悟」之高，他敏銳地盯住邵元節的「道士」身分，再添油加醋地向嘉靖一通煽乎，嘉靖立即降旨，召邵元節進京。

嘉靖三年（西元一五二四年）春天，六十五歲的邵元節進京面聖。嘉靖見他鶴髮童顏，一派仙風道骨神韻，十分滿意，將邵元節留在自己身邊，彷佛是個宗教顧問，時不時讓他講長生不老和房中術真傳要訣。

邵元節一生未婚，老童子一個，懂得什麼「房中術」？這可是他有待攻關的「跨學科」難題，隔行如隔山，邵只能向嘉靖傳授「立教主靜」之說，婉勸皇上節慾以健身。

但是，這一套對嘉靖來說，無異對牛彈琴，他一生僅在冊的就有六十個后妃，是明朝皇帝中后妃最多的一個，他能「主靜」嗎？再者，武宗無子，嘉靖才得以繼位，他擔心自己萬一也無子，那就斷了香火，大事不好。因而，嘉靖幾乎不分日夜，在不停地製造兒子，他多麼希望自己就是個精子庫！可是，他資源枯竭，能源危機，只有吃補藥，這種身體嚴重「透支」的後果，使嘉靖的精氣神入不敷出，氣虛體弱。

他對邵元節講的「立教主靜」絲毫不感興趣，多疑的他又開始懷疑邵元節是否真的如崔文說的「法力無邊」，決心試試邵元節道法如何。

＊

嘉靖三年、四年的兩年內，京畿、河北大旱，進入嘉靖五年（西元一五二六年），又是一冬無雪，春旱在即。崔文說，邵元節能「呼風喚雨」，邵元節曾經自稱能「祈雨求雪」。嘉靖令邵元節，別管是雨是雪，祈來就成。

說來也神，邵元節祈了幾次，每祈後，總或多或少下點雨雪，大喜過望的皇上，心悅誠服得五體投地。嘉靖五年二月，封邵元節為「清微妙濟寺靜修真凝元衍志默秉誠致一真人」，命他統領全國道教，相當於今日「全國道教協會主席」，中國是個官本位的國家。沒有行政級別，顯不出自己的本事和身價，別人就看不起你，就像當今，別管你是多麼博學望重的教授，不當個什麼長，社會上就不把你當回事。因而，嘉靖還封他官居二品，建官邸名「真人府」，派護衛四十人為其家僕，賜田三十頃。

由於檔案文獻中有關於邵元節祈雨成功的記載，看來不是崔文在胡扯八勒。史家對此有不同的解釋：「無神論」史家認為，上天已二年多無雨，老天不能總不下雨吧？即或邵元節不施展法術祈禱，老天也該下雨了；「有神論」史家認為，邵元節畢竟得到了龍虎山天師范文泰的秘術

《龍圖龜範》，以及道士李伯芳、黃太初的真傳，學得祈雨秘術。

我倒有個疑問：邵元節祈雨秘術比什麼「武當劍」、「梅花樁」等道教功夫要珍貴得多，比穿牆之術、點石成金都偉大，為什麼祈雨術失傳了呢？崇禎年間，西北大旱，為何不請龍虎山真人出來祈雨？科學發達的今天，仍解決不了降雨問題，若幾百年前中國道士能解決，為什麼今日不請幾個龍虎山道士解決？使得至今全世界都在為旱澇災害發愁？我鬧不明白。

還有更神的事。前文曾講，嘉靖的后妃僅光有封號見於檔案記載的就有六十多人，但是他已當十年皇帝了，卻「顆粒無收」。明朝有多個皇帝三十來歲就死了，他二十五歲，也算「晚年」了，嘉靖恐懼起來：難道我也絕後？

嘉靖十年（西元一五三一年），他命邵元節在皇宮內欽安殿建祈嗣醮，令朝中重臣和貼身大太監一律放下手中工作，全都穿上道袍，充當邵元節的下手，每日輪流上崗，敬香祈禱，讓上天賜給皇上一個「合格接班人」。一時皇宮香煙繚繞，烏煙瘴氣，看不見穿官服的百官和太監，都是清一色著道袍、雙手抱拳（道士拜神及互拜的禮節）的道士，尤其文武高官哭喪著臉，互相苦笑一下，彷彿在說：「我怎麼這麼個打扮？」

也鬧不清邵元節的法術真的顯靈了，還是嘉靖每日發揚「連續作戰」的忘我犧牲精神，總之，邵元節為皇上製造兒子居然有了成效。邵元節建祈嗣醮後一年多，嘉靖十二年（西元一五三三年）八月，麗妃閻氏居然生下一男孩。嘉靖還沒來得及高興，皇子兩個月就死了；三年後，昭嬪王氏又生了皇次子，總算活了下來。

儘管皇長子才兩個月就死了，嘉靖仍認為，自己能有皇子，歸功於邵元節戰無不勝的「道法仙術」，功不可沒，不僅為他建道觀，還封他為禮部尚書，官居一品，相當於中央宣傳部長、文化部長、教育部長、中國社科院院長和國家廣播電視總局局長之總和，全讓一個老道包了。嘉靖在胡鬧，不過，更雷人的胡鬧還在後面。

*

對於邵元節能祈求雨雪及皇子事，我查閱了不少嚴肅的著述，都沒有否定這一歷史事實。有的史家仍以「巧合」解釋，認為邵元節在裝神弄鬼、搞封建迷信行騙；也有的史家僅如實敘述史實，未加評論。我認為，這或許是人類尚未認識的領域，尚待人們去探索？在下無知，也遇到過不解之事。

邵元節祈雨成功使我陷入了迷惘。本人自幼在中國大陸接受的是無神論教育，信奉馬克思講的「宗教是人民的精神鴉片」，簡單認為任何宗教都是迷信。二十世紀七〇年代末，隨著人民思想解放的開展，各地寺廟道觀陸續開放，各宗教團體恢復活動，我在講授歷史檔案課時，經常遇到和宗教有關的不解之問題，引起了我的興趣和關注，尤其引起我的深思。如，商代司母戊大方鼎，重八百三十二．八四公斤，乃世界上迄今為止出土的最大青銅器。它出土地點在河南洹水北岸的武官村，農民吳培文等發現它後，將其再埋藏起來，一九三九年，日軍占領河南，派兵企圖強行搶走司母戊方鼎，就在日軍即將挖到方鼎時，突然天昏地暗，黑風狂起，嚇得日軍不敢再挖，倉皇而走。我認為，是神的意志，不允許日軍掠奪我國國寶，這件事，幾乎任何介紹司母戊大方鼎的論述皆提到了。

我自上小學起，受父親影響，酷愛歷史，大約小學五年級時，看了歷史名著《三國演義》。《三國演義》半文半白，我似懂非懂。記得第一百零三回「上方谷司馬受困，五丈原諸葛禳星」有一段情節，寫諸葛亮在五丈原山上「仰觀天文，十分驚慌」，對他的接班人姜維說：「吾見三台星中，客星倍明，主星幽隱，相輔列曜，其光昏暗：天象如此，吾命可知？」諸葛亮見一顆星幽隱，認為這顯示自己要死了。而對手司馬懿在山下也在「仰觀天文，大喜」，對他的大將夏侯霸說：「吾見將星失位，孔明必然有病，不久便死。」果然，這顆星隕落，隨即諸葛亮去世了。

這個故事表達了天人感應，神的意旨，偉人即逝，天象警示。我一直認為這是作者羅貫中先生虛構的，過了幾十年，一九七六年三月，當時全國老百姓唯一允許看的一張報紙——中共中央主辦的《人民日報》，刊載中國東北吉林省某縣，天降隕石雨，就是天降許多巨石，有的石頭極大，將地上砸了不少大坑。人們看到這個報導，沒有聯想，那時「四人幫」正橫行，天下多事之秋，人民多憂國憂民，也顧不得去想什麼。過了五個月，這一年九月九日，八十三歲的毛澤東去世。

在此後二十多年時間裡，似乎再未聽說有關巨大隕石降落人間的消息，此間亦未聽說有哪位偉人去世，也是實情。

一九九七年一月，中央電視臺新聞聯播節目播出中國江蘇省某縣天降巨隕的消息，畢竟二十多年未聞此事了，誰也沒有什麼聯想。誰知，一個多月後，鄧小平走了。又是一次隕星墜落，又是一位偉人去世！

從諸葛亮、毛澤東，到鄧小平，他們去世前，都是隕石自天而降。這如何用無神論的道理解釋？這又使我想起另外一件類似的事。

我自幼生長在北京，在我的印象中，北京是沒有地震的。一九六六年三月的一天上午，我們正在學校圖書館寫畢業論文，忽然感到地震，事後得知，是距北京不遠的河北省邢臺縣發生七級地震，當地傷亡慘重。周恩來總理放下手中繁重的工作，在第一時間乘直升機趕到地震現場。據報導，他站在一個木箱子上，向農民講話時，大地還在抖動，兩個月後，一場傷亡更慘重的「文化大革命」爆發。十年後，一九七六年七月二十八日凌晨，我正在睡夢中，河北省唐山市爆發八級以上大地震，官方公布死亡二十四萬人。北京城亦受到不同程度的破壞，兩個月後，毛澤東去世。破壞全國至少十年的「文革」結束。

一個天上警示，一個地下顯靈，有的人說這彷彿有的影視中「此地無銀三百兩」寫的那樣「純屬巧合」。可我想：凡夫俗子死時，天上會掉大石頭嗎？會地動山搖嗎？怎麼不巧合一下呢？承認「天人合一」的事實，並科學地解釋它，才是唯物主義態度。

18 傻瓜吸引騙子

傻瓜確實吸引騙子。天下沒有傻瓜，就不可能有騙子，若只有騙子而無傻瓜，騙子騙誰去？天下也是先有傻瓜，後有騙子，在一片長滿傻瓜的良田沃土中，會滋生出茁壯的騙子。像嘉靖這樣的天字型大傻瓜，自然會把一大批拙劣平庸的騙子吸引到身邊。由於在嘉靖的眷顧寵愛下，邵元節這個隱居深山密林的老道，居然一夜暴富，升官發財，這個資訊彷彿用手機群發簡訊：「皇宮人傻錢多，速來！」一時諸色人等，也鬧不清是真道士，還是假道士，紛紛湧向北京。

一時間，京城大街小巷，流竄著許多自稱從武當山、龍虎山等叢林仙境得到「真人天師」真傳的道士。這幫「神仙」操著南腔北調，逢人便吹噓自己的光榮歷史和「威力無窮」的通天法力，尤其在大街上碰見穿宦官服的太監，他們更是上去糾纏不清，企圖打入皇宮。明朝太監出宮上街，本不可一世，目空一切，可是見了道士，彷彿現在碰上乞丐，極力躲避，生怕被纏上。

在這批進京謀生的道士中，有一個最終成功者，他叫陶仲文，湖北黃岡人。年輕時在黃梅縣任過椽史（文墨小吏），喜好神仙方術，曾經到湖北羅田縣拜師道士萬玉山。此時，邵元節尚未發跡，認識了陶仲文。後來陶仲文又在遼東任過一個管倉庫的小吏，任滿回原籍，路過北京，聽說邵元節已任禮部尚書，心中一動，遂去拜訪邵元節。

邵元節任禮部尚書，官居一品，而陶仲文，不過是縣城管倉庫的，官員歷來六親不認。邵元節一聽陶仲文來拜訪，本想不見，忽然眼睛一亮，吩咐下人：「請！」這是為什麼？自有原因。

此時邵元節已八十歲，年老力衰，面對嘉靖這個對道教走火入魔的狂熱分子，邵元節已力不從心，無法應付。這時皇宮內出現了「黑眚」，據說是一種在水中生長，而隨風進入皇宮的妖魔，形狀如人樣，黑色，宮中傳說這東西在深更半夜出來吸取人血，小皇子半夜驚哭，是因為看見了「黑眚」。傳說歸傳說，誰都沒見過「黑眚」，更沒有人的血被它吸過。但是，仍然人人恐懼。天一黑，誰都不敢出來，整個皇宮像死亡一樣寂靜。

這個「黑眚」像基地組織的恐怖分子，弄得皇宮每夜都像「九一一」。大家精神幾近崩潰。嘉靖命邵元節設壇驅邪，作法降妖本是道士的本職工作、專業特長，但是，八十歲的邵元節連上壇臺都十分困難了，想當年，初入宮時，鶴髮童顏，神采奕奕，真是生命在於運動，沒幾年，因在「真人府」養尊處優，逐漸懶惰，加之年長，身體已明顯衰老，法術不靈了，幾次驅鬼，並不見效。宮中流言依舊，眾人恐懼未滅，看來神仙道士也和凡人一樣，越老越不中用。

*

陶仲文生於明憲宗成化十五年（西元一四七九年），比邵元節小二十歲。邵元節聽說陶仲文來訪，真是喜從天降，可以把陶仲文介紹給嘉靖，讓陶在道教第一線應付皇上，幹好了，是我邵元節介紹的；皇上不滿意，是姓陶的功力不夠。

武當劍講究「後發制人」，看來，道教的這個招數，邵元節掌握的不錯。他見了陶仲文，只談道法、談舊情，絕口不提擬舉薦陶仲文之事，以吊陶仲文胃口。倒是陶仲文主動提請「為聖上效力」，邵元節故作姿態，沉吟許久，才答應。

嘉靖已經對邵元節不滿意，此次見到陶仲文，還真有點「求賢若渴」的勁，讓他除治黑眚。說來也巧，陶仲文年輕時確實學過「符籙」，是用以召神劾鬼、驅邪鎮魔的一種方術。

東漢末年，五斗米道與太平道即曾使用符籙，黃巾大起義首領張陵、張角都曾以符籙為人治病驅鬼，張陵還造作符書。後來經千年發展，符籙成為道教正一派的主要方術。陶仲文學的就是「正一符籙」。嘉靖令他立即驅滅黑眚，陶仲文也滿口答應，邵元節反倒退居二線了。

陶仲文身披道袍，披散著頭髮，很像京戲《借東風》中諸葛亮在七星壇那樣子，一本正經畫好符籙，也就是俗話說的畫符。據說畫符有一定模式和規律，但是，反正別人也看不懂，你亂塗胡抹也沒人認得出來，說不定反而還誇你道法高深。陶仲文畫完符，把符挑在一把桃木柄的寶劍上，在桌子上的蠟燭火光中燒毀，口中自言自語，念念有詞。將符灰放入水中，含一口符水，向寶劍上噴去。接著，彷彿看見了鬼，手持寶劍向「鬼」衝去。「鬼」也不含糊，還與陶仲文廝殺一陣，彷彿古羅馬角鬥場兩個奴隸在拚殺。此時陶仲文畢竟六十多歲了，不知道那個「黑眚」多大歲數，只見陶仲文大汗淋漓、氣喘吁吁，將寶劍用力朝地上扎了幾下，表示已殺死了「黑眚」

的肉體。

說來也怪，自此宮中還真沒有黑眚了，大人在夜晚也看不見魅影了；小皇子入睡也不驚哭了。如果說大人是心理作用，對於黑眚，你認為它有，它就有；你認為它無，它就無。可是，如何解釋兒童也不啼哭了呢？若說真有「黑眚」，為什麼沒聽說今日在各大學出現過「黑眚」？更沒聽說道士在哪級政府機關用「符籙」驅過魔？還望科學家對「符籙」驅邪給予科學、合理的解釋。

嘉靖自然又是對陶仲文欽佩得五體投地。又過了幾天，嘉靖二歲的兒子出水痘，幾天發燒不退，這孩子本來就呆頭呆腦的，很像朱元璋後代，再發燒不止，把這個龍子龍孫燒成個烤地瓜！

嘉靖立即令陶仲文設醮禱告，陶仲文暗捏一把汗，這孩子燒了那麼多天，太醫開了不少藥，沒有好，自己也沒有把握。說來也怪，陶仲文提心吊膽地祈禱幾天後，這小東西居然退燒病癒，這下，嘉靖對陶仲文不僅是信服，簡直是「無限崇拜」了，很像現在年輕人對歌星的那勁，若不是顧及皇帝身分，他肯定會管陶仲文叫「親爸爸」。

由於陶仲文和嘉靖是湖北老鄉，兩個湖北佬自然感情貼近，皇宮內上下全是「京片子」聲，只有他倆，以湖北方言對答。嘉靖還時不時在「探討」道教之餘，問點湖北風土民情，陶仲文操著一口湖北腔，侃侃而談。嘉靖彷彿邊吸毒，邊談情說愛，享受著只可意會，不可言傳的刺激與滿足。陶仲文在「天時、地利、人和」的大好形勢下開始施展真的「法術」了。

＊

嘉靖十八年（西元一五三九年）二月，嘉靖的生母，那個從湖北老家來到北京不進城門的蔣氏太后去世。在安葬問題上，嘉靖又犯了難：是葬在北京，還是和父親朱祐杬合葬在湖北的顯陵？他拿不定主意，決定回老家去「考察」、「調研」，正受大寵的陶仲文隨行。

一行人行至河南衛輝府（今汲縣），嘉靖前面忽然刮起了一股旋風，中國人歷來認為這是不祥之兆，嘉靖問陶仲文，這是怎麼一回事？陶仲文裝模作樣地觀察一番風勢，胸有成竹地說：「此風主火，今夜恐有火災！」

古代沒有電燈，人們入睡很早，前半夜平安無事，後半夜，陶仲文指使人在嘉靖行宮放了一把火。陶仲文本想小燒一下，以證明自己道法高深即可，不料，夜間風大，火借風勢，熊熊大火燒毀了行宮，燒死不少太監、宮女。嘉靖被錦衣衛指揮使陸炳奮力救出，陶仲文也來到搶救現場大呼小叫「救皇上！」嘉靖見到陶仲文，連呼：「真神仙也！」根本不去思考為什麼起火？這也難怪，皇上也就這個水平，不能奢望。

這一年，八十二歲的邵元節病逝，第二年，嘉靖生了一場病，連讓太醫診治，又令陶仲文祈禱，嘉靖病好了，他不念太醫診治之功，卻只感謝陶仲文的「神功」，授陶仲文「太子太保」（意為有資格做皇子老師，一種榮譽極高的虛銜）、禮部尚書，未久，又加封陶仲文為「太傅、太師」（可以輔導太子的榮譽官銜）。一個人得這三個官銜，陶仲文已經超過邵元節，且在明朝二百多年歷史上，僅此一例。陶仲文原本只是一個縣城管倉庫的小吏，用今天的話說，是個倉庫管理員，根本沒有品級，在不到兩年的時間內，官至一品，身兼「三孤」（太師、太傅、太保），只有中國大陸「文革」中的「火箭式」幹部，升遷速度可以和陶仲文比。

如果說邵元節以被動方式應付嘉靖的話，即奉旨去祈禱，如祈雨、除病、驅魔等，陶仲文則發展為以主動方式誘騙嘉靖去達到陶的個人目的。陶仲文為了鞏固自己的地位，他使嘉靖修玄崇道活動升級，想出許多稀奇古怪的招術迷惑皇上。鼓勵嘉靖製作丹藥，就是陶仲文最無恥、也是對嘉靖影響至深至巨的一招，構成了嘉靖一生最慘無人道的罪惡。

19 紅鉛和秋石

「紅鉛」是嘉靖在陶仲文指導下吃的春藥。這藥名稱很美，其實它的製作卻是血淋淋的。

在嘉靖孜孜不倦地探索既能長生不老，又可不必節慾的「中間道路」時，陶仲文提出了他的「創新思維」：「採陰補陽」學說。他向皇上建議，長壽並不需要節慾，只要學會房中秘術（其實就是床上功夫），僅和童貞的處女行房事，就可以達到「採陰補陽」之功效，還可以延年益壽。陶仲文有理論，無實踐，向嘉靖胡謅，在和處女交配前，要先服用「先天丹鉛」，俗稱「紅鉛」，才能達到「神奇」效果。

和嘉靖生活在差不多時代的名醫李時珍（西元一五一八～一五九三年），在他的醫藥不朽名著《本草綱目》中，曾對所謂的「紅鉛仙藥」有過揭露，指出其危害：

婦人入月，惡液腥穢，故君子遠之，為其不潔，能損陽生病也……修煉性命者，皆避忌之……今有方士，邪術鼓弄愚人，以法取童女初行經水服食，謂之「先行紅鉛」，巧立名色，多方配合……愚人信之，吞咽穢滓，以為秘方，往往發出丹疹，殊可歎惡。

服食「先天鉛丹」上癮之後，性情、心理變態，開始狂躁、易怒、怪戾，不像個正常人。從嘉靖服後表現看，加上他不可一世的皇帝身分，可謂變本加厲，已經不能說還是個正常人。

嘉靖吃的所謂「紅鉛丸」，是陶仲文從河南南陽弄來一個走江湖的術士推薦的。該人名梁高輔，他自稱已九十歲，但看上去，頭髮雖白，皺紋並不多，也就是個六十歲左右的老頭。他為了證明自己「貨真價實」，兩手指甲不剪，有五、六寸長。

陶仲文把梁高輔舉薦給嘉靖，嘉靖先被梁的手指甲驚呆了，梁自稱能「導引服食，吐故納新」，可以為皇上煉製「能長生不死，與地仙無異」的仙藥：「係取七七四十九個童貞之處女初次經血」，加春藥拌合，開爐煉製而成，紅如辰砂，故名「紅鉛」。並吹噓，皇上服後，再和獻初潮經血的女童交配，「一夕可以御女十人」。實則是讓皇上發洩一通。嘉靖聽後，和梁高輔產生強烈共鳴，彷彿一見鍾情，恨不能馬上服藥見效，立竿見影。當即封梁高輔為「通妙散人」。嘉靖本來就急脾氣，下令在乾清宮立即設爐煉丹。

皇帝的愛好，就是全國重大的政治任務和國家頭等大事。「上有所好，下必甚焉」，為了讓皇上對紅鉛倍感親切，就在他住的寢宮乾清宮內的廣場開爐研製紅鉛丸，一時皇宮內煉丹爐林立，火光熊熊，日夜不息。太監、大臣扔下手中正常工作，全力以赴，投入到煉紅鉛的戰鬥中。

爐中煉丹，爐外煉人，整個皇宮彷彿一個巨大的化學實驗室和製藥廠。其皇宮一座座煉丹爐壯麗景象，只有四百多年後，一九五八年在中南海遍設高爐大煉鋼鐵，哄毛澤東胡鬧，可以比擬。終嘉靖一朝，煉丹爐從未熄滅，為皇帝煉製春藥等床上用品，始終長盛不衰、如火如荼。

一個少女，一生只有一次初潮經血，而嘉靖一日數餐，把紅鉛丸當飯吃。他服後，彷彿置身於爐火燒烤，燒炙得他渾身暴熱，心火上升，焦躁難耐，急欲發洩而後快。藥力發作後，慾火攻心，必立即發洩出來，方能平息慾火。一般皇帝要洩慾，是不會以帝王之尊給后妃或宮女解衣寬帶的，由太監或宮女去幹，但嘉靖藥力發作，不分時間、地點、場合、對象，放下架子，猴急猴急地拉過身邊一個女子，親自連扯帶拉地扒下女子衣衫。幸虧皇宮內各殿都有床，他把宮女按到床上，就強行布雨行雲。在宮女哀嚎呻吟中，他淫威大發，彷彿飢餓已久的野獸在貪婪地餐食一樣。

宮內少女不夠，就不停地降旨徵集民間幼女。其中規模較大的有三次：嘉靖二十六年（西元一五四七年）十二月，選三百名八至十四歲幼女進宮，充作「紅鉛」經血提供者；嘉靖三十一年（西元一五五二年）冬，再選八至十四歲幼女二百名進宮；嘉靖三十四年（西元一五五五年）九月，又送十歲以下童女一百六十名入宮。這僅是有檔案文獻可查的規模最大的幾次。嘉靖年年降旨，以充實宮女為名，實則供冶煉紅鉛之用，再讓嘉靖蹂躪。

*

嘉靖瘋狂需求春藥的資訊還是不脛而走，傳至宮外，可悲的大明王朝，沒有引起廣大官員的任何憤怒和抵制，而是引來了一撥又一撥騙子，競相向皇上獻「祖傳春藥秘方」、「偏方」，吹噓其神效如何靈驗，好像這些騙子自己就是這些秘方、偏方實踐的產物。

騙子多，不見得騙術都能成功，否則，人類還不都成了騙子？可是，即使有一個騙子成功了，也夠人類付出代價的。其中有個成功的騙子，叫顧可學，江蘇無錫人，進士出身，曾在浙江任參議這樣的虛職。這個人品行極壞，曾經盜竊官帑，被革職在家二十多年。他不甘寂寞，聽說當今皇上喜好滋陰壯陽等春藥系列，就四下搜尋打探秘方、偏方，還真讓他訪得一種叫「秋石」的春藥，如果這還叫做「藥」的話。

顧可學是下臺幹部，若將此藥直接獻給皇上，談何容易？任何在官場上往上爬，並爬上去的人，沒有上司的賞識是不成的。顧可學也有這樣的上司，就是鼎鼎大名的嚴嵩。他倆曾是同科進士，很可能一塊在貢院受過更夫的「夜審」，不過夜審對他們不靈，未將他倆給審下去。幹了壞事，內心坦然，面不改色心不跳，任更夫裝神學鬼，他們安然入睡。第二天，仍然精神飽滿，妙筆生花，再走走後門，金榜題名不題他題誰？還真拿這號「超天才」沒辦法。

顧可學剛任浙江參議時，和嚴嵩還有點聯繫，畢竟同窗之誼。後來，顧可學被撤了職，嚴嵩正炙手可熱，顧可學沒有臉再聯繫嚴嵩了，嚴嵩也不屑理他。

現在，顧可學手中握有「秋石」，彷彿傳國玉璽。他不怕嚴嵩不理他，因為他要向皇帝獻如飢似渴要得到的春藥秘方，誰敢不當回事？顧可學為保證找嚴嵩辦此事萬無一失，仍然備了一份厚禮，寫明來意，請求老同學接見。

嚴嵩收過的禮品堆積如山，見了顧可學禮單，本以為顧是希望給他活動個官職，不想管這等閒事，想藉口不見，可是看了顧可學的信，知道顧要向皇上獻秘方，心想，自己不見，顧可學可以托別人代獻給皇上，自己沒有撈到頭功不說，萬一皇上再怪罪下來，於己不利；再者，嚴嵩出於好奇，也想見識見識「秋石」是什麼東西，就傳話：「見！」一見，把經多識廣的嚴嵩嚇了一跳！

＊

所謂的「秋石」，最遲在唐代就出現了，是一種惡性壯陽藥。服後，強烈迅猛地刺激男人性慾，長期服用，嚴重傷腎，甚至傷命。唐代大詩人元稹（西元七七九～八三一年）字微之，因服秋石而亡。白居易曾有「微之煉秋石，未老身溘然」之句，說元稹服秋石，才五十二歲便溘然而逝。李時珍從醫學的角度寫「秋石」：

> 秋石味鹹，走血，使水不制火，久服令人成渴疾。蓋此物既經鍛煉，其氣近溫，服者多是淫欲之人，借此放肆，虛陽妄作，真水愈涸，安得不渴耶！況甚則加以陽藥，助其邪火乎？

這秋石也不是什麼「高、新、尖」科技產品，古已有之，為人不齒，為什麼到顧可學手裡，就成了奇貨可居的「最新發明」，連嚴嵩也嚇一跳？奇就奇在顧可學的「改造創新」，太缺德、太沒有人性了，如果顧可學還算個人的話。

顧可學向嚴嵩出示了秋石秘方，也許有讀者生疑，秘方者，保密也，顧可學就不怕嚴嵩知道秘方的內容後，據為己有，搶先獻給皇上？顧可學不怕！只要看看秘方中如何「研製」秋石，就知道這種缺德事，連嚴嵩這號人都幹不出來。

「研製」秋石的原料，取自十歲左右男童的尚未發育成熟的陰莖，割下後去其頭尾，取其中斷，再加入童女尿和春藥混在一起熬煉，形成一種海鹽狀的晶體，是謂「秋石」。再將「秋石」用水煎服，據說能增強性慾，還能強身長壽。而嘉靖服的紅鉛和秋石在一起煉製時，加以丹砂、雄黃、雌黃、獸青、雲母、水銀、參茸、麝香、附子等熬製後，成為砷類的化合物，據說，有興奮人神經末梢作用，可以引起性衝動。對於嘉靖來說，這就夠了。我就奇怪，哪個不是東西的，怎麼爆發靈感，發明出這種玩意兒？紅鉛和秋石能刺激性慾，是否顧可學一類騙子的胡說八道？他們對嘉靖胡說什麼，紅鉛為女童之物，主陰；秋石為男童之物，主陽，陰陽結合。英國著名研究中國科技史專家李約瑟認為，明代道士煉的秋石，因為用童女尿熬製，內有性激素成分，加上其他春藥，因而有催情作用。由於今日再不可能製作秋石，也就無法研究李氏理論之正確與否了。

稀奇的是，這紅鉛帶秋石，嘉靖一吃，還真起了作用。他成天像一頭發情的公狗，只要見到異性，便瘋狂地撲上去，弄得這些既獻血又獻身的童女，見了獸性大發而且成天沒時沒會兒「發」的皇帝，彷彿日本人見了美國的原子彈般極度恐懼。紅鉛和秋石還讓嘉靖服上了癮。連陶仲文也好奇的問顧可學，顧可學將「嘉靖現象」「上綱上線」，認為這是「採補之術」：把童女當作「煉內丹」的「爐鼎」，服藥後在少女身上發洩一番，才「內氣外放，外氣內收」。嘉靖吃了紅鉛和秋石，簡直成了地震帶上的核反應爐，隨時爆炸。

*

皇帝無論走到哪裡，身後都跟隨一大幫太監隨時伺候，其中有一個太監，身帶筆紙，皇帝進入某宮，這個太監便在宮殿門口的一張小桌後坐下，皇帝在宮殿內的任何言論、行動，太監都要如實記下，相當於皇帝的私人日記，一年裝訂一冊，名《起居注冊》，是研究皇帝歷史的重要檔案史料。

《起居注冊》的一項重要記錄內容，是皇帝哪天在哪個宮，臨幸了哪個妃子；或皇帝在自己寢宮召幸了哪個妃子。總之，皇帝無論在任何地方，只要和任何女人有了交配，在《起居注冊》中都要如實記錄，地點、日期、時辰、妃子姓名、交配成功否，目的是一旦某女人懷孕了，可查閱《起居注冊》，看看是不是龍子龍孫。既保證了皇帝血脈的純正，又防止后妃暗中有「性伴侶」。

現在，嘉靖又吃紅鉛，又服秋石，倒真成了吃「雄獅丸」的「猛男」，弄得他「性寢燥急，喜怒無常」，「每服靈丹妙藥，都亢奮不已……行房如狼似虎，久不甘休」。成天不分場合、不論時間，像瘋狗、種驢撲向獻經血的女童，此外幾乎無所事事，使得記《起居注冊》的太監記不勝記，還要逐個問女童的姓名、年齡、籍貫，太監明白，不能玩忽職守而記錯，犯瀆職罪。

可憐這些女童，有的本來初潮時就「痛經」，又被獻出大量經血，身體極為虛弱，加之女童初潮時，一般都害怕、緊張，如今，這個野獸皇帝又肆意地折磨她們，不少女童當時就死在嘉靖的龍榻上。能活過來的，也多奄奄一息，患終生不治之症。這個場面，記《起居注冊》太監就無法「如實」了，極力掩蓋。後人只能從《起居注冊》閃爍其詞、欲言又止的字裡行間，去分析發現這些女童的斑斑血淚。

嘉靖服了秋石「立竿見影」，立即封顧可學為工部尚書，專門負責研製秋石。陶仲文去世後，顧可學又任禮部尚書，加太子太保。顧可學這種無恥小人，為世人不齒，社會上流傳「千場萬場尿，換得一尚書」的說法。從此，全中國的騙子，紛紛競相獻秘方，進新開發研製的春藥。嘉靖也不管後果，是春藥就吃，成了各種春藥的試驗品，他沒因亂吃春藥而死，實屬萬幸。

迷信是一種世界觀，一種信仰，別人認為是荒誕不經的事，他卻認為就是真理，任何人也拿他沒有辦法。如果說嘉靖吃紅鉛和秋石只是滿足他荒淫放蕩的性慾需要，那麼，他迷戀「祥瑞」，則是為了滿足自己愚昧無知的精神需要。

眾騙子們因獻春藥秘方而升官發財，一時，朝廷上烏龜王八，濟濟一堂，彈冠相慶，很像政變成功，改朝換代的味道。但是，「江山代有人才出」，「長江後浪推前浪」，不斷有人向皇帝進獻春藥，令皇帝像頭種驢者，進藥者皆官運亨通。騙子多，官職少，資深騙子擔心官場「吐故納新」，「領導班子調整」，面對新騙子，老騙子遂產生危機感。可是，秘方不可能源源不斷，萬一獻的哪個秘方，皇上服後，「無動於衷」，那麼，會立馬丟了官。騙子們的腦筋是靈活的，他們為爭寵，另闢蹊徑，想出了獻「祥瑞」這一招。

*

中國在遠古時代，因科學不發達，人們對很多自然現象不理解，對很多事物產生恐懼的同時，對一些外形美麗、奇特的物品，認為象徵著吉祥，會給人帶來好運，是謂「祥瑞」。對任何「祥瑞」的喜好，都應有一定限度，而像嘉靖，是一個歇斯底里走極端的傢伙，他對道教、吃春藥都是這樣，對祥瑞也是到了走火入魔的程度，凡是迷信荒誕的騙人鬼話，他都相信，凡是稀奇古怪的玩意，他都認為是好兆。

前文提到的那個胡宗憲，他官運亨通，是「兩條腿走路」，一則他是嚴嵩集團的鐵杆成員，二則大肆向嘉靖獻祥瑞。如嘉靖三十七年（西元一五五八年）四月，不知胡宗憲從哪裡弄來兩隻白鹿，獻給皇上；更不知皇上為什麼認準了白鹿就是祥瑞。嘉靖興奮地說：「一歲二瑞，天眷也。」意思是，今年一年得兩隻白鹿，是上天眷顧我。他提升胡宗憲一級，並令百官向胡宗憲表賀。

這還不算，尤有甚者，嘉靖降旨，將白鹿供奉在天安門東側的太廟內，太廟乃明朝皇帝供奉祖先牌位之處，中國人將祭祖看得十分神聖，現在，嘉靖把白鹿和朱家列祖列宗並列祭祀，他成了動物的孝子賢孫。

胡宗憲也確實有辦法，鬧不清他用什麼招數，竟接二連三地搞到「祥瑞」獻給皇帝。他認準了這是步步高升的捷徑，例如，嘉靖三十九年（西元一五六〇年），他獻上大靈芝五株，白龜兩個，胡宗憲又官升一級。胡宗憲在浙江任地方大員，不用心剿倭寇，極其用心尋找祥瑞，因為他認準獻白龜比獻倭寇匪首更能讓皇上開心，嘉靖仍降旨令將白龜等供奉在太廟。皇帝每年要去太廟祭祖，在給白龜叩頭時，會不會虔誠地自稱「龜兒子」，就不得而知了。

幹坑蒙拐騙，歷朝太監都表現了極高的天賦和悟性。由於嘉靖十分賞識卑鄙小人，因而他身邊滿是歪嘴宦官。他們發現，「偉大領袖」如此好哄騙，只隨便一招，嘉靖就深信不疑。那就上吧！嘉靖四十三年（西元一五六四年）五月十四日夜晚，嘉靖正在院中納涼，有個太監竟顧不得宮中規矩，從嘉靖寢宮中衝出來，冒著驚駕之罪，故意吃驚地大呼小叫，稱在寢宮御帳後發現一只仙桃，向皇上連喊：「仙桃自天而降！仙桃自天而降！」

如果太監在平日這麼亂吼，嘉靖能傳旨把他活活打死，今日聽說在自己寢宮內發現祥瑞，彷彿他的屁股下有彈簧，一下子把他從躺椅上彈射起來，其速度之快，有如今日中彈戰機將駕駛員彈射出機艙，又彷彿有個足球明星狠狠地在他屁股上踢了一腳。只見當今萬歲連滾帶爬地衝入寢宮，果然在御帳後的條案上發現一只大大的「仙桃」。嘉靖撲通一下給這「仙桃」跪下，如搗蒜般叩頭，口中念念有詞：「仙桃降臨，賜我吉祥！」遂重賞那個「發現」仙桃的太監，並降旨，連舉行五天迎奉「仙桃」大典。其實，這種水蜜桃，在北京大街上隨處有叫賣的。

騙子見了傻瓜，若不行騙，騙子也就成了傻瓜。別的太監見「發現」仙桃者發了財，也紛紛去「發現」祥瑞，大家都明白，只要「發現」了祥瑞，比發現了金礦還寶貴。別人是「人之將死，其言也善」，嘉靖是「人之將死，其鬧也狂」。嘉靖四十四年（西元一五六五年）八月，他死的前一年，另一個太監在皇上的寶座上，「發現」了「仙藥」，嘉靖認為乃「玉皇大帝所賜」，除了重賞這個太監，自己親到太極殿奏謝上天，命禮部官員到天壇、地壇、日壇、月壇，圍繞今日北京二環路，一通去感謝玉皇大帝。折騰了足足兩個月。由此可以看到嘉靖精神生活之空虛與墮落，他的精神生活到底是什麼呢？

20皇帝有愛情生活嗎？

說到人的精神生活，不能不提到愛情，愛情是精神生活的重要組成部分。凡生理、心理正常的人，都需要愛情。但是，皇帝有愛情生活嗎？要說清楚的是，這裡指當了皇帝以後娶的后妃，不包括他稱帝以前的妻妾。這個問題，海峽兩岸的史學界，未見有人研究。我提出了這個問題，兩岸大學的師生，產生了強烈的興趣和意見分歧。談到嘉靖怪異另類的精神生活，有必要從心理學角度，剖析一下皇帝的感情世界。

皇帝的婚姻有兩種，第一種是在登基稱帝前已娶妻妾，過著正常人的夫妻生活，後來丈夫成了皇帝，妻妾成了后妃，這種人應當有愛情生活。如劉邦與呂后，朱元璋與馬后，以及歷朝一些年齡較長、已有妻妾、才繼位稱帝的人。

第二種是當上皇帝以後，才娶的后妃，這個問題就比較複雜了。首先，愛情是二人相愛的感情產物，但是，皇帝選后妃，只注重女方外表，別的一概不顧，女子只能被動地被挑選，彷彿狗、貓等寵物任人挑選一樣，主人或許喜愛寵物，這種單方面的喜愛，能是愛情嗎？能叫「相愛」嗎？「相」是什麼意思？

其次，在皇帝心目中，后妃的任務就是滿足皇帝性慾和傳宗接代，是工具。到了清朝，皇帝選中妃子來侍寢，由太監送到皇帝居住之處，只有十五分鐘，太監在窗外就呼叫準備再抬走后妃，據說，清帝祖上擔心皇帝和后妃相處時間長了，產生感情，容易造成后妃干政。因而，后妃們就是皇帝的洩慾工具，這算什麼愛情？

再次，后妃在皇帝面前總是小心翼翼、戰戰兢兢，誠惶誠恐，皇帝對一切人都有生殺予奪之大權，他對后妃同樣如此。只要后妃有一絲一毫未獲皇帝歡心，皇帝可任意將她打入冷宮、貶抑、杖責、處死。因而，后妃在皇帝面前，就要順從、裝愛、爭寵。

不少人都以唐明皇與楊貴妃說事，以證明皇帝還是有愛情生活的。我們可以設身處地想一下，唐明皇比楊貴妃大三十一歲，又是自己的兒媳婦，可能唐明皇喜歡楊貴妃，楊貴妃敢不裝出也愛唐明皇的假象嗎？皇帝終日擁姬抱妾，恣樂後宮，任何一個后妃，都必須裝出這個假象。

從這個話題，我們轉入嘉靖的後宮生活。在他的恐怖與荒淫中，后妃們過著暗無天日的悲慘生活。

*

民間傳說，皇帝有「三宮、六院、七十二妃」。「三宮」乃現在北京故宮內乾清門以北的皇帝寢宮「乾清宮」，皇后寢宮「坤寧宮」，以及這兩宮之間的「交泰殿」。在以上「三宮」的東西兩側各有六個宮，妃子住，俗稱「六院」。所謂「七十二妃」，不過是形容皇帝妃子多，並不一定每個皇帝非得七十二個妃子，可多可少，嘉靖就有六十多個有名份的妃子，三個皇后。

嘉靖十五歲登基，十六歲成婚，是由前面提到的孝宗朱祐樘的皇后、武宗朱厚照的母親張太后主持的。朱元璋曾規定，為防止后妃娘家人（外戚）干政，皇帝后妃一律選自平民百姓家，使得后妃的父兄因身分低微、遠離政權、沒有人脈而難以干政。根據上述原則，張太后為嘉靖選中的第一個皇后姓陳，其父為河北大名府元城縣諸生（秀才）陳乃言。同時選了兩個妃子順妃張氏和恭妃文氏。嘉靖和陳皇后共同生活了七年，還馬虎虎湊合過，但是，自從「大議禮」事件後，嘉靖為了擺脫張太后的控制，二人產生矛盾。尤其嘉靖生母蔣太后來北京後，因蔣身分比張太后低，導致嘉靖為給生母爭名分，和張太后矛盾加劇。

嘉靖的陳皇后是由張太后拍板決定的，自然她和張太后接近，嘉靖對張太后的不滿，也就漸漸遷怒於陳皇后，「城門失火，殃及池魚」，像嘉靖這種劣等皇帝，根本不可能「處理好宮廷內部矛盾」。

嘉靖七年（西元一五二八年）十月，因陳皇后已有身孕幾個月了，所以，近來嘉靖臨幸順妃張氏和恭妃文氏等其他妃子較多。一天，嘉靖和陳皇后正閒談，張、文二妃前來獻茶。嘉靖見張氏的手很美，旁若無人地摸她的手，順勢一把拉過她，坐在自己腿上，在她身上亂摸，發出淫邪的奸笑聲。陳皇后先清一下嗓子，暗示嘉靖放尊重些，不想，嘉靖根本不管那一套，弄得張氏吱哇亂叫，不成體統。

陳皇后忍無可忍，實在看不下去，將手中茶杯用力往桌上一放，拂袖起身便走。嘉靖見擾了他的興致，勃然大怒，抓起茶杯向陳皇后扔去，陳皇后一躲，茶杯從她身邊飛去，嘉靖見沒有擊中目標，一把推開大腿上的張氏，像條瘋狗撲向陳皇后，飛起一腳，將有身孕的陳皇后踢倒在地，造成流產、大出血。即便是「七年之癢」（現在青年中流行一種說法：二人結婚七年，會產生矛盾），也得「要文鬥，不要武鬥」呀！

御醫、太監皆清一色勢利眼，知道陳皇后已經失寵，都冷冷地怠慢她，致使陳皇后病勢加重，生命垂危。陳皇后臨死前想見母親一面，獸性大發的嘉靖不准。不久，陳皇后在鬱悶中死去。嘉靖不以皇后身分安葬她。

＊

陳皇后死後，嘉靖八年（西元一五二九年），那個長著一雙玉手的順妃張氏轉正當了皇后，嘉靖定張氏為后，除了因在陳皇后懷孕期間，臨幸張氏較多，對她有了好感外，還因為嘉靖元年，選后妃時，張太后決定了陳皇后，嘉靖生母蔣太后決定了張、文二妃，蔣太后親自給張氏繫上代表妃子身分的青紗手帕和金玉跳脫等物。由於新上任的張皇后有蔣太后的背景，嘉靖對她還算寵幸。

再說那個老張太后的兄弟建昌侯張延齡，一貫仗勢欺人，胡作非為，獲罪當死。張太后以婆婆的身分懇請張皇后在皇帝面前求個情，饒張延齡不死。張皇后知道嘉靖和張太后的矛盾，也懂大明規定嚴禁后妃干政。但婆婆發話了，自己做兒媳婦的又不好拒絕，只能應允。

一日，張皇后陪嘉靖飲宴，見皇上高興，她微微提了幾句張延齡事，以作試探。不料嘉靖勃然大怒，上去就左右開弓搧了張皇后幾個耳光，再次像瘋狗一樣狂吼：「妳懂不懂后妃不得干政！看來妳和那個老太婆（指張太后）勾結在一起了！」

已經喪失人性的嘉靖令太監扒去張皇后冠服，在大庭廣眾之中，狠狠鞭打。一個弱不禁風的女子被打得鮮血淋淋、奄奄一息。隨後，被打入冷宮。從此嘉靖再不見她，並宣布廢她為庶人，兩年後，張皇后亦死去。廢掉張皇后剛剛兩天，即嘉靖十五年（西元一五三六年）閏十二月初五日，嘉靖又宣布立第三個皇后方氏。方氏是江寧（今南京）人，嘉靖九年（西元一五三〇年）被選入宮，第二年封為德嬪。嘉靖立方氏為后，因為方氏為人處世圓滑，能說會道，性格活潑，能博得嘉靖歡心，才被皇上「擇優錄取」。

但是，妳再會為人處世，妳再能說會道，性格活潑，妳遇上一個暴虐不仁、冷酷無情、果於刑戮、喜怒無常的歇斯底里虐待狂，也不會有好下場，更何況方皇后又因爭寵，辦了一件十分錯誤的事，導致了她自己可悲的結局。

以上僅僅是嘉靖皇后的遭遇，至於他還有六十多個妃子和上千個宮女的命運，就更慘不忍睹了，難道這就是皇帝的愛情嗎？

21 壬寅宮變

檔案文獻中記載，嘉靖一朝，為了他煉製紅鉛，徵收十三、四歲（虛歲）女童一千多人，未見記載的，尚不計其數。這些可憐的女孩，進宮主要為提供初潮經血，供嘉靖服食紅鉛，獸性發作時，在她們身上肆意發洩蹂躪。

為了迫使她們提供更多的經血，則強迫她們在初潮前服食催經下血的藥物，使得她們在月經期大量出血，導致嚴重貧血。有不少少女月經還沒有結束，就要供嘉靖像牲口般地糟蹋，而造成血崩，多人死亡；有的女童被反覆摧殘折磨後，面無人色，奄奄一息。為防止嘉靖煉製紅鉛這種慘無人道的行徑洩露，經常將她們活活弄死，殺人滅口。

僥倖活下來的女童，因初潮已過，失去了使用價值，就留在宮中當宮女，終生在嘉靖淫威下過著暗無天日的生活。當時朝鮮和中國友好，在明朝政府中，有不少朝鮮使臣。他們經常向朝鮮國王如實彙報明朝宮廷內的秘聞。嘉靖製紅鉛及秋石的事，因為太野蠻無恥，故明官方檔案皆諱莫如深，但是，朝鮮官方檔案卻對嘉靖殘殺宮女有真實而詳細的記載：

皇帝雖寵宮人，若有微過，多不容恕，輒加箠楚，因此殞命者，多至二百餘人（《李朝中宗實錄》卷九十九）

是說嘉靖雖然也寵幸宮女，但是宮女只要稍微有點小過錯，嘉靖大多不能容忍，不饒恕她們，動輒對宮女毒打，因挨打而喪命的宮女多達二百多人！

嘉靖一朝徵召宮女一千多人，打死二百多，五分之一宮女死於他之手！活下來的宮女大多感到遲早也是一死。嘉靖二十一年（西元一五四二年）為農曆壬寅年，十月二十一日凌晨，在皇宮發生了十幾名宮女企圖勒死嘉靖，並希望與他同歸於盡的案件，史稱「壬寅宮變」。宮女被逼無奈，差一點勒死「神」一樣的皇帝，這在中外歷史上都是極為罕見的，只有嘉靖才能「享此殊榮」。

＊

談到宮女要勒死嘉靖，這就牽涉到皇帝後宮錯綜複雜的情況。

從皇宮設計的理念上講，乾清宮是皇帝的寢宮。為了保證皇帝入睡後的安全，乾清宮暖閣（臥室）共九間，每間有三張床，皇帝任意在這二十七張床上就寢，夜間若有外人行刺，室內漆黑一團，你鬧不清皇帝究竟在哪張床上。

但是，皇帝很少住在乾清宮，大多住在妃子處。皇上除了有皇后，還有皇貴妃、貴妃、妃、嬪、貴人、常在、答應，統稱「后妃」。每晚，后妃們個個濃妝豔抹、花枝招展，等待皇帝的到來。按照正常規律，皇帝按照后妃身分的高低，依次臨幸，機會均等。由於皇帝根本不懂什麼是愛情，他寵幸哪個，就住在哪個妃子處，厚此薄彼，親疏不一，造成妃子之間爭風吃醋、爭寵嫉妒。

嘉靖二十一年（西元一五四二年），他的后妃已幾十個，他喜新厭舊、見異思遷，新近寵上了曹端妃，這個曹端妃，性格溫柔，能歌善舞，嬌媚風騷，嘉靖服了陶仲文為他煉製的丹藥後，慾火攻心，像條餓狼一樣撲到曹端妃處，把她折磨得死去活來，她都容忍了下來。因而，嘉靖最近一段時間經常來曹端妃這裡。

住在曹端妃隔壁的是王寧嬪，二年前她也受過嘉靖寵幸，王寧嬪性情倔強剛烈，有時嘉靖吃了丹藥，找王寧嬪發洩。王寧嬪不敢不從，但是，她偶爾無意中表現出不快或勉強，嘉靖覺察出來遂拋棄她，跑到鄰居曹端妃那裡去了。

王寧嬪心中對皇上不滿，人又口快心直，難免將這種哀怨情緒流露出來。「深宮怨婦」，無人可訴，不能和身邊的太監講，她知道這些太監身負監視她的使命，他們隨時將她的一舉一動、一言一行，向皇上稟報，邀功請賞。再者，男女之間的事，太監也不懂，跟他們說也是白說。王寧嬪只能對身邊朝夕相處、患難與共的宮女傾訴自己的幽怨。

曹端妃有個貼身宮女楊金英，是為嘉靖獻經血、受折磨、經鞭笞倖存下來的宮女，是個心直口快的人，閒暇無事，經常到隔壁王寧嬪那裡閒聊天，日子久了，和王寧嬪無話不談，二人談到在嘉靖身邊，早晚是個死，不如豁出性命，和他同歸於盡，也比現在這樣生不如死強。

一個人連死都不怕了，天下也就沒有任何東西能令她們畏懼了。她倆一交心，才知道不單單自己有豁出性命的念頭，在嘉靖身邊的宮女，幾乎都有如此想法。果然，她倆一串聯，共有十六個宮女表示想和嘉靖拚了！

領頭者王寧嬪和楊金英二人認為，不能在乾清宮下手，乾清宮防衛嚴，這些宮女對乾清宮也不太熟悉；再者，嘉靖也不常住乾清宮。最後決定，就在曹端妃住處動手。但是，不能將計劃告訴曹，她目前正受寵，萬一她有意或無意吐露出來，如何是好？

*

嘉靖二十一年（西元一五四二年）十月二十日夜晚，嘉靖服用了陶仲文給他煉製的丹藥後，藥力發作，像西班牙鬥牛比賽，打了興奮劑的公牛衝進鬥牛場一樣，衝進曹端妃的宮中。他感到只一個曹端妃不夠用，又令宮女將隔壁的王寧嬪叫來，一同伺候。此時的楊金英暗中叫來另外十五個宮女，準備下手。

嘉靖像個發了情的野驢，先在曹端妃身上盡性而野蠻地發洩之後，下半夜準備和王寧嬪睡了。曹端妃按後宮規矩，「完成任務」，可以「撤離現場」，該輪到王寧嬪「接班」了。

午夜過後的皇宮，月明星稀，像墳墓一樣寂靜、恐怖。嘉靖折騰後，精疲力竭，擁著王寧嬪，像隻死豬，沉沉睡去。王寧嬪卻不得入睡，明朝後宮規定，侍寢后妃，在皇帝入睡後，躺在他身邊，不得動彈和入睡，防止后妃入睡後不知不覺碰醒皇帝。侍寢后妃眼睜睜守著身邊的「死豬」，直到「豬」起床，她們「下夜班」後再去睡，反正白天也沒事。

王寧嬪別說不許入睡，今夜就是讓她睡，她也睡不著。她看著窗外月光下，一個個宮女悄悄地匯集在院內。陰曆十月二十一日的北京，已十分寒冷，各宮殿門口都掛上了大棉門簾子以防寒。十六個宮女毫無聲響地撩開棉門簾子，潛入宮內。王寧嬪也顧不得規矩不規矩了，她赤身裸體地從嘉靖的被窩裡爬出來，剛一下床，十六個宮女立即向嘉靖撲了過來。

這些宮女進宮不過十三、四歲，現在也就十五、六歲，幾年地獄生活，把她們已經折磨得唯盼和嘉靖一道速死。她們是可憐不幸的，她們是勇敢偉大的，檔案文獻一一記載了她們的姓名，我們也寫出她們的姓名，以表悼念。

楊金英是領導者，又最熟悉曹端妃宮，在她指揮下，她先掐住嘉靖的脖子，姚淑翠將一幅黃綾抹布蒙在嘉靖臉上，邢翠蓮按住前胸，王槐香按住肚子，蘇川藥拉住右手，關秀梅拉住左手，劉妙蓮、陳菊花分別按兩腿，姚淑翠、關秀梅兩人將繩子套在嘉靖脖子上，二人一齊用力扯繩子套，人太多，其餘宮女無法擠上去，就伸手用拳亂打，有的拔下頭上釵頭針刺皇上下身。

平時，嘉靖在臣下、宮女、太監面前總是擺出不可一世、嚴威凶煞的樣子，而現在只能在開始時像宰豬般地嚎叫，掙扎了幾下，很快便沒了聲音，也不動彈了。姚淑翠和關秀梅使勁拉繩索，但就是勒不死嘉靖，原來在慌亂中，她倆繫成死結，無論怎麼拉，繩套就是不收緊，邢翠蓮感到嘉靖心還在亂蹦，她多麼渴望這顆罪惡的心臟永遠停止跳動啊！

有個叫張金蓮的宮女，也曾被嘉靖殘酷地摧殘過，她膽小怕事，本不敢對皇帝下手，因見大家群情激憤，個個胸中燃燒著怒火，自己也只好跟隨大家，眾人勒嘉靖時，她戰戰兢兢地在一旁看著，發現勒不死皇帝，嘉靖嚎叫時斷時續，劃破夜空傳到宮外，張金蓮感到大事不好，慌忙跑去向方皇后報告。

方皇后住的坤寧宮距此不遠，夜半三更，她也彷彿聽見遠方飄來一陣陣鬼哭狼嚎般的聲音，彷彿幽魂在回蕩。她正在奇怪，聽到張金蓮的報告，立即帶幾個宮女和坤寧宮守大門的太監，跑到曹端妃寢宮。宮女姚淑翠對著方皇后迎面就是一拳，陳菊花吹熄了燈，隨來的太監先守住大門，有的太監去叫人，在混亂中，十六名宮女全部被捕。

像嘉靖這號人，生下來就在養尊處優中度過，平日作威作福，濫施淫威，真的大禍臨頭，他膽小如鼠。太醫趕到時，他氣息奄奄，渾身發抖，連勒帶嚇，不省人事。太醫面對這個半死不活的皇上，都不敢下藥，知道他平日吃紅鉛和秋石，火氣特大，再下人參等會要了他的命。

太醫明白，此時只能「死馬當活馬醫」，太醫院使許紳也顧不得火氣丹藥了，下了一劑猛藥，提心吊膽地看「療效」。他知道，救不了嘉靖命，自己的罪名也和這些宮女差不多。過了幾小時，嘉靖哼哼幾聲，接著連吐半盆紫血，總算緩過氣來，大家這才鬆了口氣。嘉靖是活了，可沒過多久，卻把太醫許紳給嚇死了。

＊

在太醫搶救嘉靖的同時，天剛濛濛亮，方皇后就迫不及待地下令，嚴刑拷問這些宮女。大家反正抱著必死的信念，咬牙不招。太監此時爭相向方皇后獻殷勤，徵得方皇后同意，用燒得發白的烙鐵燙宮女，宮女被烙昏，太監用涼水潑她們，蘇醒後再烙。十六個宮女已處於彌留之際，方皇后忽然「靈魂深處一閃念」，感到宮女不招也罷，趕快殺了，以便方皇后實施一個新的計劃。她下令，將十六個宮女一律「凌遲」處死。那個去告密的張金蓮，保住了嘉靖一條命，卻沒有挽救自己一條命，也被凌遲處死。

所謂「凌遲」，又叫剮、臠割、寸磔。這些不寒而慄的酷刑，自五代開始，專門用來對待不忠（叛逆、謀反、造反）、不孝（子弒父、祖）、不節（妻殺夫）和不義（殺友、僕殺主）等所謂「十惡不赦」之人。

受刑之人，在刑場被綁在一個大木樁上，劊子手先用刀將犯人頭皮割下蓋住他雙眼，再從左右胸割起，共割三千六百刀，每刀割下大拇指甲片大小的肉，為了延長犯人痛苦時間，每割十刀歇一會兒。頭一天先割三百六十刀，要做到不割到最後一刀，犯人不能死，直到犯人血已流盡，肉已割光，劊子手最後割下心臟，犯人才最終死亡。有的犯人家屬為讓受刑親人少受痛苦，重金買通劊子手，先暗中一刀刺中心臟，再一刀一刀慢慢去割。「凌遲」於清光緒三十一年（西元一九〇五年）才被廢除。但是，二十世紀六〇年代在大陸「文革」動亂中，有的地區紅衛兵又以這種殘忍無比的手段去殘害所謂「階級敵人」，令人髮指。

我總在想，偉大的中華民族孕育了輝煌燦爛的人類文明，為什麼僅僅為了維護封建專制，竟能發明出如此慘無人道的酷刑？為什麼統治者的「聰明才智」（如果他們還有的話）都用在了這些上面？檔案文獻記載，對十六名宮女凌遲處死那天，北京城大霧彌漫，連續三、四天不散，上天有情，也在為可憐的少女悲傷。

＊

方皇后也是個有「聰明才智」的女子，將十六個宮女凌遲處死後，高舉為皇上報仇的「正義大旗」，擺出一副除惡務盡，「打不盡豺狼，絕不下戰場」的巾幗英雄姿態，下令將王寧嬪、曹端妃一併拷問。

以前嘉靖寵幸過王寧嬪，讓方皇后夜夜守空房，尤其王寧嬪還生了個兒子，更令無子的方皇后嫉妒、恐懼。幸虧王寧嬪的兒子夭折，但方皇后這口氣多年未出。

還有那個曹端妃，一身狐媚，把皇上的魂全勾走了。完全不把我這皇后放在眼裡。

想到此，方皇后令嬪、妃、宮女全體集合，觀摩太監如何拷打王、曹二妃。方皇后口中說：「看今後誰還敢讓皇上遇害？」心中說：「看今後誰還敢讓皇上寵幸！」王寧嬪一言不發，對於今天的下場，大約早有思想準備。而曹端妃不停地喊「冤枉」。方皇后又醋又恨，藉口曹端妃不招，竟親自奪過太監手中皮鞭，狠狠抽了曹端妃幾下。方皇后猛地驚醒：萬一皇上醒了，赦免曹端妃怎麼辦？於是匆匆下令，在宮中立即將王、曹凌遲處死。事後方皇后很為自己「以權謀私」、「公私兼顧」、「公報私仇」之舉洋洋自得。

這場「壬寅宮變」，不僅是嘉靖一生中經歷的唯一夠得上「驚天動地」的大事，也是在大明史中算是上檔次的重大事件，亦是中國昏君穢史中十分「精彩」的一頁。皇上遇上這等不光彩事，有損「偉大領袖光輝形象」，本著「為聖者諱」的原則，是不入本朝史書的。但是，這件事太轟動了，任何人皆無法回避，特別是中國歷朝的《實錄》，歷來有美化帝王、「《實錄》不實」的問題。在《明實錄》中的第二六七卷，大明史官也不得不寫：

> 時諸婢為謀已久，聖躬幾危，賴天之靈，逆謀不成。當時中外震惶，次日始知上體康豫，群心乃定。

除了「賴天之靈」是胡說八道外，什麼「諸婢為謀已久，聖躬幾危」等語，雖輕描淡寫，語焉不詳，但還算實話。寫本朝皇帝，顧不上「聖諱」，可見這個皇帝也真夠太不是東西了。

嘉靖二十一年十月，朝鮮使臣正在北京，親歷了這場宮變。他們回國後可以毫無顧忌、如實地向朝鮮國王彙報他們在中國見到的一切，《李朝實錄．中宗實錄》記載：

> 臣（嘉靖二十一年）十月二十二日到北京，見東西角城頭，將宮女十六人剉屍梟首。問之，則宮婢楊金英等十六人共謀，二十一日夜，乘皇帝醉臥，以黃絨繩用力縊項。事甚危急，宮人張金蓮覘知其謀，往告方皇后。皇后奔救，則氣息垂絕，良久復蘇，命召六部尚書會議定罪。

嘉靖又服了太醫許紳開的幾副藥，脫離了危險，逐漸康復。「狗改不了吃屎」，他剛活過來，就立刻向陶仲文索要紅鉛和秋石。陶仲文何等狡猾，那幾天聽說嘉靖可能要死，擔心如果這時有人讓自己用法力救皇上，而自己知道所謂的「法力」是騙人的，萬一皇上死了，自己的騙術被識破，也沒好下場。而且，從方皇后到大臣，原本都不相信自己的功力，萬一皇上死了，肯定會怪罪下來。因而陶仲文躲了幾天，方皇后一時也急得忘了陶仲文，她平日就恨透了陶仲文給皇上煉製紅鉛和秋石，讓皇上成天像頭野驢似的，沒日沒夜地扎在妃子宮中。現在嘉靖靠太醫許紳的藥，又活了，陶仲文不失時機地又跑回嘉靖身邊，稱自己這幾天專為皇上設壇祈禱，皇上才轉危為安。

嘉靖吃了丹藥，自然想起了曹端妃。有個太監和一宮女「對食」（明皇宮盛行一對太監、宮女像夫妻一樣生活，亦稱「搭夥」）那宮女告訴自己的太監「丈夫」，方皇后冤殺曹端妃之事，這太監又告訴了嘉靖。嘉靖心想，這是后妃間的妒忌，也沒完全當回事。但是，他倒是警惕方皇后，認為她是個心狠手辣的女人，竟害死曹端妃。嘉靖一生只想自己，根本不為曹端妃的冤屈氣惱，他只擔心方皇后會不會也對我皇上下毒手？所以要提防她。

嘉靖二十六年（西元一五四七年）十一月，後宮失火，大火將方皇后困於宮中，嘉靖傳旨，不許救方皇后。方皇后自己衝出火海，僥倖未死。事後，她知道嘉靖的態度，加之在曹端妃事上自己問心有愧，夜間經常夢見已成厲鬼的曹端妃向她索命。她終日擔驚害怕，身邊的太監、宮女知道她已失寵，也對她冷眼敷衍，方皇后不久便抑鬱、恐懼而死。嘉靖的第三個皇后就這樣死了，嘉靖從此一心修道，再未立皇后。

經歷了壬寅宮變，嘉靖差一點把命丟了，按說，任何人在大難不死之後，總要總結一下歷史教訓，尤其要冷靜、客觀地剖析一下自己得失。嘉靖已經三十六歲，當了二十一年皇帝，他是如何總結的呢？

一切統治者都認為，他幹的傷天害理事是應該的、必要的，因而他不會自責，也就注定他始終愚昧，統治時間越久，愚昧越嚴重。對於那麼多朝夕相處的宮女，為什麼她們不惜失去自己年輕的生命，也要置嘉靖於死地？嘉靖對此沒有一絲一毫的反思與愧疚，這個問題他連想都沒想，他認為大難未死，是因太上老君和列祖列宗的庇佑，因而他認為自己瘋狂地迷戀道法，是完全正確的。人不可能不犯錯誤，犯了錯誤，要善於認識到自己錯在什麼地方，若犯了錯，渾然不覺，那麼他必然不停地再犯同樣的錯誤，且越犯越嚴重。

但是，每到夜間，嘉靖眼前總浮現揮之不去的景象：那天夜晚，他在驚恐中睜開眼，看到的宮女，不是平日恭順謙卑、強顏歡快的樣子，個個怒火萬丈、眼神凶狠，臉上彷彿又流露出因復仇而產生的喜悅。嘉靖每見到這些，總大喊大叫，也嚇壞了身邊侍寢的妃子。

不僅嘉靖一個人，那些后妃、宮女、太監都感覺到，在方皇后的「大清洗」之後，皇宮內始終陰魂不散。有時前半夜還月光皎潔，到了後半夜，突然烏雲遮月、黑風頓起，隱隱聽到女子的哭泣聲，似斷似續。有的宮女甚至聽見「我們已經死了，皇上你為什麼還不死？我們死不瞑目啊！」讓人毛骨悚然，不寒而慄。

嘉靖害怕，他不認為死者可憐，只是出於動物恐懼本性，讓陶仲文作法驅鬼。陶老道比嘉靖明白，他知道嘉靖血債累累、罄竹難書，不可救藥。但是在皇帝面前，天機不可洩露。他經過周密部署，在曹端妃宮院內設壇驅鬼。他披頭散髮，手持寶劍，時而捕風捉影，時而念念有詞，只見他睜大眼睛，狂吼：「哪裡走！」一劍直插曹端妃宮門口地面，煞有介事地令太監掘地三尺。果然挖出一女屍，滿臉血污，無法辨認。真不知陶仲文又害了哪個屈死鬼，事先埋在這裡。嘉靖對陶老道口服心服，言聽計從。陶仲文擔心真的陰魂不散，自己法術不靈，遂建議嘉靖遷居「吉祥之地」。

嘉靖的胡作非為，終於激怒了一個人，他就是海瑞。

22 海瑞上疏

嘉靖死前兩年多一點，海瑞從江西興國知縣任上，調到京城戶部雲南清吏司任主事。明朝內閣下設吏、戶、禮、兵、刑、工六部。戶部負責徵收錢糧賦稅，設尚書一人，正二品，相當於今日部長；左右侍郎各一人，正三品，相當於今日副部長；在戶部依雲南、浙江等各省設十三個清吏司，各司郎中一人，正五品，相當於今日正局長；各司設主事二人，正六品，相當於今日副局長。

海瑞從江西興國縣的「七品芝麻官」升為六品主事，等於今日從正處級縣長提升為中央大部的副廳局級，算是「高幹」了。他雖然進了中央，但中央京官絕對比不上「七品芝麻官」實惠，所謂「三年清知縣，十萬雪花銀」，是大體準確的。不過，這對於「兩袖清風，一塵不染」的海瑞來說，在哪裡幹，幹什麼，都是「為人民服務」，都無所謂。

海瑞任主事的雲南清吏司，主要負責徵收賦稅錢糧、解送進京事宜，以及有關錢糧的徵收、存儲和發放，他只要把這些事管好就可以了，就算勝利完成任務。但是，讓海瑞名垂千古、流芳百世的，不是他負責的經濟工作，而是一件輪不著他這個「副局級」主事幹的份外事。

海瑞進京後，瞭解朝廷消息確實更快、更靈了，聽到不少有關當今萬歲的汙聞穢事。開始，他還將信將疑，自幼受到忠君教育，使海瑞思想上根深蒂固地堅信，一切皇上都是「真龍天子」，是神，必然「偉大、光榮、正確」。尤其他一直在遠離京城的貧困山區，資訊閉塞，流傳的小道消息連真帶假，但是有一點是他堅信不疑的：當今皇上乃堯舜之君，有湯武之德。

海瑞進了戶部，所接觸到的事實，都是國家財政惡化的真憑實據，這引起了他的深思，使他聯想到皇上不齒於人的傳聞，海瑞傳統忠君思想和他接觸的現實，產生了極大矛盾。

另一件令海瑞由不解到不容的現象，是他身處的官場腐敗狀況。他以前一直活動在偏遠山區，最大的官所見也就是縣衙門裡那幾塊料，虛偽、庸俗、無能和自私，帶有愚昧無知、閉目塞聽、滑稽荒唐的成分。本以為朝廷的中央大員，見多識廣，經天緯地，應該都是安邦治國的棟梁之才。海瑞在京城也夠得上接觸達官顯貴、朝廷重臣了，沒想到中央要員一個個更加虛偽、庸俗、無能和自私，還常有狡猾陰險、心懷鬼胎、卑鄙無恥、裝傻充愣的成分。

海瑞每日到戶部上班，同事們都在那裡聊天、品茶、打盹、發呆，那時還沒有「參考消息」（大陸發行的內部報刊）看，更沒有上網玩遊戲。來了公文，看也不看就簽發，一推六二五，就這種人浮於事混日子的工作態度，每個官員還成天喊「忙死了」。要說忙，也有人在忙，那是「無事忙」，讓我們看看他們是怎麼「忙」的？僅舉一例。

任何官員，可以人事不懂，但他們共同懂得一點：讓上司相信自己。因而，凡給皇上、內閣的奏疏、呈文，都要極力表現出自己工作認真、盡心竭力、精益求精的姿態。為此，戶部的統計者，大顯身手，給皇上、內閣奏報戶部共徵收多少糧食，統計數目必須精確到「石」（古代衡量糧食重量的單位，十斗為一石）以下十二位。海瑞就見過一份報內閣題本，內寫戶部存糧為「二十五萬石五斗九升九勺六秒四撮七圭七粟四粒五黍一稷六糠」，統計細到要把一粒大米分到一萬億分之一。海瑞辦事認真，上報多少糧食，他都要親自到倉庫過秤，才准予奏報，但是，上報數字是一粒糧食的一萬億分之一，非要用顯微鏡看這粒分割後的糧食不可。

戶部規定，上奏銀兩數，也要「認真」計算到一兩白銀以下的十二位：海瑞經常經手這樣的文件，有的統計白銀為「十萬四千兩一錢三分四釐一毫二絲五忽六微九纖七沙五塵二渺九漠」，也是要把一兩銀子分成一萬億分，這回得用電子顯微鏡才能看到，好在總計數字報上去，上邊也不看，照樣簽收。上下彼此，馬馬虎虎，如此「過細」能不「忙」嗎？

海瑞由此想到，給皇帝進諫，是言官和傳統重臣的責任，看來他們也一定這個德行，尸位素餐，當一天和尚撞一天鐘。海瑞面對徹底失望又無法容忍的現實，他耿介的性格決定實踐「文死諫」的說教，不顧個人安危，做一個秉筆直言的忠臣，一吐為快，為國盡忠。

*

任何朝代的官場，說真話的官員不多，因為，願意聽真話的上司不多。古往今來，書呆子倒楣，都倒楣在他那張嘴上，都在於又愛議論時弊，又要堅持真理，書呆子說的話，也許不錯，但是，真理在現實中往往行不通，因為，歷來對真理的解釋權，掌握在違背真理人的手中。

海瑞從進京到給皇帝上疏，不過才一年的時間。他深知人民的疾苦、官吏的腐敗、皇帝戀道、不理朝政。海瑞在這一年裡感到骨鯁在喉，不吐不快，嘉靖胡作非為，不顧羞恥的事，已經到了天理不容的地步。

一般人的晚年，應從生命的最後幾年算起，嘉靖的晚年，足足度過了二十五年。在這四分之一世紀，他肉體還算個人，但他認為，自己的靈魂已「得道成仙」，實則是個行屍走肉。

王寅宮變，嘉靖撿回一條命後，他聽了陶仲文的建議，決定搬到北京紫禁城的西側，著名的中南海。中南海在明、清兩朝叫西苑，北京缺水，沒有河流湖泊，只有中南海、北海這一帶有個天然湖泊，西山泉水流至此，成為北京城最宜人的地區。嘉靖遷居這裡，因其風景秀麗自不待言，還因這裡是朱元璋四子朱棣在當燕王時的王府，後來他發動靖難之役，奪得政權，當了永樂皇帝，西苑就是潛龍邸，肇興之地。再者，這裡從未死過皇帝和后妃，嘉靖覺得西苑很吉祥。

嘉靖在西苑已經在意識上人妖顛倒、是非混淆，如果說早期的嘉靖迷信邵元節、藺道行、陶仲文等，他們多少懂點道教，連真帶假、連蒙帶唬，還歪打正著過幾件事。可到了陶仲文之子陶世恩接班後，他整個一個徹頭徹尾的江湖騙子，不顧已近花甲之年的皇帝死活，成天誘騙他吃鉛丹秋石，藥性發作，就在妃子、宮女身上發洩。六十歲的人了，這簡直如釜底抽薪，他已經鉛中毒，那時還不懂這個醫學道理，嘉靖的性格本來就多疑陰鷙，現在變本加厲地暴虐專橫，喜怒無常，成為古往今來罕見難得的人鬼混合物。

嘉靖自己講過這樣的話：我已經是世外之人了，所以才別居西苑，專心奉玄修道。在他生命最後二十五年的悠悠歲月，他已徹底墮落，在精神上，他由以前相信江湖術士是為了健康長壽、增加性慾，發展成現在想達到長生不老、羽化成仙、超凡入聖的妄想狂，全力開動政權機器，朝虛幻的瓊林仙境瘋狂前進。

在處理朝政上，這個另類怪物終日朝真拜斗、誦經煉丹，不再過問國家大事。他左手用陶仲文給他齋醮煉丹，右手用嚴嵩等人給他總管政務，他倒是「大撒把」（什麼都不管），二十五年不上朝，在這期間僅見群臣三次，國家政權機器基本癱瘓。半人半妖的嘉靖，又死死握權不放。嚴嵩可以賣官鬻爵、貪污腐化、把持朝廷，胡作非為，但是，面對死死控制權力的皇上，重大決策，嚴嵩必須面聖請旨。嘉靖從靈魂到肉體，已不再為當時的社會所容納，他既無心關心這個社會，也不瞭解這個社會，但他卻堅持要對這個社會頤指氣使，亂降聖旨，不把這個社會徹底擾亂，他死不瞑目。

嘉靖所頒聖旨，有如寫青詞，嚴嵩替他擬旨，也通篇黑話，不像人言，而且，處理政治、經濟、軍事等要害問題，嘉靖也要祈禱、占卜，遵從玉皇大帝、太上老君的意旨。宮中大批老道雞一嘴、鴨一嘴地瞎起哄，商議朝政彷彿在趕廟會，滿宮殿神仙、老道，嚴重的後果是出現了「政教合一」的危險徵兆，嚴嵩專權二十年，協助嘉靖搞「政教合一」，是嘉靖統治最黑暗的時期。

宗教是一種信仰，講「出世」，即脫離凡塵；政治是統治，講「入世」，即實際利益，二者本不是一碼事。嘉靖把道教信仰和政治統治攪和在一起，使得凡想升官發財、魚肉百姓的人，必先裝出一副虔誠信仰的假象，一旦混得身受嘉靖賞識，再「打著紅旗反紅旗」，高唱為純潔宗教，實現人間天堂，實則男盜女娼、以謀私利，以售其奸，因此，先進制度的國家是不允許政教合一的。

嘉靖深居西苑，二十多年不理朝政，對外界事物一無所知，但又死死握著殺伐決斷大權。朝中大臣稍不留神，已不是人類正常思維的嘉靖的屠刀，就會莫名其妙地向你揮來。他在殺人上，行動果斷，立竿見影，說殺就殺，絕不手軟，有些被殺大臣死到臨頭都不知原因何在。嘉靖越要走向墳墓，越難伺候，越攪亂千瘡百孔的王朝，也越暴虐。殺大臣幾乎成了嘉靖僅次於迷戀道教和服食鉛藥的精神生活。嘉靖在西苑的宮殿，彌漫著陣陣妖氣和殺氣，他身邊的太監、后妃、宮女，人人自危，還都得裝出廣被恩澤、吉祥喜慶的假象，明明提心吊膽、度日如年，卻一個個裝得身在仙境、陽光雨露的樣子。這些情況從朝堂到市井，無人不曉，只不過敢怒不敢言，甚至不敢怒也不敢言。人神共盼嘉靖速死，卻還要歇斯底里狂吼：「敬祝他老人家萬壽無疆！」他老人家真要「萬壽無疆」了，中國還不知會什麼樣子？

＊

明永樂年間建北京城時，在城內東邊的朝陽門裡和西邊的阜成門裡，各修四座牌樓，而稱「東四牌樓」和「西四牌樓」，巍峨壯麗，二十世紀五〇年代初，據說因為牌樓妨礙交通，而十分遺憾地將東、西共八個牌樓悉數拆除。其地名也就空剩下「東四」、「西四」了，空留至今。

單說明代的「西四牌樓」這個鬧市十字街口，是斬殺死刑犯人的刑場，明朝皇帝從朱元璋算起，個個嗜殺成性，殺大臣成了家常便飯。西四這個十字街頭，在明代亦成了市民看殺人的觀光遊覽勝地，四周店鋪林立，為這些「觀光客」提供各種服務。

其中有一種店鋪在西四買賣興隆、財源茂盛，就是棺材鋪，無論有罪還是無罪的犯人，被殺後，死者家屬來收屍，可以「就地取材」。生意人何等精明，眼見今日斬江洋大盜，明日剮忠臣良將，紛紛在西四十字街口開棺材鋪，幾乎形成棺材鋪「一條街」，生意十分好，可惜那時還沒有證券市場，若發行棺材股票，依照明帝殺人速度，棺材鋪股肯定是大牛股。

嘉靖四十四年（西元一五六五年）陰曆十月，北京已是秋末冬初，一片肅殺蕭瑟景象。一天早上，一個四十歲左右的人來到「西四牌樓」棺材鋪「一條街」，進了幾家店鋪，連砍價帶看貨，最後挑選一具中下等質量的黑色棺材，這人將銀子給了店主後，店主恭恭敬敬問：

「老爺，您貴姓？這棺材送到哪去？」

「我姓海，名海升，不是老爺，是下人。這棺材明天一早抬到西安門！」

棺材鋪老闆一聽「西安門」，差點沒嚇暈過去。西安門是皇宮的西大門，也叫西華門，接受奏疏的通政使司辦公處，上朝官員進入紫禁城的西大門。嘉靖久已不住皇宮了，但大臣的奏疏仍要送到此地。老闆看了看這老頭，不像瘋子，何況又付了銀子，再次誠惶誠恐、試探地又問一遍：

「海老爺，這棺材明天一早送到哪？」

「西安門！」海升沒好氣地重重擲出這三個字，頭也不回地出了棺材鋪。

＊

海瑞的夫人姓王，是海瑞的母親謝氏給包辦的，既然母親看上王氏，海瑞只能同意，「父母包辦，媒妁之言」嘛。海瑞和王氏也談不到有什麼感情，反正她給海瑞生了兩個兒子，海瑞給起名中砥、中亮。謝太夫人過不慣北方寒冷的冬天，就留在江西，由王氏和中砥、中亮兩個孫兒陪伴、服侍，海瑞隻身帶了老僕海升進京。

海瑞自從萌發了給皇帝上疏的念頭，就托人給母親捎信，表示自己十分掛念母親的身體。由於公務繁忙，不能南下見母以盡孝道，不知能否讓王氏攜二子進京一見？寫至此，海瑞想到母親幾十年守寡，受冰霜之苦，自己和老母、妻、子分別一年多了，這次給皇帝上疏，還不知此次給母之信是否訣別書？海瑞仰天長歎之餘，老淚縱橫。

謝太夫人時年七十七歲，通達人情，體念兒子，同意讓王氏帶兩個孩子北上進京，讓他們一家團圓。王氏聽到婆婆說，讓他們母子三人去北京，夫妻團聚，久別勝新婚，王氏本應高興，但內心卻充滿了矛盾。

海瑞生性古板、挑剔，一本正經、不苟言笑，是個極端講原則的人。他一生信守孔子的「君子不重，則不威」，以及孔子對顏淵講的「非禮勿視、非禮勿聽、非禮勿言、非禮勿動」。至於孔夫子本人能否百分之百地做到這些，海瑞並不在乎，但是，海瑞是嚴格要求自己百分之百地做到的，其精確程度，不遜於太空人對接太空船。

海瑞的原則，不分場合、不分時間、不分對象，他也嚴格要求別人必須一絲不苟地遵守、實踐聖人之言，人人都要將「最高指示」溶化在血液中，落實在行動上。他在家外要求別人做到，大多數人當面敷衍他，背後哂笑這個老古董。問題是，海瑞回到家，經常是揣著一肚子氣，嚴厲地要求妻、兒也必須遵守他的那些苛刻原則！天下哪有那麼多原則？何況夫妻、父子之間，事事都講原則，那生活成了什麼？因而，海瑞只要在家，家中空氣凝固、恐怖，也真難為他的妻、兒能跟他一塊生活，恐怕比下井挖煤的工人還無時無刻地提心吊膽吧？

以往王氏母子和丈夫見面，海瑞第一句話總是指責：耳墜選的太大了，為什麼不戴媽送妳的那個手鐲？手指甲太長，可見在家總不幹活……等等。海瑞對兩個兒子，也總是不滿，批評個沒完，一點沒有多日不見思念之情，弄得家人團聚像個大批判會。

令王氏吃驚的是，此次她們娘兒三個千里迢迢見到海瑞，不僅沒有受到任何批評，反而彷佛見到了另一個海瑞：只見他一手摸一個兒子的頭頂，臉含淡淡的微笑，不住地說：「長高了！長高了！」然後深情地看著夫人王氏，和藹地問：「媽好嗎？」

海升讓廚子備好晚飯，海瑞邊飲酒，邊教導兩個兒子，「忠厚傳家」，要「詩書繼世」。一路勞頓，飯後，兩個兒子由海升帶著去睡覺，海瑞和王氏剪燭夜話。海瑞詳細地問了母親謝氏的情況，取出二十兩銀子，說這是自己在京做一年官攢的，妳日後回江西，交給老母，既盡養育之恩，又可讓老母頤養天年，說到此，海瑞嗚咽得無法言語。

夫人王氏本質賢淑，相夫教子，侍奉高堂，對脾氣暴躁的海瑞，她逆來順受，寡言少語，海瑞還有兩妾，王氏也將妻妾關係處理得很好，忍讓得體，相安無事。

今晚，王氏見海瑞有些反常，更不敢出聲，只默默地給丈夫倒茶，呆呆地陪坐一旁。海瑞向來不跟妻妾談公務，他堅信「女人不得干政」的信條，他只將在外面生的一肚子氣，向母親謝氏傾訴，他溫順地聽從母親的勸慰，彷彿是母親輕輕地撫摸著的一隻羔羊。

今晚，海瑞沉默良久，自言自語：「不憂身死，但悲國衰」。正巧王氏過來倒茶，海瑞胸中怒火彷彿又爆發出來，向妻子簡略講了皇帝迷戀得道成仙，幾十年不理朝政，國窮民困，外族入侵，邊疆告急，忠臣不能用，小人不能除，自己決定以死進諫，「文死諫，武死戰」。已派海升買了棺材，明晨抬到西安門，叫你們母子進京，就是見上最後一面，我死後，望妳將老母養老送終，撫養孩子成人，我在九泉之下，亦可瞑目了。王氏聽不太懂什麼「諫」、「戰」的話，但她明白，海瑞要冒犯皇上，然後可能被皇上殺了，王氏不知說什麼好，也不會說幾句溫暖的話，只是暗自流淚。

今晚，海瑞極難得地摟著妻子的右肩，一同向床邊走去，二人都知道要做什麼，像海瑞這種受理學浸染極深的人，他不可能認識到理學的殘酷與虛偽成分，他自律、虔誠、克己、斂容，尤其像孟子所說「慎獨」。儘管海瑞認為，即使妻子由母親包辦，明媒正娶、三從四德，還給他生了兩個兒子，可以說是個「完美」的妻子，但是，海瑞仍要納妾，他堅信，納妾和娶妻一樣天經地義、合理合法，納妾多少，就像現代軍人肩章上的花，數量多少，代表主人的「自身價值」。

可是，每當海瑞和妻妾「臨床」時，即使在帳帷內，他也恪守分寸，彬彬有禮，保持著一個正派讀書人的體面尊嚴。上床前，他將脫下的衣服疊好，對妻妾淡淡微笑，彷彿略有感激與歉意，妻妾平日緊張的心情一時得以放鬆。海瑞也是有血有肉、有七情六慾的人啊！

*

嘉靖四十五年（西元一五六六年）二月，「書呆子」海瑞犯上了「軸」勁，給嘉靖上了一道披瀝肝膽的〈治安疏〉，即著名的〈直言天下第一事疏〉。他此時對皇上抱著既希望又失望的複雜心情，他的「忠君」意識使他仍然幻想「英明偉大」的皇上，也許會納諫，這樣，大明中興就指日可待，使他抱有希望。但是，他又深知，皇帝永遠是正確的，指出皇帝過失，就犯了欺君之罪，必死無疑，他又感到不可能指望皇上納諫，甚至還會招來殺身之禍。他以失望的心情買了一口棺材，準備以身殉國。

海瑞這個讓王陽明的理學給洗了腦的書呆子，向嘉靖奏道：

> 皇帝應對天下百姓和萬物負有極大的責任，任何一位皇帝，能否盡到自己作為一個君主的責任，關鍵在於能否讓臣民暢所欲言地講出自己要說的話，這樣才能「正君道，明臣職、求萬世治安」。
>
> 陛下一意迷戀修道，雖然您富有四海，卻不想想這都是民脂民膏；您大肆修築道觀，二十多年不理朝政，使得整個國家綱紀廢弛、腐敗昏暗，文官貪錢，武將怕死，民不聊生，經常水旱，盜賊猖獗。
>
> 現在這個險惡不堪的局面是陛下登基以來前所未有的。陛下耗費鉅資修道，日甚一日，

百姓家家窮得空空如也，大家都說：「嘉靖者，言家家皆淨，而無財用也。」天下人不敢對陛下講真話，已經很久了。

陛下的錯誤太多了，最大的錯誤就是迷信道教而修醮，希望長生不老，得道成仙。鼓動陛下修道的陶仲文，您尊稱他為「師父」，他已經死了。他都不能保住自己長生不老，怎麼可能使陛下長壽？至於什麼天賜仙桃藥丸，都是矇騙您的怪妄之舉，您怎麼就看不出來呢？陛下信以為真，實為大錯。

可憐的中國書呆子，總像東郭先生一樣，對待惡狼，一向以慈悲為懷，根本不看看對方是個什麼東西。海瑞更是天真得可愛，幼稚得可笑。他在本奏疏的最後，竟然異想天開地渴望嘉靖，只要痛改前非、幡然悔過，就可以成為堯舜之君。他寫道：

陛下如果真的知道齋醮無益，一旦幡然悔悟，每日上朝，和朝臣講求天下利害，洗數十年之積誤，置身於堯、舜、禹、湯、文、武之間，使諸臣洗去數十年阿諛迎奉皇上的恥辱，成為歷史名臣，天下何憂不治？萬事何憂不理？這只靠陛下振臂一揮就可以做到！

海瑞大概永遠不可能明白，嘉靖庸劣愚癡已病入膏肓，他先天就不是仁君的料，後天也不是明君的胚子，跟他談堯舜無異白費口舌。

＊

嘉靖二十幾年不理朝政，奏疏都由嚴嵩、嚴世蕃父子處理。嚴嵩倒臺了，又由幾個權臣批閱。但是，嘉靖天生就像一條狗，什麼事都愛摻和一下，有時窮極無聊，也要幾份奏本看看。大臣公事用題本，私事用奏本，嘉靖對公事不感興趣，大多要幾份奏本，看看都誰進貢了金銀財寶、太監美女；誰又推薦了神仙道士；誰又告發了誰；哪裡出了奇聞軼事等等。他看奏本就像今天看街頭小報、花邊新聞，總之，只要不是正經事，皇上全部感興趣。

海瑞這個奏疏，雖係公事，但屬進言性質，不存在請示事宜，按照明朝規定，一律用奏本。這回內閣看後，應當以皇帝的口氣草擬個批示，稱「批紅」或「票擬」，供皇帝定奪時參考。這回內閣官員看了海瑞的奏本，倒吸一口涼氣：好傢伙，罵上皇帝了，找死啊！誰還敢「票擬」？內閣官員一合計，這個奏本，既沒法票擬，也沒法送到相關的部去辦理，又不敢扣押，乾脆直接送呈皇帝，看看皇上如何發落此事？

內閣官員將一大疊題本和奏本送到西苑，歷來宦官接收後，由宦官轉呈皇帝，在呈上的題本中，有不少屬於大事、要事、急事，太監可不管這些，拿到自己房間，隨便一扔，什麼時候想起來了，什麼時候隨手撿幾份給皇上，反正皇上也不大看。有的題本或奏本就被太監引火用，甚至當手紙用。大臣萬一有極其重要急事，必須立即得到皇帝指示，只有賄賂太監，讓太監特地關照這個題本，務必儘快讓皇帝見到，一般選在皇帝高興或無事時呈上。其實皇帝天天無事。

海瑞的奏本交給太監後，太監很奇怪，別的題本或奏本，都夾著一張寫著「票擬」內容的紙，而海瑞這份奏本，令人醒目地沒有。太監心想：內閣辦事再馬虎，也不敢馬虎到皇帝頭上啊！就問內閣官員是怎麼回事。官員幾乎天天送題本、奏本，和太監也混熟了，故作神秘：「公公，您看看就知道了。」並簡要介紹了海瑞何許人也。

明代大太監干政嚴重，一般送文件的小太監，不大關心朝政，他們文化素質也低，很多文件根本看不懂。這回他們一知半解地看了海瑞的奏本，算是開了眼，根本不去考慮海瑞講的有無道理，只是好奇：皇帝看後，龍顏大怒，會怎麼處置海瑞？

太監把海瑞的奏本放到一疊題本的最上邊，擺到嘉靖御案上。太監們私下見到戶部官員，偷偷打聽有關海瑞的小道消息，才知道，他已經買了口棺材，準備一死。太監們納悶：海瑞這倒是何苦來哉？當然，他們永遠也不可能理解。

一疊奏疏在御案上放了十幾天，嘉靖連正眼都沒有看一眼。可巧，有一天太監黃錦看皇上實在閒得難受，他以幸災樂禍的心情，急切地想知道嘉靖的態度，以往整理御案是小太監的事，像黃錦這樣皇帝貼身大太監，不屑於幹這種下等事。但是，今天的黃錦「勤勞」起來，竟親自整理御案，並故作驚奇地自言自語：「這個奏本怎麼沒夾著票擬？」

嘉靖自己天天犯錯誤，卻絕不容忍臣子有錯，他本能地反應：難道內閣忘了票擬？任何人在皇帝面前都永遠掩蓋自己真實的內心世界，而裝出一副假象，只有皇帝歷來都是喜怒形於色，黃錦見坐在御座上的皇帝表現出生疑的樣子，往後背一靠，閉上了眼睛，這就暗示太監，可以念奏疏了。

明朝自成祖以後的皇帝，多倦朝怠政，懶得看奏疏，就讓太監念，一般情況下，皇帝有時連一份都沒聽完，已進入夢鄉，甚至口水流一身，太監仍然一板一眼、抑揚頓挫地念，不敢停下。

一是反正皇帝即或不睡，也不認真聽，一點也不往心裡去，念也是白念，這僅是一種皇權象徵，表示皇帝仍然乾綱獨斷，大權在握。至於他「斷」不「斷」，「握」不「握」，另當別論。有的皇帝是反對這種「形式主義」的，乾脆讓太監、權臣去批閱奏疏。嘉靖在西苑的二十五年裡，採取「折中主義」辦法，又讓嚴嵩全面主持日常事務性工作，又令嚴嵩必須大事向皇上請示彙報，又令太監念奏疏，又似聽非聽，擾得朝政亂七八糟。

二是有時太監看到皇上睡著了，就逐漸放低聲音，怕吵醒嘉靖，很快聽到聖上鼾聲如雷，太監知道，皇上白天齋醮誦經，夜晚縱情聲色，日夜加班，黑白煎熬，心疼皇上，聲音由強到弱，由弱到無，便不再念下去。皇上都快羽化成仙了，自然有超乎常人的特異功能，確實功力不凡：只要太監還出一絲細聲細氣的如蚊子哼哼似的聲音，嘉靖就香甜地呼呼大睡；只要太監一停，嘉靖彷彿被「無聲」給驚醒，厲聲責問太監：為何不念？

太監不能停止這種催眠作業，又朗朗念起來，皇上繼續沉入夢鄉。太監可不是浪費人力資源的傻瓜蛋，為了節省能源，減少無效勞動，念奏疏時，一律偷工減料，念念開頭，念念結尾，一會兒就念完了一大疊，皇上剛一聽不見這特殊的催眠曲，迅速醒來，知道已「批閱」完畢，立即精神抖擻、神采奕奕地去齋醮或找哪個妃子去了。

＊

今天，太監黃錦不等嘉靖入睡，上來頭一份就念海瑞的奏疏，嘉靖剛剛閉上眼睛，就聽出不大對勁，這回黃錦一字不漏地念到「嘉靖者，言家家皆淨，而無財用也」時，因生平頭一次聽到批評，而驚得呆若木雞、不知所措的嘉靖，聽到太監念到「嘉靖」，他的魂兒似乎才被勾回來，又恢復了他暴怒瘋狂的本性，從御座上竄起來，衝向黃錦，一把奪過奏本，以平生除了看青詞以外，從未有過的認真態度，一口氣看完了海瑞的奏疏，勃然大怒，把奏本往地上一扔，狂吼：「把海瑞抓起來，不能讓他跑了！」

黃錦從地上爬起來，勸皇上息怒道：

「海瑞是個有名的書呆子，聽說他上奏本時，自知觸犯皇上必死無疑，所以事先就買好了一口大棺材，和全家告別，連僕人全打發走了，估計他不會逃跑。」

嘉靖知道海瑞不會逃跑了，才放下心，又令黃錦將海瑞的奏疏從地上撿起來，重新呈上，看了看前半部分，自言自語地說：「這便是你海瑞的罪證，諒你也不敢跑！」

嘉靖雖然將題奏中反映的國家大事全然不放在心上，尤其對大臣建功立業、報效疆場之事跡，皆當作耳旁風，聽後就忘，或根本不聽，但是，他極端記仇，誰偶有過失，或說過什麼他不愛聽的話，他終生牢記，一點不忘，這也算是嘉靖記憶超人的特異功能。何況這次海瑞點名道姓地批評了他，他更念念不忘。他說：「海瑞把自己比作比干，難道我是商紂王嗎？」（比干是商紂王之叔。紂王淫虐無度，國勢危殆。比干以死力諫，勸以修善行仁。紂王惱羞成怒，將比干殺死。傳說，比干心有七竅，紂王將比干剖腹驗心，看看其心有幾竅。）

果不其然，過了幾個月，嘉靖找個藉口，把海瑞下詔入獄，派錦衣衛把海瑞押到東廠去審議。東廠是明朝由宦官管理的特務機構，專門迫害忠良，東廠特務遍布全國，誰若對皇帝的昏庸、宦官的擅權、朝政的黑暗、人民的疾苦，無論在任何場合，稍稍流露出不滿，口有微詞，東廠特務都能立即得到情報。別看大明帝國各級政府人浮於事，效率低下，但是整起人來，政府機器快速運轉，各級官吏彷彿上了發條，以極高的工作效率捉人、拷問、整死。尤其有對宦官專政不滿者，東廠特務以極大的「階級仇恨」和殘忍的本性，帶有打擊報復性質的拷問，被抓者極少能保住性命。

嘉靖對海瑞的處理意見，是先杖責六十棍，再關入詔獄，受盡折磨，然後凌遲處死。這就是嘉靖對待給他提意見的人，按照謀反叛逆、弒君殺父、江洋大盜的標準，一視同仁，絕不手軟。有個叫何以尚的，是戶部司務，有感於海瑞平日為人，尤其海瑞上疏的內容，言辭切切、披肝瀝膽，不就是提個意見嘛，至於凌遲處死嗎？他也冒死給皇帝上疏，申救海瑞。皇帝永遠都是正確的，你何以尚建議給海瑞減刑，言下之意是皇帝也有處理不當的時候？那好，專政權力就是真理，將何以尚也逮捕下獄，在專政面前人人平等。

＊

海瑞先挨了六十棍杖責。他已五十三歲，不僅肉體受此痛苦，尤其一個司級幹部，當著眾人面，露出屁股讓人打，受此侮辱，對於一個有人格尊嚴的知識分子，精神上的痛苦恐怕更大。

不少人要問：為什麼海瑞未被折磨致死，亦未被凌遲？

有的書中說，是徐階（徐階事，後文詳談）等官員勸說了嘉靖。但是，《明史》僅寫嘉靖下令抓起海瑞，召徐階「議內禪」，沒有徐階勸嘉靖對海瑞從寬的記載。談遷的《國榷》卷六四也僅記載，徐階說：「瑞誠憨……主聖則臣直，陛下天地也，何所不容。」徐階委婉地以頌揚嘉靖的方式，為海瑞說話。至於管用不管用，史料中無記載。

本人認為，以嘉靖一生的暴戾殘忍，以何以尚的下場，以徐階混跡官場之老謀深算，他赤裸裸向嘉靖為海瑞求情的可能性不大，頂多也就和談遷在《國榷》中的描述，徐階輕描淡寫、不痛不癢地說幾句。那麼，海瑞為什麼在東廠太監手裡沒有被折磨死呢？甚至連受虐待的記載全未見到呢？

我想，這和宮廷內的權力之爭有關。明朝宦官專權，在中國歷史上最為令人觸目驚心，但是，嘉靖統治四十五年，沒有發生他寵信太監，更沒有發生宦官擅權的現象，除了因嘉靖由藩王繼承大統、自幼和太監沒有瓜葛，以及他殺伐決斷、死握權力外，很重要的一點，是他狂熱地迷戀道士，造成醋意大發的太監失寵與不滿。由於嘉靖寵信太監並不嚴重，太監對國家沒有造成多少傷害，因而海瑞在奏疏中，只提嘉靖寵信道士，未提太監，今日海瑞落在太監手裡，暗暗吃驚的太監，只奇怪海瑞怎麼吃了豹子膽，倒沒怎麼難為他。至於海瑞沒有被凌遲處死，純係一個偶然事件，救了海瑞一命。

23 末日的瘋狂

古往今來，凡專制帝王，越末日來臨，越瘋狂折騰。嘉靖四十五年（西元一五六六年）八月，六十歲的皇上正在西苑修道念經，雙目緊閉，念念有詞，左手撚珠，右手擊磬。嘉靖這號人，也許是幹什麼事全在那做樣子、裝蒜；也許是真的老了，嘴皮仍在動彈，似乎在默默念經，但腦袋卻如搗蒜一樣，頻頻點頭，右手之槌，多次擊在磬邊的條案上。站在嘉靖身旁的太監和宮女，像個木頭人似的，一動不動，面無表情。尤其是宮女，自從王寅宮變，嘉靖差點被勒死，他此後再選宮女，一律只要十三、四歲未來初潮的小女孩。因為宮女年少，單純幼稚，對皇帝的「殺傷力」就小得多；再者，可以得到她們初潮的經血，製紅鉛丸。滿臉稚氣的小宮女，剛入宮時，因平日所受欺騙式的教育，都發自肺腑地深信不疑：當今皇帝，就是她們「心中最紅最紅的紅太陽」。純真的小宮女在道士、太監的一通「忽悠」下，確實對皇上抱著「無限崇拜」的心情。因而，她們今日見嘉靖似睡非睡、半人半仙的樣子，仍然懷著敬神一樣的心情，面無表情，目不斜視，無動於衷，一動不動。

昨晚嘉靖又狂淫徹夜，今天連念經這種「雷打不動」的頭等大事，都無法全神貫注。他的口水流了一身，竟全然不曉，依然在那裡一本正經地敲香案、打瞌睡、念念有詞、點頭、流口水，像個鐘擺在有規律地晃動。有個距他最近的宮女，見到嘉靖的這副模樣，終於忍不住了，猛地笑了一聲。

小宮女銀鈴樣的笑聲，彷彿在地獄般死氣沉沉的宮殿中，回蕩著一曲優美的旋律。嘉靖猛地被驚醒，頓時睡意全無，他以憤怒、疑惑的眼光，投向了這個小宮女。除了「壬寅宮變」那夜受驚外，在他當皇帝的四十五年中，還從來沒有發生過宮女吵醒他的「驚駕」事件。

中國是禮儀之邦，是文明古國，這是中華民族文化發達、源遠流長的成果之一，令每一個中國人自豪。但是，為了維護封建帝王的威嚴和統治，保持皇帝「神」的形象，又耗費了天文數字般的人力、物力、財力和智力，去制訂、維護、執行無窮無盡的典章規定。如在皇帝面前，不許抬頭、不許主動問話、不許出聲、不許這個、不許那個，森嚴冷酷、健全完備。而另一方面，於社會進步有益的法制，卻不健全、不完備、不成熟、不適宜、不……

今天小宮女在皇帝面前主動笑出聲，吵醒了皇帝，犯「驚駕」罪，在場的太監、宮女都認為這宮女必死無疑了，更擔心瘋狗般狂暴的皇帝會株連到旁邊不相干的別人。

「瘋狗」對小宮女怒目而視，兩眼冒出寒光，似乎要穿透小宮女，嘉靖陰沉地問：「是妳在笑？」

小宮女渾身戰抖，慌忙跪下，不知所措。就在太監、宮女等待皇上如何懲處這個小宮女時，嘉靖發現這個宮女極其美麗，用他那又是香灰、又是口水的手，托起小宮女的下巴，餓狼似的色眼，左看右看，問：「妳姓什麼？」

「奴婢姓尚。」小宮女用幾乎聽不到的聲音，彷彿喃喃自語。六十歲的嘉靖，平日大臣向他面奏國事，他經常表示自己年高耳聾，不聽了。你說怪也不怪，小宮女細聲細氣的話，嘉靖卻聽得清清楚楚。他開始和緩了，又問道：「尚美人，多大年紀了？」

「回皇上，奴婢一十三歲。」尚美人仍然低下頭，小聲答道。

「扶我起來！」嘉靖轟走兩個走過來正要攙扶他的太監，而示意尚美人過來。尚美人很有「眼力勁」立即起來扶起嘉靖，嘉靖就勢摟住她，二人一同進入旁邊的寢宮。

＊

西方有個著名的政治家講過這麼一句話：「權勢是最好的春藥。」整整六十歲的嘉靖，也真夠得上「老當益壯」，昨天夜間，剛剛雲雨一夜；今天，又和相當於孫女年齡的尚美人廝混在一起，捨老命陪「新娘」。

第二天，嘉靖就封尚美人為「壽妃」。從檔案文獻記載看，有案可查，她是嘉靖一生中公開封的最後一個妃子。明朝規定，凡和皇帝上過床的宮女或平民百姓女子，都要封為妃子。但是嘉靖服紅鉛和秋石，在獻初潮經血的宮女身上發洩，卻沒有封為妃，可見嘉靖根本不把這些女子當人，亦證明被他蹂躪的小女孩不計其數，封不及封。

嘉靖辦喜事，也就顧不上獄中的海瑞，因而拖延了凌遲海瑞的刑期。

六十歲的人，在那個時代已是行將就木的「糟老頭子」了，這回又做了「新郎」，經常當著眾人就讓比他孫女還小的壽妃坐在他大腿上，肆意調情，旁若無人。任何女人在皇帝面前，無論這個皇帝從內到外多麼外貌醜陋，靈魂骯髒，令人噁心，但是，她們千篇一律，都要裝出對皇上無限愛戀、無限鍾情的假酸媚像。今天十三歲的壽妃，對這個六十歲的萬歲「爺」，她的內心深處，肯定也是這樣。可憐的女人，在逼迫下，硬壓抑內心的愛情，自然痛苦；硬裝出外表的「愛情」，更加痛苦。而皇帝根本不會考慮到對方女子的感受，他也根本不懂別人的感受，皇帝都是極端自私的，也極端自負，誤以為別人裝出的「愛」都是發自肺腑的「忠貞不渝」。其實，皇帝對后妃宮娥，何嘗不也是逢場作戲嗎？嘉靖為了和壽妃「逢場作戲」，就「視死如歸」地狂食紅鉛和秋石，像一輛已殘破不堪、使用多年、早該淘汰的火車頭，仍拚命加煤加水，讓它蒸汽壓力大大超過氣缸能忍受的程度，在淫亂的軌道上以瘋狂的速度狂奔，火車頭不爆炸那才怪呢！

嘉靖納尚美人為壽妃後，更加猛烈地、沒日沒夜地肆意縱慾，又更加放開肚皮補充「能源」——紅鉛和秋石，又豁出老命地折騰了五個月。

*

十二月十五日，獄卒照例來給海瑞送飯。海瑞是欽定重犯，在獄中每日兩餐，頓頓都是玉米麵的稀粥或窩窩頭，海瑞吃了十個月，已餓得皮包骨，可今日，兩個獄卒給海瑞送來幾盤炒菜，還有一壺酒。

海瑞知道，這是給自己的「送行酒」。中國歷朝歷代，犯人臨行前，獄方都送上一壺酒，讓他醉醺醺「上路」，像海瑞這樣有身分的犯人，還要送上好菜。海瑞知道今天就要被凌遲處死了，泰然自若，全然將生死置之度外。他一生簡樸，節衣縮食，今天，見眼前這四盤肉菜，心想：今生今世反正就這一回了，開懷暢飲。

＊

酒足飯飽，面熱微微，已然忘卻即將臨刑。不覺想起自己鍾愛珍藏多年的唯一一件寶物，岳飛手書的南朝齊國詩人謝脁在獄中寫下的一首名詩。謝脁被別人構陷，冤死獄中，他留下的詩句不多，岳飛極喜謝脁之詩平仄協調，音韻鏗鏘，詞采華麗，對仗工整。謝脁所作〈大江詩〉，很符合岳飛含冤無告、悲壯孤憤心情。岳飛親書此詩，刻於石碑，後岳飛被害，石碑遭毀，但碑刻拓片卻留傳下來。明初，此碑帖原件為開國大將、書法愛好者徐達所得，後輾轉傳到海瑞家，視為至寶。海瑞清廉，家徒四壁，一貧如洗，只視此碑帖為「越世奇珍」。海瑞每日邊臨摹、邊品賞，極其喜愛此詩：

大江流日夜，客心悲未央。徒念關山近，終知返路長。秋河曙耿耿，寒渚夜蒼蒼，引領見京室，宮雉正相望。金波麗鳷鵲，玉繩低建章。驅車鼎門外，思見昭丘陽。馳暉不可接，何況隔兩鄉？風雲有鳥道，江漢限無梁。常恐鷹隼擊，時菊委嚴霜。寄言罻羅者，寥廓已高翔！

海瑞先是低聲自吟，想到自己在獄中，和謝眺一時產生強烈共鳴，借著酒勁，放聲吟唱「風雲有鳥道，江漢限無梁……」門外的獄卒聞聲衝進牢房，慌忙制止道：「唱不得！唱不得！不准唱歌！」

「怎麼回事？不是給我送行嗎？為什麼還不許我放聲高歌？」海瑞並沒有介意地問。

「非也，昨日大行皇帝（死去的皇帝，這裡指嘉靖）已駕鶴西遊，正國喪期間，嚴禁嬉笑歌唱。我們幾個兄弟估摸著您不日就會蒙新主隆恩特赦，故自備薄酒事先為您老人家慶賀，日後老爺您高升，千萬不要計較小的我們招待不周！」獄卒點頭哈腰、極盡卑恭地說。

海瑞只聽見獄卒第一句「昨日大行皇帝已駕鶴西遊」，下面的話全沒聽見，先愣了一下，立刻嚎啕大哭，向紫禁城方向狂拜，腦門在磚地上嘭、嘭撞擊，爾後滿臉鮮血；同時哭喊：「我主聖上！我主萬歲！」海瑞哭得剛進入胃中的酒肉嘔吐一地，最後竟悲痛得昏迷不省。醒後又哭，整夜不斷，把兩個獄卒嚇了一大跳！

毛澤東雖然稱讚海瑞不顧個人安危，不怕殺頭，敢講真話，敢於反映人民疾苦，以及剛正不阿的精神，但他尤其欣賞海瑞對皇上的愚忠，肯定海瑞「對嘉靖還是忠心耿耿」的精神，意有所指，盡在不言中。

海瑞不是「作秀」，他若正在當官，還有必要表演一下給別人看；可是，他嚴厲批評了皇帝，才入獄，面臨極刑，現在這個皇帝死了，海瑞應該竊喜，自己有生還的希望了。但是，海瑞卻如喪考妣，他痛哭是真誠的，這是程朱理學教育的成功。

我讀過一本書，是美國著名女作家安娜・路易斯・斯特朗（Anna Louise Strong, 1885-1970）寫的《史達林時代》（*The Stalin Era*）。內寫，史達林在一九三七年製造冤獄，大清洗蘇俄共產黨員時，大批老黨員被槍斃前，高呼「史達林萬歲！」這些人也是被史達林成功洗腦了，至死不悟。

被程朱理學思想熏陶了的海瑞，將「文死諫」作為人生最高境界，最完美的人生結局。他內心深處在對待嘉靖的認識上有過尖銳矛盾：

他進京之前，在地方上深信不疑嘉靖是英明偉大的神，是永遠不落的「紅太陽」，貪官污吏多如牛毛，民不聊生比比皆是，海瑞從未將這些和嘉靖聯繫在一起。他不可能認識到這是封建專制社會造成的。海瑞進京後，對嘉靖荒淫無恥有了真切的瞭解，使他思想產生矛盾：怎麼我「心中最紅最紅的紅太陽」竟是這樣？但是，海瑞對皇帝的迷戀未變，癡心不改，「我心依舊」，仍寄希望於嘉靖見了海瑞上疏而痛改前非，重振君威。但是，嘉靖的斑斑劣跡又使海瑞感到，很可能皇上見了奏疏，不僅不納諫，反而一怒之下把他殺了，因而備了棺材。海瑞信仰中的嘉靖與實際中的嘉靖，二者之間的巨大落差，使海瑞思想產生極大矛盾，他找不到答案。

24 海瑞罷官

嘉靖一生給臣民是「一國盡亂，無有安家；一家盡亂，無有安身」。

嘉靖撒手歸西，一命嗚呼了，海瑞倒還在獄中活著。說到海瑞的平反復出及晚年的作為，和嘉靖的兒子朱載垕（明穆宗，年號隆慶）這個短命皇帝有關。

嘉靖後宮這點事，也和他處理的國家大事一樣，亂七八糟，一塌糊塗。嘉靖的長子早夭，曾立次子為太子，可惜次子在嘉靖二十八年（西元一五四九年）亦死去。按說，該立三子朱載垕為太子，他已十二歲，但是，道士陶仲文說：「二龍不相見」，嘉靖言聽計從，就沒再封太子，只封三子朱載垕為裕王。至於陶仲文講「二龍不相見」的根據，於史無考。

中國皇帝繼位問題，為了防止諸皇子爭奪皇位，自相殘殺，自古以來就訂立了一套嚴格的皇位立儲制度，總的講為「立嫡不立長，立長不立賢」：按皇子的客觀出身，只立皇后生的嫡子，而不立嬪妃庶出的可能年齡更大的皇子；若皇后無子，則立嬪妃所庶出中年齡最大的皇子，反正都是小老婆生的，但是，只能立年齡最大的，不能立所謂「最賢良」的，因為主觀上認為誰好誰劣，沒有客觀標準，容易爭鬥，還是「唯物」一點好。其實，制度歸制度，在具體執行上，還是皇帝說了算，或兄弟兵戎、陰謀詭計決定一切。

古今中外，凡高度專制集權的獨裁君主，在確定接班人的事上，大多處理不好。從中國的開國皇帝秦始皇到毛澤東，外國的史達林、狄托，等等，他們死後，或接班人沒有選好，或幾個後代經過一番廝殺惡鬥，在血雨腥風中確立新的君主。其原因，一是獨裁君主聽不得別人意見；二是皇上高高在上，只迷信自己，只認識身邊的幾個人；三是下邊人會給他以假象和謊言。

前文曾講，嘉靖共有八個兒子，死了六個，就剩下三子朱載垕和四子朱載圳，兩個兒子僅相差一個月。按說三子是「合格接班人」，但是，問題沒那麼簡單。首先，這個幾乎「非人類」的嘉靖，就是不立太子。這個當爹的又喜怒無常，一副狗脾氣，說變就變，朝令夕改，出爾反爾，三子朱載垕不知父親到底什麼意思，如坐針氈，惶惶不可終日。這其中還有更複雜的問題。

＊

四子生母盧靖妃比三子生母杜康妃有姿色，這位「性超人」嘉靖當然更寵愛盧靖妃，愛屋及烏，四子和父皇嘉靖在一起的時間多，容易產生父子感情。三子朱載垕在自己裕王府小心翼翼，低調做人。進，則為了給父皇好印象；退，則為了自保。萬一四子當了皇帝，自己這個當三哥的，是四弟的最大威脅，可能首先被除，三子朱載垕起碼要保住一條命。也是活該朱載垕時來運轉，嘉靖死的前一年，四子先死了，三子才放下心來。三子朱載垕登基，史稱隆慶皇帝。

由於從嘉靖三十二年（西元一五五三年），朱載坖才十六歲，就在裕王府獨自過提心吊膽的生活，直到登基，十三年的恐懼生活，使他不能恣意妄為、養尊處優，他的處境決定了他能聽到府內下人講的嘉靖真實情況；也有機會在大街小巷，見到社會底層。

中國除了幾個開國皇帝，能瞭解自己統治的國家和臣民真實情況的皇帝，是不多的。按說，像隆慶這樣的皇帝，比那些自生下來就養尊處優、花天酒地，在吹捧與無恥中成長的皇帝，應當有些作為。隆慶登基伊始，他既知道自己的今天來之不易，又曉得父皇統治下的國家，千瘡百孔。隆慶也確實採取了一些對父皇改弦更張的措施，但是，專制集權的明朝，就像一缸污水，誰掉進去，撈出來也是臭不可聞。隆慶一上臺，就和他父親一樣，「狂轟濫炸」，夜無虛度。國家依然是瘡痍滿目，腐朽不堪，每況愈下，隆慶只當了不到六年的皇帝，就一命嗚呼了，才虛歲三十五歲。

明朝有一個規律，似乎談論的人不多：前一個皇帝，尤其到中後期，胡作非為，荒淫無恥；下一個皇帝登基伊始，不改革實在不行了，就膚皮蹭癢地糾正一下前朝弊端。遠的不談，如嘉靖之糾正武宗正德，隆慶之糾正嘉靖，以及後來之崇禎糾正天啟，等等。但是，有的新君到中後期，有的則乾脆一上臺，浸泡在封建專制的大汙水缸內，很快就「青出於藍而勝於藍」，比前代昏長輩更差勁，中國有句俗話「黃鼠狼下耗子——一代不如一代」，用這個歇後語比喻明朝皇帝，再恰當不過。

隆慶一上臺，在幾位名臣如高拱、徐階、張居正等的輔佐下，也還算有點改革意思，開始，他還擺出個勵精圖治、銳意更新的架式。在徐階等大臣建議下，就在隆慶登基的當天下午，放了海瑞，他是隆慶上臺後被平反復官的第一人，這就涉及到另外一個政治家徐階，幾百年後，吳晗寫的《海瑞罷官》也主要寫海瑞和徐階鬥爭的故事。

＊

昏暗的政治下，要想當官，尤其當大官，不用點邪門歪道，肯定是不成的，這就是為什麼歷史上的偉人，在當時的條件下，也要幹出違心甚至錯誤的事，否則，他不僅成不了偉人，甚至活不成。這個徐階，生於浙江宣平縣，後隨父遷居到南直隸華亭縣。嘉靖二年（西元一五二三年），徐階以第三名中進士，當時才剛二十歲。因善寫道教青詞，受嘉靖重用，於嘉靖三十一年（西元一五五二年）入內閣。徐階曾巴結嚴嵩和嘉靖寵信的藍道行，後來嚴嵩倒臺，徐階成為內閣首輔。嘉靖把嚴嵩以前當值的房子賜給徐階後，徐吸取嚴嵩擅權失寵的教訓，寫了三句座右銘掛於屋內：「以威福還主上，以政務還諸司，以刑賞還公論」，他實際上是寫給嘉靖看的，表現自己對上不欺罔，對下不專橫。明朝東廠特務遍布天下，有名的徐階「三語」之政，很快就會傳給皇上，徐階益發受到嘉靖信任，反正嘉靖已經二十多年不理朝政了，正好有徐階給幹事。

徐階尤其在嘉靖、隆慶政權交替之際起了重要的積極作用。嘉靖去世前一天，以徐階為首的內閣大臣跪在嘉靖病榻前，大家極力裝出悲天憫人的樣子，實則各懷鬼胎，在為自己的前程思考。徐階是個明白人，他沒有心思裝哭，一則，他認為這個一心想得道成仙的皇上，折騰了一輩子，也該去十三陵地下宮殿專心當他的「神仙」了，他若仍在凡間，老百姓更沒法活了。再則，徐階心中還有一件要緊的事沒有辦，那就是皇帝的遺詔還沒有草擬，眼看「萬壽無疆」的皇帝要咽氣了，遺詔之事不能再拖。

徐階知道，繼位的只能是裕王朱載垕了，他為了討好這個新君，把裕王府內的老師，後來鼎鼎大名的張居正請來，二人商議遺詔內容。這時的張居正，還是一個尚未出道的普通「家教」，在首輔徐階面前，只能言聽計從，他倆誰都不知道朝廷政局怎麼演變，這時，八面討好，便是上策。

嘉靖的遺詔其實並不代表快要成仙的皇上的思想，而體現了徐階的意圖。在冠冕堂皇的言辭下，主要陳述了三點：第一，對迷戀道教導致朝綱頹廢做了深刻檢討，將不可一世、禍國殃民的方士道仙，一律趕出皇宮，罪大惡極者繩之以法；第二，為含冤受屈的忠臣平反昭雪（這幾乎成了中國的一條歷史規律，嘉靖統治時期過長，製造的冤假錯案太多，隆慶初期平反冤案幾百件，涉及平反幾百人）；第三，明確寫明裕王朱載垕繼位（既是討好新君，又希望新君承認此遺詔的合法性）。

海瑞是嘉靖四十五年（西元一五六六年）二月被錦衣衛抓進詔獄的，這年十二月四日嘉靖死，十二月十五日海瑞被恩釋。他出獄才知道，今年三月，京城流傳鼠疫，海瑞的兩個兒子中砥、中亮均被傳染而亡。海瑞痛不欲生，在兒子墳前，老淚縱橫。老年喪子，白髮人送黑髮人，使得海瑞心冷如冰，萬念皆休。儘管朝廷先是令他官復原職，仍任戶部雲南司主事，又改任兵部武庫司主事，這都是徐階的主意。他認為，海瑞會感謝自己幾次救他之恩。徐階也企圖派自己的人插手兵部。可海瑞表示，淡泊明志，不想當官。徐階誤以為海瑞嫌這是平級調動，沒有升官，遂又提升海瑞為尚寶司丞。這是個替皇帝掌管皇家玉璽、符牌、印章的差使。海瑞卻上了〈乞終養疏〉，仍不再想當官。

＊

此時，徐階與高拱爭權奪利鬥爭正打得不可開交，你死我活。徐階需要像海瑞這樣剛正不阿、聲望日隆的名臣支持，因而，不僅不允許海瑞退休，反而再升海瑞為大理寺右寺丞，相當今日副部長，這就惹怒了徐階對頭高拱。

高拱字肅卿，新鄭人，嘉靖二十年（西元一五四一年）進士。在裕王府任朱載垕講官九年，為人精明、幹練，深得朱載垕信任。這幫人都是「無利不起早」的。他們和朱載垕也算嫡系親信、患難之交了，一榮俱榮，一損俱損。歷來政治賭博，都是用腦袋作賭注的，押對了注，跟對了人，榮華富貴；押錯了注，跟錯了人（「文革」中叫「站錯了隊」，或者乾脆叫「上了賊船」），後果由你想，能有多壞就有多壞。

高拱、張居正這一幫人眼見押在朱載垕身上這一寶要「價值兌現」了，豈容不相干的徐階來「第三者插足」？他們像歷史上任何皇上歸天後那樣，展開了激烈的奪利爭鬥。海瑞知道自己是受到徐階保護和信用的，有感激之情很自然，他更多的還是看到新朝伊始，剛有點新氣象，最高層又黨爭禍起，內鬥不斷。他憂心忡忡，給隆慶上了〈論劾黨邪言官疏〉，他在奏疏中肯定了徐階的為政，批評了高拱，從此，高拱又銜恨於海瑞。平心而論，徐階、高拱權力之爭，沒有海瑞事，海瑞貶拱譽階，有感情色彩起作用。

由於徐階在中央任職多年，而高拱一直在裕王府，遠離中樞，無論是朝中勢力，還是統治手段，高拱比徐階差得遠。凡專制帝王，多給權臣一個「殺威棒」，讓他知道新主子厲害，有所收斂後，再重用此人，隆慶也對高拱有這個意思。結果，高拱在和徐階爭鬥中敗下陣來，隆慶正擺出銳意革新的架勢，令高拱暫時回原籍閒居，這等於是先回家休養一段時間，等待時機東山再起。

徐階勝利了，有海瑞的功勞。在北京的海瑞已告別母親多日，離開家鄉海南也十幾年了。徐階讓海瑞回趟海南老家，名義是「奠祭南海諸神」，實則讓他衣錦還鄉，風光風光。海瑞南下至江西興國，拜見分別多日老母謝氏，人能盡孝，實在是莫大幸福。

如何安排海瑞的工作，令徐階傷透了腦筋。他深知海瑞為人耿直，辦事認真，尤其又受過冤枉，理應提拔重用。但是，海瑞和上下左右搞不好關係，尤其對上司也不給情面，因而，哪個衙門也對安插海瑞婉言謝絕。徐階畢竟是官場老手，他思來想去，決定派海瑞到南京通政司任右通政之職。海瑞自海南沒有回北京，從江西興國攜老母、妻子王氏和兩個妾，直接去南京上任。

徐階給海瑞在南京安排的通政司右通政，是個明升暗閒之職，明著升為四品官，幹的卻是個閒差事。

前文已敘，明朝實行的是所謂「兩京制」。明成祖朱棣奪得政權後，遷都北京。他在南京仍仿照北京留一套政府機構，主要處理江南事務。南京也有府、部、院、寺（司）等衙門，甚至連宦官也和北京一樣，有二十四衙門，他們護衛南京的宮殿，監視各部門官吏的活動，隨時和北京紫禁城內的二十四衙門保持密切聯繫，情報及時傳到北京皇帝手中。

明朝政府還在北京和南京設下轄地方政府機構：府、州、縣等，相當於今日的省、市、縣。明代北京下轄八府（如順天府、宛平府、保定府等等）、十九州、一百二十六個縣，稱其為北直隸；南京下轄應天府（即南京市）、鳳陽府、淮安府、揚州府、常州府、蘇州府、鎮江府、松江府、徽州府、寧國府等等，十七個州、九十六個縣，稱其為南直隸，相當今日江蘇、安徽地區。

海瑞的「閒差事」是每天看看大臣給皇帝的奏疏有無不符書寫規格或不符傳承手續之處。有，就打回重寫；沒有，就送往北京，若沒有大臣上奏疏，海瑞終日在衙門閒待著。徐階也感到有點虧待海瑞了，奏請皇帝，追封海瑞父海翰為「中憲大夫」、「通政司右通政」，母親謝氏為「四品恭人」。第二年，隆慶二年（西元一五六八年）七月，海瑞妾韓氏和妻王氏相繼去世，朝廷先封王氏為「安人」，繼封「恭人」，已很給海瑞面子了。

*

隆慶二年（西元一五六八年），徐階六十五歲，高拱、張居正他們畢竟在裕王府和當今萬歲有幾年的交情，而上臺後的隆慶，人還算寬厚，不似他爹嘉靖那麼暴戾，但隆慶又以極快的速度墮落，卻和他爹以至乃爺乃祖如出一轍。

在家閒居的高拱等人暗箱操作，伺機東山再起，指使人向隆慶密奏，誣陷徐階曾經反對立他為太子。這個誣陷殺傷力極大，隆慶雖生性溫厚懦弱，但聽到這個消息，雖懶得去調查分析是非曲直，卻引起了高度重視。再說隆慶的地位已穩，不大需要徐階了，因而對徐階逐漸冷淡。徐階何等精明，他覺察出隆慶態度的變化，為了試探皇上對自己的真實想法，就上奏疏乞求告老還鄉。已六十五歲的徐階位尊權重也近三十年了，他在官場為人處事聰明圓滑，也太過頭，況且他也人老珠黃，馬瘦毛長。一般官場的潛規則，你主動請辭，上司再三挽留，那麼你就要再幹下去；若你一請辭，上司連假挽留都沒有，那麼你要知趣，趕快走人，免得讓上司把你轟走。徐階就屬於後者。隆慶果然准他告老還鄉。

隆慶三年（西元一五六九年）六月，海瑞被任命為欽差大臣總督糧道，應天巡撫，相當於今日江蘇省省長，權力很大了。中國官僚的權力極大，且沒有監督。德才兼備的君子手握重權，可以上佑國家，下福百姓；邪劣無能的小人執掌生殺，能夠上欺蒼天，下負人民，罪惡有多大，他就敢幹出多大的壞事。

海瑞手握重權，管轄今日江蘇省和安徽省南部的民政、糧餉、賦稅、軍務和官吏。儘管他在此為官僅七個月，卻開始了他一生最有作為的時期。海瑞的巡撫衙門設在蘇州，管轄應天（南京）、蘇州、常州、鎮江、松江、徽州、太平、寧國、安慶、池州、廣德十府。這地區是明朝最富庶地區，也是財政賦稅主要來源地區。但由於官吏腐敗，橫徵暴斂；苛捐雜稅，民負不堪。加之多年水利失修，旱澇交相，農民苦不堪言，尤以朝廷徵收漕糧主要地區蘇州、松江和常州三府最為嚴重。

＊

明朝的漕糧，主要指從江南地區徵收糧食，從海路運往北京存儲，供皇宮和官民消耗。蘇、松、常的耕地僅占全國耕地百分之一．一，卻要上交全國百分之十的漕糧。蘇、松、常地區農民負擔之重，是有歷史根源的，朱元璋在建明之前，曾經和盤踞在這一帶的陳友諒展開激戰，爭奪江南。朱元璋打敗陳友諒，占領了江南，為了解決軍糧，也有報復這一帶官紳支持過陳友諒之意，遂特別加重江浙漕糧及其他賦稅的徵收。明王朝建立後，這種官方打擊報復行為成了大明國策，可憐江南無辜農民，世世代代成了陳友諒的替罪羊、犧牲品。

蘇松常地區，本魚米之鄉，「上有天堂，下有蘇杭」，在太平年景，農民們上交鉅額賦稅後，也還可勉強餬口度日，一逢災荒，農民大量從「天堂」逃荒。一個腐敗政權，它的腐敗無處不在，那真是腐敗之風「吹遍大江南北！」由於明朝朱元璋開國，至嘉靖死，二百年間，貪官污吏剋扣鯨吞興修水利款項，徵收漕糧層層加碼盤剝，導致「天堂」已瘡痍滿目，民不聊生。隆慶三年（西元一五六九年），松江水災，深秋大水仍淹沒良田，一年收成無望。

海瑞上任後，在大雨中，親自捲起褲腿，打把傘，乘坐一葉孤舟，在吳淞江河道中巡查河床多年堵塞原因。吳淞江是引太湖水經黃浦江入海的，年久失修，太湖水流不出來，奔湧回溢，四下泛濫，淹沒良田。蘇松常河流入海通道，南面是吳淞江，北面是白茆河，居中為劉家河，海瑞經過仔細實地勘察，發現劉家河尚未淤淺，只要疏通吳淞口、白茆河，這個地區水害就可解決。

興修水利，需要銀兩。明朝官吏，無官不貪，朝廷偶爾撥下河工款項，各級官員中飽私囊，修河即使所剩無幾，也算是地方官「大恩大德」，畢竟還能給修河剩下點薄資。一般情況是地方官悉數貪污，坐地分肥，根本不修河，再謊報已完工，反正朝廷也不查，即或派大員來查，地方官一行賄，沒修河變成已修河；若不行賄大員或行賄少了，地方官就是修河了也變成沒修河。國家經嘉靖幾十年的揮霍，國庫極度空虛，就是打算修河也拿不出錢，何況朝廷根本就沒打算修河。

海瑞為興修水利沒有經費而傷透了腦筋，他想出了「以工代賑」的辦法：一方面修河道乃當務之急，另一方面又有多少萬飢民等待政府救濟，不如讓飢民修河，用政府救濟作為工錢，一舉兩得。海瑞給隆慶上疏時談了自己的想法：

> 青黃不接，飢民尚苦，無處趁食，官發銀未賑濟，勢之所必然也……（如果）興工之中，兼行賑濟，既有利於面前之飢民，河道開通，且有望今秋之成熟。

儘管海瑞的「以工代賑」僅僅實行了幾個月，但已收到明顯效果，一方面是修河費用「不取之民，不損之官」，只用原準備救濟災民的倉儲糧即可救活了十三萬災民；另一方面，修河不用再向人民額外多徵收苛捐雜稅，也激發了災民修河的積極性。吳淞江、白茆河的治理進展很快，使這一帶多出農田四十餘萬畝。如果說海瑞上疏批評嘉靖的事跡，在北京的官吏中影響巨大的話，那麼，這一次治理吳淞江、白茆河，使海瑞名聲傳遍朝野。

*

和物打交道總是比較容易的，和人打交道要難得多。在黑暗的社會，海瑞這樣剛直不屈的官吏，彷彿一把尖刀插進一頭黑豬的身上，總是讓黑豬不好過。

蘇松常地區經濟發達，歷來人文環境優越，文化水平較高，導致讀書人多，科舉及第者自然也多。當官後告老還鄉的「離退休幹部」當時稱作「鄉官」，到處皆是。這些鄉官以前作威作福、魚肉百姓已成習慣。現在，退休回到家鄉，依然千方百計利用特權或老關係，侵占農民土地，少交甚至不交皇糧，這筆龐大的賦稅便都轉嫁到廣大升斗小民頭上。天下烏鴉一般黑，歷朝歷代皆如此。

說來也巧，海瑞任應天府巡撫，直接管轄松江府，即徐階的家鄉。徐階有恩於海瑞，海瑞也贊同徐階在嘉靖、隆慶交替時的一系列作為，因而，徐階和高拱爭權奪利，打得不可開交時，本來沒有海瑞的事，他公開表態支持徐階。現在，徐階退休，反倒成了海瑞治下的一個平頭百姓。

俗言「貧居鬧市無人問，富住深山有遠親」。徐階在京為內閣首輔，相當於宰相之時，門庭若市，訪客絡繹不絕，大多時徐階閉門謝客。而今退休了，門庭冷落，連華亭知縣也極少來訪。開始，徐階像任何退休官員一樣，不適應這種被「邊緣化」的生活，時時哀歎「世態炎涼，人情淡薄」，漸漸，徐階過慣了這種安逸閒散的生活，身體發福，面色紅潤，一派頤養天年的氣概。

徐階聽說了海瑞已任應天府巡撫，他沒有奢望如今貴為巡撫的海瑞會來看望自己。凡退休官員一想到自己往日的輝煌，總不免會產生一絲自卑的心理。徐階在位時曾有恩的官員不少，並都大大超過對海瑞的幫助，他們來到松江府，甚至途經華亭縣，對徐階理都不理，裝作不知道徐階閒居在此，他們無視徐階給予過的恩惠，甚至裝作不知道天下還有個叫徐階的人，「用人朝前，不用人朝後」嘛，官場都是這樣，和商場一樣，「無利不起早」，「過橋拆橋，卸磨殺驢」。

不料，這一天，應天府差役來稟告徐階，海瑞海大老爺來松江府巡視，特地到華亭縣拜望徐恩師。徐階十分激動，喜出望外，但他畢竟當了幾十年高官，凡事權衡長遠利弊。他知道海瑞鐵面無私，不為個人私情所動，他猜測海瑞絕不僅僅是來感恩敘舊。徐階不愧為官場老手，還真讓他猜中了。海瑞確實既想拜見老上司、大恩人，同時要和徐階談一件大事。

＊

中國兩千多年的封建專制社會，總是面臨兩大危機，一個是外族入侵，另一個是農民土地被兼併。嘉靖統治四十五年，南方倭寇、北方蒙古，不斷侵犯；而農民大量土地被兼併，失去土地的農民鋌而走險，紛紛揭竿而起，成為嚴重的社會危機。

中國歷代有志報國、憂國憂民的政治家，都志在讓農民自己有土地。從漢高祖劉邦對農民的「休養生息」，到孫中山先生的「平均地權」，以至一九七八年鄧小平的「分田到戶」、「土地承包」，幾乎無一例外。

作為一個不大不小政治家的海瑞，在任縣官及省官時，始終致力於打擊豪紳惡霸，為貧苦農民免受盤剝，盡心竭力，希望求得不可能實現的社會公平。

他此次任應天府巡撫，一腔熱血，灑在江南這片土地上，為農民謀福祉，以報答大明王朝。由於應天府文化發達，科舉入仕者多，其家族在地方上狗仗人勢，強占民田者比比皆是，剛正無私的海瑞，哪能容得下這等事？他勒令「鄉官退田」，即在原籍的退休官員及地主豪紳，凡用欺壓掠奪等非法手段從農民手中侵占的土地，一律還給農民。海瑞政令一出，苦大仇深的貧苦農民紛紛「上訪」海瑞，檢舉揭發貪官污吏、土豪劣紳如何互相勾結，霸占農民土地，在控告信中，涉及了徐階。

徐家是個大家族，連七大姑、八大姨，八竿子打不著的三姑、四舅媽，共三百多口，全擠在華亭縣，其中主事的是徐階的弟弟徐陟和徐階的三子徐瑛。徐陟和徐瑛叔姪二人狗仗人勢，勾結官府，橫行霸道鄉里，巧取豪奪民田。徐階在京當官幾十年，徐陟、徐瑛叔姪二人非法掠奪農田二十萬畝，加上二十萬畝祖產，占有良田達四十餘萬畝，成為華亭縣最大地主。

本書前文曾經談到，前不久大陸政府曾經下令關閉全國各市縣等在北京濫設的「駐京辦事處」。這些「駐京辦」除了公開成為本市、縣領導及親朋好友進京花天酒地的免費淫樂窟外，還主要負責拉攏腐蝕中央官員，刺探國家機密情報，以及和北京的黑社會勾結，將本市、縣進京上訪的含冤無告百姓，暴力綁架押解回原籍的罪惡任務。政府下令取締這些所謂的「駐京辦」是非常必要的。

有趣的是，今天的「駐京辦」不是什麼新鮮玩意兒，徐階就玩過這一套。徐家將斂來的銀錢在北京開了不少店鋪，其任務除了公開做買賣，供徐家人進京居住揮霍、刺探朝中情報外，很重要一點，就是阻止松江府華亭縣農民進京告御狀，可見徐陟、徐瑛深知自己的罪惡。

話再說回來，海瑞今日來見徐階，主要還是拜訪自己的老上司、大恩人，同時也要反映徐陟、徐瑛之事。此時的海瑞倒沒有立即嚴辦他倆的意思，但是，他限期令徐陟、徐瑛立即退田，將一切非法霸占的農田，上交官府，再退回原主人。

徐階太瞭解海瑞了，他心說：海瑞的邪勁又上來了！徐階宦海浮沉幾十年，自有一套對付海瑞的辦法，跟這種人不能硬碰硬，何況自己已退休，已經沒有對付海瑞的資本。徐階以不置可否的態度搪塞，只說對徐陟、徐瑛嚴加管教，遂打發走了海瑞。徐階知道海瑞辦事認真，不會善罷甘休，他想托個老友向海瑞求情。可是，談何容易？滿朝大臣，誰不知海瑞的為人，估計誰都不想自討沒趣，徐階反覆思考，被迫不得不去托個老熟人。

＊

徐階托的這個老熟人叫李春芳，字子實，號石麓，嘉靖進士，任禮部尚書。嘉靖四十四年（西元一五六五年），徐階重權在握，鑒於李春芳負責撰訂《宗藩條例》時，制定政策，限制宗室奢靡無度，給徐階一個好印象，加之李春芳待人溫和也聽話，徐階提升他兼武英殿大學士，進入內閣，參與決策。徐階退休，李春芳繼任為內閣首輔，徐階也算有恩於李春芳。鑒於嘉靖禍亂中國幾十年，史書稱李「為政力求安靜」，因而高拱認為李春芳和徐階是一黨，後來李被高拱排擠而辭官，這是後話。

徐階托李春芳向海瑞求情，也真是被逼得走投無路了。儘管你徐階有恩於李春芳，但是，如今人家李春芳貴為首輔，你徐階不過平頭百姓，何況你徐階托李春芳的又不是什麼光彩事，徐階顧不上這麼多了，還是給李春芳寫了近乎乞憐的信。

李春芳畢竟厚道，同意為徐階說個情，再者，他也不同意海瑞在退田上用藥過猛，在江南引起動亂，就寫信給海瑞，希望對徐階念其舊恩，息事寧人，適可而止。李春芳相當於首相，他的話僅次於聖旨，但是，海瑞不為所動，上書婉言拒絕了李春芳勸阻。海瑞不僅扣押了徐陟，準備對徐陟「武斷殘民」的惡行，「輒按治如律，盡奪還其侵田」，令徐階要最少退出二十萬畝侵吞的民田。

徐階何等老奸巨猾，見海瑞「不吃敬酒吃罰酒」，徐階自言自語：「揚湯止沸，不如釜底抽薪！」徐階對海瑞由徹底失望到決心除之。徐階為除海瑞，只能動用自己以前的老關係，不被逼如此，他是不會到處求爺爺告奶奶的。他又想起一個人。

此人就是司禮監秉筆太監馮保，這裡先介紹一下明朝司禮監。司禮監是明代宦官二十四衙門之首，設掌印太監一人，地位最高，其次是秉筆太監。從理論上講，皇帝口述聖旨後，由秉筆太監記錄下來。掌印太監審閱後蓋上皇帝玉璽，就成為正式聖旨，發下去執行了。本來，掌印太監和秉筆太監要相互監督，但是，由於明帝多怠於朝政，甚至懶得降旨，漸漸，秉筆太監暗自偽造聖旨，和掌印太監串通一氣，私蓋皇帝大印，是謂「假傳聖旨」。反正明朝大多皇帝稀裡糊塗，對這等事不理不問。為了提高假傳聖旨的工作效率，掌印太監和秉筆太監逐漸由一人承擔，合二而一，遂形成宦官擅權。

馮保在嘉靖時就是秉筆太監。隆慶初，掌印太監空缺，論資排輩，應由馮保升任，但是高拱推薦了陳洪，陳洪之後，高拱又推薦了一個管皇帝飲食尚膳監太監孟沖。馮保遂與高拱不和，馮保自然和徐階親近起來，敵人的敵人就是朋友，徐階希望馮保打擊海瑞。

由於海瑞與高拱不和，而且海瑞在戶部任內，名聲卓著，馮保又恨高拱，因而馮保並未附和徐階整海瑞。有趣的是，此時高拱見徐階和海瑞又鬥上了，心中竊喜，也不想依從徐階而懲治海瑞，反而任用海瑞，以打擊徐階。此時的隆慶，沉湎酒色，完全墮落，任由高拱處理朝政，結果，將海瑞調走了事。

隆慶四年（西元一五七〇年）二月十五日，海瑞平級調動，由應天府巡撫調任「總督南京糧儲」。海瑞在應天府任巡撫半年多，他一走，人亡政息，應天府退田也不了了之，徐階的田地也保住了。後來，吳晗寫的新編歷史劇《海瑞罷官》，就是以海瑞在應天府的退田為中心劇情。

海瑞任「總督南京糧儲」也是個閒差事，剛上任一個月，三月二十五日，朝廷下令裁革「總督南京糧儲」這一官職，等於宣告海瑞無官可任，朝廷把任免官吏當兒戲，給了海瑞一個難堪。海瑞自然心知肚明，上疏朝廷，告病乞休，朝廷立准。四月，海瑞和老母等家人自南京回到海南瓊山閒居，此時他五十七歲。

25 日月同輝——海瑞和張居正（上）

海瑞曾在嘉靖三十二年（西元一五五三年）他四十歲時，離開家鄉海南瓊山，到福建南平任教諭，除了隆慶元年（西元一五六七年），他奉命回海南奠祭南海諸神，曾短暫地回原籍看看以外，再沒有回過家。最初，因官品不夠，不能帶老母、妻兒赴任，此次才算是落葉歸根。他於隆慶五年（西元一五七一年）四月，攜帶著變賣南京全部家產所得一百二十兩銀子（這是他在外任職十七年的全部積蓄）和自己的老母，以及後來納的一個小妾邱氏，回到了海南瓊山老家。

家鄉依舊，物是人非。由於海瑞前不久經歷過被嘉靖罷官、又獲平反、「解放」、提升的事情，特別是這一次他只是主動「乞退」，頂多是先暫時「靠邊站」，誰知道哪一天他又會東山再起，捲土重來？因而，地方官對海瑞面子上還算客氣，時不時來海瑞家敷衍一下，不涼不熱、不疼不癢地寒暄幾句。海瑞正閒得寂寞，除了侍奉老母，整理文稿，讀書寫字，就和地方官海闊天空地評議時政。海瑞的信念是：「書有未曾經我讀，事無不可對人言」，因而，他口無遮攔，點名道姓地痛斥貪官污吏，為升斗小民的疾苦呼籲。朝廷也顧不過來搭理海瑞，因為幾千里之外的北京，又有皇帝死了。

由於明朝皇帝沒有抱負、沒有理想、沒有作為，一個個如行屍走肉，也就毫無意志力。尤其受冷落的儲君，即位後猛地可以為所欲為了，毫無節制，極度縱慾，幾乎清一色沿著腐化的道路迅速墮落，大多短命，這成了明帝的一大規律。

隆慶皇帝就很典型。在藩邸受冷落十三年，當上皇帝後，開始還擺出一副改革前朝（嘉靖）弊端、崇尚節儉的架式，很快便縱情聲色、荒淫無度，折騰了五年半，便命歸西天了。

隆慶死前，躺在乾清宮皇后御榻上，拉著太子、九歲朱翊鈞的手，把他托付給跪在地上的張居正，希望能把自己兒子培養成才，成功地統治大明江山，這叫「托孤」。

隆慶統治近六年，內閣首輔（相當於首相）高拱和大太監馮保惡鬥不斷。高拱性格外向，性情中人，他始終認為，張居正和自己都是從裕王藩邸「同呼吸、共命運」過來的，「同一條戰壕裡的戰友」，把張居正視為心腹。張居正對高拱，表面，言聽計從、唯唯諾諾。暗中，張居正也和馮保保持緊密關係。螳螂捕蟬，黃雀在後。高拱和徐階、馮保拚個你死我活，張居正是最大的受益者。張居正絕非等閒之輩，稱他為明朝首屈一指的政治家，恰如其分。有關評述張居正的著述非常多。他不是本書的主要人物，但他和海瑞是同時代的兩個偉人，為使讀者瞭解海瑞所處時代，有必要簡單介紹一下。

＊

中國歷史上的偉人，除了文化界的不談，真正對歷史和人民有貢獻的，是民族英雄和改革家。張居正就是傑出的改革家，他的「一條鞭法」有利於當時社會進步，被傳頌至今。他生於嘉靖四年（西元一五二五年），卒於萬曆十年（西元一五八二年），字叔大，號太岳，湖廣江陵（今湖北沙市）人，他的祖上安徽鳳陽定遠人，和朱元璋是老鄉，是朱元璋部下老兵，跟隨大將軍徐達轉戰江南，因戰功，明初受封千戶侯。

後來，張居正曾祖張誠遷往江陵，祖父張鎮為江陵遼王府的護衛，張居正的父親張文明雖然馬馬虎虎考上了秀才，卻連續七次考舉人始終未中。嘉靖四年（西元一五二五年），張居正降生時，其曾祖、祖父、父親都健在，四世同堂，也算大喜。

張居正比其父有才華，大約其父的才華都給了兒子。張居正十二歲就考中秀才，恐怕是中國歷史上最年幼的秀才；二十二歲考中進士，開始登上政治舞臺。他年紀不大，即比當時人高瞻遠矚，認為對國窮民困的大明王朝，要從政策上進行改革。嘉靖二十八年（西元一五四九年），他給皇帝上了〈論時政疏〉，系統地闡述了他的改革主張。

其結局我們太可以預料了，在嘉靖、嚴嵩的朝代，這個奏疏注定石沉大海，杳無音信。張居正比海瑞精明得多，他已經看透了這個皇上，徹底失望，不抱任何幻想，也沒有任何興趣沒有必要再跟皇上廢話。從此，他在嘉靖死前，再不上奏疏。張居正不像海瑞那麼愚忠，那麼「不識時務」，他才不會抬著棺材去「文死諫」，犯傻。他在等待「永遠不落的紅太陽」隕落的這一天。這期間，張居正也沒閒著，以他洞察萬物的高超技能，他看準一個人可以依靠，或者叫利用，此人是個女子。這還要從隆慶皇帝的后妃說起。他為裕王時，曾娶北京昌平李氏為妃，生長子，五歲夭折，李氏亦悲傷而亡。他又娶北京通州陳氏為妃，並於隆慶元年（西元一五六七年）封為皇后。隆慶登基後，放縱淫慾，以陳皇后無子為名，將她打入冷宮。

隆慶當皇帝之前，在裕王府時，有個宮女亦姓李，順天府漷縣人。她本是裕王的「通房大丫頭」（以前有錢人家的高級丫頭，有資格陪主人睡覺，如果生下兒子，就有可能被主人升為妾）。嘉靖四十二年（西元一五六三年）生朱翊鈞，就是後來那個三十年不上朝的萬曆皇帝。

有個著名的京戲《二進宮》，就是以隆慶死，李貴妃設法保住小皇帝萬曆登上皇位為背景的故事。這個李貴妃雖是丫鬟出身，但很會為人處事，也許因為她出身低微，沒有「驕、嬌二氣」，因此，她雖長期伺候裕王而受寵，但不恃寵而傲，很注意和受冷遇的陳皇后搞好關係，並教育小萬曆要知孝順、有禮貌、勤用功。由於萬曆自幼在母親嚴厲約束下，因而他練就一筆好字，目前北京許多古蹟仍留有他的墨蹟。在《明史・后妃傳》中，如是寫李貴妃：「后性嚴明，萬曆初政，委任張居正，綜核名實，幾於富強，后之力居多。」

這一切，張居正自然洞悉，他在隆慶繼位不久就有盤算：皇上縱慾無度，說死就死，肯定是李貴妃生的朱翊鈞繼位，其母受寵，又能幹，她的兒子一旦登基，這位皇帝的生母很可能干政，不若現在就巴結這位貴妃娘娘。這就是張居正精明過人之處，經審時度勢，他於隆慶二年（西元一五六八年）春，上奏隆慶，建議冊立六歲的朱翊鈞為皇太子，並引經據典，援引本朝早立太子的成功事例。

這個馬屁拍得太響了。本來，朱翊鈞當皇帝的事是板上釘釘，只要不死，肯定是他繼位，張居正奏不奏都一樣。但他這一上奏，隆慶父子、李貴妃，皆大歡喜，自然感激張居正。

中國歷朝大臣是不能見后妃的，只有太監終日陪伴她們。那個大太監馮保，之所以敢跟內閣首輔高拱打得雞飛狗跳牆，主要一點，他深受李貴妃寵信，可以說是她的心腹。能熬到皇帝身邊的大太監，沒兩下子成嗎？張居正注意保持和馮保的友好關係，馮保在向李貴妃對高拱進讒言時，經常稱讚張居正，使得本來就感激張居正的李貴妃，對張有依託之念。隆慶病危向張居正托孤時，李貴妃就在帷後吼了一句：「先生要忠心為國！」這既是希望，又是肯定。張居正即是在這樣的歷史條件下，從事他的改革大業的。

任何成功的政治家，在施展自己政治抱負之前，務必先掃除權力障礙，再安插自己人，以實權在握。張居正曾經協助高拱，把徐階趕回老家，這個高拱成了那個首輔，張居正的頂頭上司。

高拱這個人，不是治國之才，唯一的政治資本是隆慶登基前，曾任過隆慶的老師。這個人講話隨便，也沒有政治抱負，更沒有文韜武略，剛和徐階打得天昏地暗，又和馮保鬧得不可開交，遠不如張居正，思而不言，工於心計。

隆慶病危時，高拱在文淵閣曾幾次當眾說：「十歲太子，如何治天下？」這話很快傳到馮保那，又傳到李貴妃及萬曆皇帝耳中，變成「太子為十歲小孩子，如何做人主？」是否是由張居正傳出此話，未見史料記載，但結果是，萬曆立即降旨，令高拱「回籍閒住，不許停留」，由張居正任首輔，他成功地掌握了大明實權，張居正春風得意，大展宏圖。

*

再說回鄉賦閒的海瑞，本應過著「花落無言，人淡如菊」的隱居林泉的日子，但他又捲入了和張居正的矛盾！按說他不僅和張居正夙無矛盾，而且他還支持張居正的「一條鞭法」（簡單講，將農民頭上多如牛毛的苛捐雜稅合在一起，一次徵稅，大大減少各種盤剝，減輕農民負擔）改革，可說二人本相安無事。又是海瑞「路見不平，拔刀相助」，生出是非。

有個大學士叫呂調陽，在萬曆元年（西元一五七三年）被張居正任命主持第二年全國舉人進京會試，俗稱「考進士」，張居正賦予呂調陽權力很大，由他確定考題、派人閱卷，凡考中者，由他最終拍板定奪。「正巧」張居正之長子張敬修也參加此次會試。明代並沒有健全完備的回避制度，張居正有沒有眷顧兒子之意，就不得而知了，天知道！

海瑞得知此事，上書呂調陽，希望他「以道自持，必不以私徇太岳（張居正號太岳）」，寫得義正詞嚴，不激不亢。海瑞辦事不講策略，易得罪人。這次的問題是，海瑞寫此信時，尚未會試，即便有徇私枉法的預謀，畢竟還沒有發生；何況，海瑞已經靠邊站，你管得著嗎？用得著你事先提醒嗎？弄得呂調陽想巴結張居正也難上加難了。再說，張居正之子張敬修，就是憑自己真才實學考中，別人也會在腦海中重重地畫上一個問號。當然，最氣惱又尷尬的是張居正：人家海瑞沒有錯，事先告誡你張居正和呂調陽別「犯錯誤」，有什麼不對？結果，後來有幾次官員奏請海瑞復出，都讓張居正從中作梗，不了了之。這件事，到底怪誰呢？

冤仇易結不易解，再說，官場本來就是個無事生非、勾心鬥角的場所，天下熙熙，皆為名驅；地上攘攘，皆為利往；官場浮沉，世間百態；斗轉星移，無非如此。

過了二年多，萬曆三年（西元一五七五年），海瑞的母親謝氏去世，享年八十七歲，已算高壽，朝廷封她四品恭人。俗語說「人活八十，有個老母也是幸福」。六十二歲的海瑞，他一生對一切人全「原則至上，不動感情」，他認為這才是「聖人之道」。但是，他獨對母親充滿了深情，他心中的母親，和他心中的「忠、孝、節、義」理學思想同樣神聖。

海瑞在母親去世後，經常呆呆地想自己未盡孝之處，最大的不孝就是多年在外。他長歎：「忠孝不能兩全」，「人在江湖，身不由己」。這「江湖」是什麼？他認為，就是「恩怨」，母親給了我「恩」，官場結了那麼多「怨」。

海瑞忍著極度悲傷，閉門整理文稿，消遣度日，終日寡言少語，實際上他也無人以語，無語以人。

「閉門家中坐，禍從天上來」。萬曆五年（西元一五七七年），幾千里之外的北京發生一件事，平白無故把海瑞給捲進來。冤家路窄，又是和張居正有關。

*

這一年，張居正的老父病逝。按中國歷朝規定，兒子要回原籍守喪三年，這叫「丁憂」，以盡孝道。此時，張居正既要輔佐才十四歲的小皇帝執政，又要推行他的改革大業，因而，是否「丁憂」回家居喪守孝，奏請皇帝定奪。小皇帝一刻也離不開張居正，就降旨慰留張居正。張居正本來也擔心，一走三年，誰知道詭秘多變的朝廷會對張居正有什麼不測？變數？因而，他順水推舟，就未回原籍盡孝。

張居正的改革，必然要觸犯一些人的利益。他們見張居正如日中天，無可奈何他，等待時機，這回，他竟有違祖制，一時議論紛紛。那時，不丁憂，在人們眼中，就有如今日篡黨奪權、殺人放火。中國有不少人就是這個德行，自己不幹人事，專門挑幹事人的毛病。

有個人叫吳仕期，鬧不清他是出於義憤，還是別有用心，他知道原來應天府巡撫海瑞喜好伸張正義、打抱不平，於是，他冒充海瑞名義，給萬曆皇帝上疏，指斥張居正「貪圖祿位、不盡孝道、不忠不義」云云，並偽造聖旨，罷張居正官，召海瑞為內閣首輔。這個吳仕期，簡直是一個二百五，但還有更二百五的人，有人乾脆將偽造的海瑞奏疏、萬曆聖旨，印刷成書，借助媒體，廣為傳播，頗有唯恐天下不亂之勢，不知他們到底要幹什麼？

張居正很快就知道了這件事，他抓住偽造聖旨、偽造奏疏、擊訐大臣（就是現在的「誹謗罪」）這件事，「寧可錯殺一千，不可漏掉一個」，捕殺、株連無辜者不計其數。張居正令審訊官員反覆追查：海瑞參與此事否？張居正內心是矛盾的：憑海瑞的為人，他有可能寫此奏疏，何況，張居正幾次阻攔海瑞官復原職，但是，從這個奏疏粗鄙的遣詞用字看，又不像海瑞的文風。張居正生疑，幾年來，海瑞在天高皇帝遠的海南幹什麼呢？決定派巡按御史官陸光祖到瓊山調查瞭解海瑞最新動態。

張居正派個御史去調查海瑞，很是得體，公私兼顧，滴水不漏，這是他辦事為人的風格。朱元璋時設置的御史，沒有固定衙門、職能，但權力極大，可以監督任何官吏，一經發現問題，可以直接向皇帝反映，有點像今日的中央紀律檢查委員會。御史還可以給皇帝提意見或建議（至於皇帝聽不聽，那是另一回事），但皇帝絕不能因為御史提了意見而懲處御史。從理論上講，御史連皇帝都可以監督、批評，還怕哪個官員？

朱元璋也考慮到了，萬一哪個御史和官員相互勾結、沆瀣一氣怎麼辦？那時，朱元璋還想不出，用在野黨監督執政黨的辦法，朱元璋從制度上毫無辦法，只能用傳統的老套數：選擇上上君子任御史，就不怕被官員拉下水了。

問題是：誰都稱自己是「超級上上君子」，再說，即使原本真是個「上上君子」，也有腐化變壞的可能，「王莽恭謙未篡時」嘛！怎麼辦？什麼樣的志士仁人，在官場混久了，棱角也都磨沒了，渾身也染黑了，河裡的石頭，哪個不是圓的？只是一個「貪」字，不知要了多少政壇精英的命。

還是朱元璋有辦法，專找那些迂腐固執、不通人情世故、六親不認的書呆子任御史，就可以保證御史隊伍的純潔性。其實，後來的實踐證明，任何東西都有假冒偽劣，明朝的御史，假書呆子，真變質者，大有人在。

這個陸光祖，既然受張居正信任，估計此人也還湊合，而張居正是個明白人，他本來對海瑞將信將疑，也想派陸光祖這個比較正直可靠的人，瞭解真實情況。

陸光祖還真是個忠於職守，又頗具心計的人。他想：若海南地方官知道朝廷派來御史到瓊山瞭解海瑞，那還了得，大張旗鼓、弄虛作假，連海瑞這樣忠厚耿直的人最起碼也會有心理準備，那樣的話，肯定得不到任何真實情況，將負此行。他決定微服私訪，探得海瑞真實情況，還可順便瞭解這個遠在天涯海角的海南的狀況。

＊

萬曆五年（西元一五七七年）十月，陸光祖悄悄來到海南瓊山縣海瑞的家「突擊抽查」。這天，海瑞正在田間鋤草，此時的他倒不為生計所困，不過為了每日活動活動筋骨，畢竟六十四歲的人了。

清貧是人們思想的導師。陸光祖來到海瑞家，只見五間老房子，破舊不堪，這還是海瑞回鄉後，為了給母親居住和自己養老，利用他節省下來的俸祿一百二十兩銀子，重新修繕的。陸光祖見院門未鎖，走進屋內，幾件必備的舊家具，桌上一疊書，有的書中夾有書籤，說明他終日讀書。又見床上的蚊帳幾個大補釘，鍋中還有吃剩下的粗米飯及一碟鹹菜。

進院時，陸光祖還奇怪，家中無人，為何不鎖門？進屋後方知，家徒四壁，沒有可偷的；再者，以海瑞為人，小偷、強盜也會肅然起敬，不忍下手。已有鄰居告知田中耕作的海瑞，家中有客。海瑞放下鋤頭，快步回家。

陸光祖幾乎被海瑞家的景象給震懾、驚呆了。他曾去過不少致仕（退休）還鄉官員的家，自己也曾在原籍閒居過一段時光，他們還都不算貪官，也並不比海瑞官大，卻都是豪宅華舍，錦衣玉食。陸光祖幾乎不相信自己的眼睛，不住地喃喃自語：「寒舍啊！寒舍！君子食無求飽，居無求安！」

海瑞進屋，打斷了陸光祖的沉思，一時間二人十分尷尬，不覺百感交集，竟不知說何是好。海瑞在京時，和陸光祖有過點頭之交。御史本職是監督官員，為了避嫌，至少表面上不和官員過分親近，今日，不想會在此見面。海瑞思想簡單，還真以為陸光祖是來單純看自己，一腔熱忱，招待客人。

二人寒暄後，關心朝政的海瑞希望瞭解朝廷的最新消息，問道：

「陸大人，海瑞一介布衣，遠居海角天涯，困頓閉塞，不知朝內有何要聞？」

陸光祖抓住機會，試探海瑞對張居正的態度：

「海公身居邊陲，沐日月之精華，採山水之靈氣，仍惦念朝廷，可敬至極。現太岳公（張居正）正輔弼聖上，推行『一條鞭法』，不知海公對太岳公此舉，有何高見？」

海瑞熱情肯定「一條鞭法」，極力稱讚張居正治國有術，振興有望，大明中興，此其時矣。

陸光祖見海瑞對張居正出以公心，誠心嘉褒，心想：「海瑞啊海瑞，你的口袋比臉都乾淨，可是張居正不僅多次阻攔你復出，還懷疑你暗中反他，可憐！可憐！」

此時，陸光祖決定開門見山，進一步瞭解詳情，遂詳細講了江南人吳仕期偽造海瑞奏疏及聖旨之事。海瑞聽罷，拍案而起，對於偽造自己奏疏一事，他只好奇，一再追問奏疏都寫了什麼；而對於偽造聖旨，他倒極為憤怒，咬牙切齒地說：「衣冠禽獸，無恥之尤！我大明天子聖旨，也是膽敢偽造的嗎？十惡不赦！」

《明史・海瑞傳》對於這次抽查海瑞，這樣記載：

萬曆初，張居正當國，亦不樂瑞，令巡按御史廉察之。御史至（瓊）山中視，瑞設雞黍相對食，居舍蕭然，御史歎息去。

陸光祖深知海瑞是冤枉的，連奏疏內容全然不曉，至於他自己取代張居正為相（這是張居正最擔心的），更不存在任何可能因素，純係無稽之談。陸光祖回到北京，向張居正如實稟報了所見所聞，張居正反倒不好意思。官場上，官員互相之間都是極虛偽，假惺惺，明明滿肚子男盜女娼，偏偏滿口仁義道德，一副正人君子相。像張居正這樣的偉人，亦不可能脫俗。他心說：「對海瑞，我真小人之心，讓陸光祖洞悉了。」張居正和陸光祖二人對坐，長時間無語，許久，張居正長歎一聲：「若天下諸公（官吏）盡如海瑞，在下（我）何勞為國憂焚，夜不能寐？」這種話，只有張居正能得說出來，明朝皇帝，要他命也講不出來。

凡有作為的政治家，都重視人才的延攬和任用。張居正掌權後，他也任用許多有能力、有作為的官員。當時就有人攻擊張居正「任用親信」，實踐是檢驗真理的標準，從歷史事實看，張居正一系列改革措施，得以大刀闊斧進展，和他任用人才得當有很大關係。

說到用人，對海瑞怎麼辦？張居正這回犯難了，海瑞受冤枉，張居正一清二楚，但是，張居正又擔心海瑞復職後，到處樹敵且不說，犯起牛勁來，肯定連我張居正的話也不聽，我豈不自找麻煩？況且，張居正對海瑞干預他的兒子張敬修會試一事，心存芥蒂，耿耿於懷。

陸光祖「突擊檢查」海瑞一事，張居正事先得皇上批准，本是秘密進行，而沒心沒肺的萬曆，卻把此事捅出來，很快傳遍朝廷。許多官員不明白內幕，以為張居正可能很快就要起用海瑞，想投其所好，搶先拍張居正馬屁，紛紛上奏，籲請起用海瑞。但是，沒有張居正首肯，仍無濟於事，瞭解內情的人，敏感地覺察出，張居正面對有關海瑞官復原職事，就是不表態，賊光油滑的官員也就不再提及此事。

官場詭異多變，翻雲覆雨，張居正的結局，幾乎超出了所有歷史學家的想像範圍。

26日月同輝——海瑞和張居正（下）

我經常剖析海瑞與理學。理學鼓吹「忠、孝、節、義」，讓人成為君子。但當君子和個人利益或權勢發生矛盾時，君子只好說假話，也就成了偽君子，孟子講「慎獨」，獨處，沒有監督時，也要是君子，說明孟子時代就有偽君子。

海瑞當不了偽君子，可官場儘是偽君子，海瑞極為孤立，只有不說話，說話少成了美德，愛說成了罪過，思想被鉗制了，這就是專制。

自萬曆五年（西元一五七七年）張居正派陸光祖去海南抽查海瑞，又過去了五年。海瑞在瓊山閒居，人們感到，漸漸邁向七十歲的海瑞，已被朝廷淡忘，他不可能復出了。而海瑞依然不改舊風，指點江山，痛斥弊端，點名道姓，不計後果，令前來拜訪的客人十分尷尬，附和不是，反駁不好。海瑞也不懂對方「心理學」，自管滔滔不絕，一吐為快，使得訪客連想告辭都無從插嘴。慢慢客人也就少了，海瑞也不介意，樂得安逸，每日晴耕雨讀，一旦聽說不平事，就上書痛斥，精神生活倒也充實。

而張居正和海瑞相反，手握大權，一展宏圖，又是變法，又是教育小皇帝，在十多年間，張居正為大明帝國積累了一筆可觀的財富，把國民經濟從嘉靖末年瀕臨崩潰的邊緣，挽救過來，使萬曆初年成為明中後期最富強的時期，使得已苟延殘喘的大明帝國又奇蹟般地多活了幾十年，也使後來的萬曆皇帝有資本繼續折騰、怠政和胡混。

「亞當都墮落了，我們還能清白嗎？」像張居正這樣的政治家，他是不可能回避權術的，權術就是官場上的兵法，是戰勝政敵的謀略和手段，正如一位將軍不能不懂兵法，一位商人不能不懂經營，政治家不能不懂權術。不能將權術和陰謀等同起來，權術作為一種手段，本來無所謂正與邪，用權勢懲治邪惡，它是正義的利劍；用權術搗毀正義，就是邪惡的凶器，後人應這樣看張居正。

這個萬曆皇帝，自幼在母親李貴妃的調教下，聰穎談不上，還比較懂事。張居正身為帝師，在學習上嚴格要求萬曆，真心希望他成為中興之主，畢竟明朝昏君也著實太多了。

開始，萬曆年幼，就像今日小學生最聽老師話。隨著年齡增長，環境的熏陶，加上朱元璋後代劣質基因在發揮作用，萬曆越來越不是東西。萬曆十八歲那年，出了一件事。

＊

萬曆八年（西元一五八〇年）十一月，皇帝十八歲，已算成年人了。按說，其母李貴妃管他的為人，張居正負責他的學習，萬曆此時應當脫落成很有出息、很有作為的青年君主。用這樣的標準要求大明皇帝，顯然期許太高。

這個萬曆，自幼對張居正的教導，接受起來就很吃力，開始還有些懼怕這位老師，老師讓念就念，讓背就背。隨著年齡的增長，在一群貼身太監的惡劣影響下，萬曆心中，滋生出現在學生才有的想法：「我是誰？憑什麼聽你的！」遂極力疏遠張居正，終日和太監打作一團。

生理成熟的萬曆，已經「德不近佛，才不近仙」，開始尋求精神刺激了。他聽太監們介紹，皇城外不遠的西城，淫窟賭場，何等銷魂，萬曆雖然自幼養成懶惰習慣，以致後來三十年不理朝政，但是若要對西城的紅燈區「現場考察」、「帶職調研」，萬曆可謂雷厲風行，「似戰鼓催征人，快馬加鞭」。

晚上，在貼身太監孫海、客用帶領下，萬曆一行溜出西華門，在西四一帶的秦樓楚館流連忘返，肆意胡鬧。回到皇宮，意猶未盡，仍要小太監模仿外邊歌妓唱淫曲。小太監唱得不夠「專業」，酒醉的萬曆下令鞭撻這小太監，又令他頭髮割下，以解皇帝心頭之失落。

大太監馮保在宮中遍布耳目，很快得知此事，稟告早已成為太后的李貴妃。李太后立即叫來萬曆罰跪，痛斥萬曆後，讓馮保、張居正發落。老練的張居正一方面為萬曆講情，一方面將孫海、客用這兩個「教唆犯」杖責後驅逐出宮。萬曆恨馮保將此事告訴了母親，又恨張居正將皇上的兩個「良師益友」驅逐。從小看到老，此時十八歲的萬曆，已不可救藥，以他的品質、地位、環境、時代，必將將造就一個新的大昏君、超級混蛋皇帝。

又過了兩年，萬曆十年（西元一五八二年）六月，五十七歲的張居正與世長辭。也許他勞累過度，也許他聰明過人，更有可能是官場險惡，讓人折壽。總之，張居正時代過早地結束了，他的改革隨之夭折，大明王朝自此一路飛速下滑，一蹶不振，在不太長的時間內將徹底崩潰，就是必然的了。

這一年，最興奮的是張居正的學生萬曆。老師死了，他彷彿獲得了新生和解放。別看他處理政務時，心不在焉、丟三落四，患了健忘症，但是，他若恨誰，記一輩子，永世不忘。「記仇」和「愛財」是萬曆最大的「超人特長」。

*

張居正死後不到半年，有一次萬曆聽說馮保家藏萬金。他知道，歷朝大太監倒臺被抄家時，皆富可敵國，這馮保肯定有錢。但是，馮保無罪，憑什麼去抄他家？常言「上無常操，下多邪術」，萬曆身邊不缺足智多謀、「高智商」的小人，應有盡有。有個太監叫張誠，心想，除去馮保，他的地位就是我的。張誠給萬曆出主意：先降旨調馮保去南京，然後抄馮家。萬曆這次「從諫如流」，果然，得金銀一百多萬兩，再以「鉅額財產來路不明」罪，將馮保在獄中折磨死。

萬曆有個弟弟潞王朱翊鏐，也是李貴妃所生，要大婚了，想大操大辦，竭力鋪張。要用宮中藏銀，這怎麼成？這等於用萬曆私人金櫃的私房錢，萬曆經常信步走到宮中金庫，只要看到這些元寶，他就從內心深處發出幸福的微笑。

順便說一句，萬曆將近三十年不上朝，不理朝政，整個國家機器處於長期癱瘓狀態，他都不在乎，他只在乎一點，令太監到全國各地徵稅，只要把雪花花的銀子運到皇宮，他便認為天下太平，可以高枕無憂了。

再說，自張居正搞改革，國家收入大增。而萬曆橫徵暴斂、一毛不拔，宮中積蓄大量銀兩。圍剿各地義軍及抗清，崇禎捨不得拿出來用，後來李自成攻入北京，將這些「萬曆通寶」一掃而光，捲回西安，不知所終，也是明朝活該將亡。

這回，萬曆犯了難，有如今人遇到「紅禍」：親弟弟大婚，要給「紅包」，可是讓自己「放血」，真要命也，捨不得。萬曆畢竟是張居正教出來的嫡傳弟子，書沒讀好，但腦筋「靈活」，會舉一反三，他想：從馮保家能抄出百萬金銀，何不也抄張居正家？張家財產肯定也不少！既解決了給弟弟的「紅包」，又沒動我的私蓄，還報復了張居正老師。真是「與人鬥，其樂無窮」！

凡有關萬曆的著述，寫到張居正輔佐的這位皇帝，千篇一律寫他「怠於執政、勇於斂財」，後一句沒有錯。其實，他「執政」，要看幹什麼，像他打擊報復馮保、張居正，半點都不怠慢，尤其是抄人家斂財，萬曆總是萬分激動，很像要去搶銀行或盜墓挖墳之前那麼充滿希望和幻想，而且所用招數，不似他本人歷來那麼蠢笨。

這次，萬曆令錦衣衛先抓一個張居正過去的家丁，嚴刑拷打，反正錦衣衛、東廠、西廠，有的是招數，逼家丁供出張居正有萬貫家私，運往湖北江陵老家。這個毒計高招，鬧不清是萬曆個人獨斷，還是「組織集體決策」，反正張居正罪名成立，可以「跨省抓人」了。萬曆十一年（西元一五八三年）三月降旨，張居正「擅權亂政、貪贓枉法」，奪去他一切功名與諡號（名臣死後，以皇帝名義給他封號，以表彰他生前功績），派朝廷大員前往江陵，查抄張府「贓物」。

自張居正一死，從朝廷到地方官員，已經覺察皇帝對張居正「不感冒」，張居正的三個兒子也窩在老家，朝廷沒有「給出路」，更談不上子繼父業。官員何等勢利，一聽說朝廷大員要查抄張府，不待朝廷有「指示細則」，地方官先擅自封了張府，重兵把守，不許張府一人一物出門，地方官既落井下石，又劃清了界限。

張居正去世後，北京的家屬悉數回到原籍，這是張居正臨終遺言，顯然，張居正心裡明白，萬曆皇帝不是仁君，心術不正，自己搞變法，又得罪不少人，政壇風雨波譎雲詭，自己的兒子應付不了這局勢，為了明哲保身，布衣還鄉吧。

結果，湖北張府住的幾十口人，事先誰也沒有料到，抄家大軍如「文革」中的紅衛兵，追殺到原籍來了；更沒有料到，地方官封了大門，不准出人；尤其沒有料到，抄查大員一路公款旅遊，遲遲未到，忙什麼？可張府存糧不多，已餓死了十幾口，張居正精明一世，沒料到他的學生萬曆對他有這一招。

抄家大軍浩浩蕩蕩衝進張府，地方官大獻殷勤，裝作嫉惡如仇，也存有好奇心。中央和地方協同，一絲不苟，認真抄家，共抄出黃金萬兩、白銀十餘萬兩，比張居正正常收入略多，說明他有受賄行為，不過並非罪大惡極，本書不擬評價張居正，但張居正功大於過是肯定的。

抄查官覺得，只抄出這麼點錢財，不過癮，更怕向皇帝交不了差，皇帝還等著給弟弟「湊份子」辦喜事，就吊打張居正長子張敬修，硬說他藏起二百萬兩白銀。張敬修明白，這是欲加之罪，別說你拿不出這二百萬兩，就是拿出來了，他們也不會饒了你，只有自殺。

萬曆知道這件事後，心說：看來我還得接著去抄別人家，才能湊夠給弟弟的紅包，不免對抄張府有些失望。他知道也不可能再抄出什麼了，於是當眾說：「若不念他（張居正）當年做過我的老師，定要開棺戮屍！」謝天謝地，他還知道張居正曾經是他的老師！這點比今天某些學生強。

＊

寫至此，使我不由想起「文革」動亂，毛澤東支持紅衛兵抄家、殺人、破壞、打老師、鬥父母。毛澤東在天安門接見紅衛兵，廣場人滿為患，極為擁擠，紅衛兵將抄家私匿的金條、戒指，擠落一地。毛澤東稱讚抄家是「掃四舊，立四新」，是「文革」的偉大勝利。毛說：「我是支持你們的！」

張居正的噩運，絕不僅僅是他個人的悲劇，而是大明王朝的、中華民族的不幸。明朝徹底結束了它自隆慶、萬曆初年的改革，從此，明朝進入不可挽回的衰敗。中華民族自此完全落後於西方達四、五百年，直到二十一世紀才再次崛起。

海瑞和張居正，既不是政敵，也不是盟友，二人的共同目的都是希望大明國強民富，但是，張居正比海瑞治國能力高得多，海瑞比張居正廉潔奉公強得多，偉人之過，如日月之蝕，後人凡夫俗子在評品他們的瑕疵時，依然要仰視他們。

海瑞和張居正是明朝同時代的重臣，都像日月一樣光芒萬丈。但是，日月不能同時在天上照耀人間，只能交替升入天空，張居正落下去了，海瑞又升起來。

張居正死後第二年，在不少官員大力推薦下，萬曆十二年（西元一五八四年）十二月十日，皇帝降旨，起用已經七十一歲的海瑞。海瑞是隆慶四年（西元一五七〇年），五十七歲時回鄉閒居。一閒居就是十四年，浪費了為國為民效力的大好年華。

＊

萬曆十三年（西元一五八五年）正月十日，朝廷任命海瑞為南京都察院右僉都御史，一個月後，二月十一日，又任命海瑞為南京吏部右侍郎（相當於今日法務部副部長）。海瑞已經七十二歲，由瓊山海口鎮啟程北上，這是他一生中最後一次離開海南，他乘船從瓊州海峽出發，望著遠逝的海南，久久沉思。水陸兼行，走了兩個多月，來到南京，當時南京吏部尚書（正部長）一職空缺，海瑞代理尚書。

海瑞仍一身正氣，剛剛調走的原南京吏部尚書畢鏘，請海瑞「走後門」，提升二人，被海瑞嚴辭拒絕。於是，畢鏘暗中挑唆官員上告海瑞。海瑞感到官場比張居正時代更黑暗，官員搞歪門邪道，趨之若鶩，自己工作循規蹈矩，根本無法開展。

海瑞畢竟老了，他已經不像以前，動輒上告一切不合理的事，惹不起，還躲不起嗎？他只能決定退休。萬曆十五年（西元一五八七年），七十四歲的海瑞七次上書請求隱退，他是真正要退。

南京各衙門官員每日上班，反正無事，仍然是品茶、聊天、扯皮（把公事推來推去）、謀私，海瑞已經管不過來了，他進入自己的辦公室，悲歎：「七十有四非作官時節，況天下事只如此而已，不去何為？」上了年紀的人，總是懷舊的。他閉上雙眼，慈母謝氏的面容，立即浮現出來。他聽僕人說，在他被嘉靖關押等待凌遲處死的那幾個月，母親終日在村口大樹下，望著遙遠的北方，呆呆注視，一站就是一天，一言不發。海瑞每想到此，老淚縱橫。

海瑞和妻子王氏及兩個兒子，一生聚少離多，先他而去。海瑞心想，也許來世就可團聚了。萬曆十五年秋，海瑞病勢漸重，他拒絕服藥，希望儘快和地下有知的老母相見。

十月十六日，海瑞一早起床，發熱。跟隨他幾十年的老僕海升，勸他不要去衙門了。海瑞說：「食君祿，為君謀」，這是海瑞一生最後的一句話。他上衙門後，高燒昏迷，一語未發，懷著對大明天子的期望、對黎民百姓的同情、對貪官污吏的憎恨，對母親、妻子的思念，永遠閉上了眼睛。海瑞滿頭銀髮，骨瘦如柴，雙眉緊鎖，彷彿心中還有無盡的悲憤心事沒有傾訴。

海瑞一生中最愛說的一句話是「怎麼會是這樣？」

再也聽不到他說這句話了，他帶著這句話，永遠離開了這個世界，也永遠沒有找到答案。

按慣例，大臣臨終，需給皇帝寫「遺疏」，談未竟之志，對君厚望，反躬自省。海瑞病了許久，自知病將不起，但是，他沒寫遺疏。也許，這個「進思盡忠，退思自省」的海瑞，終於對這個世界不抱希望，無話可說了。同時，他沒有私人遺囑。道理很簡單，他一無親人，無遺可囑；二無財產，無囑可遺。

海瑞一生，「首先做人，其次做官；大官小做，小官大做；閒官忙做，忙官閒做；虛官實做，實官虛做」，可以概括他一生為官了。

＊

讀者一定對海瑞的家庭生活感興趣。如果說，他在政治生活上不得意，是腐朽王朝造成的，那麼他在家庭生活上不如意，純粹是他個人造成的。

他十幾歲娶妻許氏，生了兩個女兒，海瑞對許氏過於挑剔，脾氣暴躁，弄得許氏惶惶不可終日。海瑞又嫌她沒有品位，不生兒子，乾脆把她休了，許氏帶著兩個幼女回娘家去了。又娶個潘氏，潘氏愛說，倒是有「品位」。她見海瑞都二十好幾了，也考不上進士，無意中流露出這個意思，惹怒海瑞，潘氏進門不到一個月，三下五除二，海瑞休了她，倒乾淨利索。

老母謝氏又給海瑞找個王氏，王氏「為威虎山立了一大功」（一句京戲臺詞，大陸很流行），一連生了兩個兒子，中砥和中亮，加之王氏賢慧聰穎，海瑞在外當官，她在家伺奉婆婆，又是婆婆親自挑選的兒媳，婆媳和諧，也許是距離產生美感，她保住了夫人地位。隆慶二年（西元一五六八年），海瑞五十五歲那年，王夫人病逝，朝廷封她為「恭人」。王氏沒有被休，實在萬幸，不過，跟海瑞過日子「太累」，還不如被休了，獲得「徹底解放」。

海瑞還納兩個妾：邱氏和韓氏，海瑞連對妻子都「認真太過」，對小妾更可想而知。妻妾偶有小錯，甚至毫無過錯，海瑞皆狂吼不止，震天動地，小題大做，無限上綱，全家籠罩在他的白色恐怖中，海瑞卻認為自己這是「堅持原則」。其實，夫妻共同生活，哪有那麼多「原則」可堅持的？

海瑞一生，見到的貪官、小人、窮人太多太多了，讓他終日不快，也就造成他總是待人冷冰冰的，使得他可敬而不可愛。海瑞在家也這樣，還認為這是「嫉惡如仇」。其實，他這已近乎「嫉愛如仇」。妻子勸他不要太執著，不要生閒氣，保重身體為上。這話充滿了愛，不想海瑞勃然大怒，吼道：「天下昏暗，我能不認真？為國家，生命算什麼？」弄得妻子「熱臉蛋貼在他的涼屁股蛋上」。妻子不說話了，海瑞仍借題發揮，上綱上線，舊賬重提，沒完沒了，自己激自己的氣。這也算夫妻生活？

前文談到，海瑞在獄中，他的兩個兒子被傳染上鼠疫而死。後來，邱氏又生一兒子，名中期，三歲而殤。除了許氏生過兩個女兒，隨許氏而去，王夫人還為他生一女兒，嫁給秀才周維誠。有一傳言，海瑞有一五歲女兒，吃一男僕給的餅，海瑞認為男女授受不親，讓女兒活活餓死。檔案文獻無此記載，似不屬實。

海瑞除了孝敬老母，沒有任何家庭幸福和生活樂趣。他要求自己和一切人都要達到聖人的標準，盡善盡美，任何微小的疏忽，他都是不能容忍的。同事又多是貪刁愚笨之小人，海瑞一生沒有可傾訴自己思想的對象。他始終不明白，十全十美的人，包括他自己和任何聖人，都是不可能的。因此，他沒有朋友就很自然了。

海瑞幾乎沒有業餘愛好，前文談到，他喜愛岳飛書法。海瑞的墨蹟遒勁秀美，大約與他自幼在母親嚴厲督促下，用心寫字有關。海瑞存世字蹟不多，但可看出他的功力。

*

不管海瑞個人隱私多麼令後人為之遺憾，但是，一美遮百醜。他的偉大人品，將永遠為後世崇敬。

有齣京戲叫《大紅袍》，是說海瑞死後，他家中四壁空空，只掛著一件上班穿的紅色官袍。福建人民為了紀念這位父母官，將最好的閩南橘子、最好的茶葉，都起名為「大紅袍」，這是中華民族紀念偉人的高雅方式。

人民大眾的眼力是沒有錯的，他們公認的偉人就是偉人。海瑞去世當天，按中國人風俗，要給死人換上新衣服入殮。

幾個官員來到海瑞在南京的家，又退了出來，這是海瑞家嗎？

外屋是書房兼客廳，一個書桌，兩把椅子，再就是堆在書桌上和地上的書籍；進入臥室，一張木床，一個木櫃和牆上掛著的那件唯一官服大紅袍。

打開木櫃，想找身新衣服，對不起，沒有！只好找一件有補丁的舊衣服。在衣櫃裡意外地發現了十一兩銀子。僕人海升說：「這三兩是積蓄，八兩是兵部昨天發下的柴火銀。海大人一算，多給了七錢，讓我給退回去！」

進屋的幾位官員，說不定都貪污受賄過，他們肯定都愛錢，但面對這十一兩銀子，誰都不好意思伸手去拿，也許這正體現了海瑞精神的無窮力量！當時有個僉都御史王用汲感歎道：「二品大員，其清貧苦境，為寒士所不堪！」王用汲和海南籍官員，捐贈金銀，才夠買棺材，送回海南。

很多偉人，活著時無人理睬，貧困潦倒，受盡磨難，了此殘生。死了，成為了無害的偶像。

當權者彷彿發現了熟知的聖人似的，眼睛一亮，又是追悼，又是追封，似乎統治者的內心，始終和逝去的偉人是相通的，企圖讓活著的人悟到：當權者也是聖人！

萬曆的智商還遠遠達不到這個水平，是身邊的大臣建議，賜海瑞「太子少保」、謚號「忠介」。朝廷的悼念總是冷冰冰的官樣文章，官員議論給海瑞什麼謚號時，很可能在邊猜拳罰酒、邊左擁右抱、嘻嘻哈哈中完成的。而老百姓的哀悼則是真誠的，人們自發地從海瑞住宅排到南京下關碼頭，大家無語，默默地目送海瑞的靈柩，從長江駛向大海，駛向海瑞當初來的地方，人民多麼期望、熱愛手握重權、廉潔愛民的清官啊！

說來又是一件怪事：海瑞的棺槨抬到海南，到了海口市現在濱涯村這個地方，棺繩突然斷裂，棺槨跌落在地上，人們又換了根繩子，重新繫好抬起，不想，棺槨比剛才沉重了許多。大家認為，這是海瑞在警示，就長眠於此，遂葬在濱涯村。

海瑞握拳而來，撒手而去，他忠國體民，「山高萬仞，無欲則剛」，被嘉靖視若眼中釘，必除之而後快，但是沒有成功，海瑞活在人們心中；四百年後，毛澤東、江青一夥，繼承嘉靖遺志，完成嘉靖遺願，把海瑞從地下拉出焚屍揚灰，「鬥倒鬥臭」。

27 一代宗師——吳晗（上）

京劇《海瑞罷官》的作者吳晗教授，是中國現代著名明史專家，迄今尚未發現哪位學者研究明史成就超過了吳晗。他自二十世紀三〇年代就嶄露頭角；四〇年代寫《朱元璋傳》而名震史壇；五〇年代被譽為「現代太史公」；六〇年代因寫了京劇《海瑞罷官》及〈論海瑞〉等文章，「文革」前夕即被誣陷、打倒、批鬥、關押，直至整死。

今日，在清華大學校園內，當年朱自清教授寫的千古絕唱散文《荷塘月色》的池旁，屹立著鄧小平於一九八四年親筆書寫題字的「晗亭」，以紀念吳晗偉大的一生，並哀悼大師悲愴的冤屈，令每個來這裡憑弔吳晗的師生，長時間在此駐足仰視大師的遺像，久久不忍離去。

*

吳晗於一九〇九年出生於浙江省義烏縣吳店鎮的苦竹塘。

春秋時代的越王勾踐，曾以「臥薪嘗膽」而名聞青史，義烏就屬於越國的範圍。秦始皇統一中國後，設置郡縣，有烏傷縣，到唐代，改為義烏縣，這個名稱沿用至今。

至於吳店鎮的來歷，北宋政治家、文學家王安石推行變法，實行「都保甲制」，義烏縣分為十七都，每個「都」相當於今日的鄉鎮，吳店即為一個都。吳店鎮山青水秀，池塘遍布，一派「蘇杭天堂」景象。但吳晗的家鄉苦竹塘的情況，卻如其名，百姓生活很苦，人多地少，每人平均不到二畝地，交了租稅，所剩無幾。全塘沒有大地主，也沒有官宦之家。

吳晗生於一個小康人家，其祖、父受過良好教育，因而吳晗自幼得到家庭熏陶，他十一歲即讀《御批通鑒》，成了吳晗後來熱愛、研究歷史的啟蒙教材。

吳晗在家鄉念的小學，在有名的出火腿地金華上的中學，中學畢業，家境困難，無力供他上大學，吳晗只能在鄉下教小學積攢點錢，後來在杭州之江大學讀了一年，之江停辦，他又考入上海中國公學。在中國公學最後一年，他寫論文《西漢的經濟狀況》發表，吳晗時年二十一歲。

當時中國公學校長是著名的胡適之教授，胡教授發現吳晗的歷史天賦很高，鼓勵他去北京大學深造，正巧吳晗因發表《西漢的經濟狀況》獲稿酬八十元，有了路費，遂去了北平。

＊

一九三〇年八月，吳晗來到北平，那時火車站在前門，他後來在回憶文章中寫道：

> 一下火車，就被前門的城牆和城樓唬住了，那樣高，那樣厚！一進城，看到街道很直，兩邊的鋪子，有的門前掛著各種各樣的市招，和南方不一樣，也覺得很新奇。

古都北平吸引著喜好歷史的吳晗：全國各地有多少青年，抱著種種美麗的幻想，來到這座歷史名城；從這座歷史名城，又走出了多少個歷史名人。吳晗希望由中國公學直接轉入燕京大學歷史系深造，但是，外國人辦的燕京大學極重視英文，吳晗在中國公學的英文是「C」，因而燕京大學沒有接納吳晗。

儘管他遇到了來北平後的第一個挫折，但他志向未改，決定先復習功課，改考全中國歷史專業最高學府：北京大學歷史系。

當年的北京大學在景山東側一個叫沙灘的地方，景山西側是著名的皇家園林北海公園。北海公園以高聳入雲的白塔為中心，白塔下有一石碑，上刻乾隆皇帝御筆「瓊島春蔭」四個渾厚遒勁的大字，於是這個島被稱為瓊華島。那時的北平圖書館就在白塔下的瓊華島。

吳晗每天從早到晚，在北平圖書館內讀書，中午就吃所帶的饅頭或窩頭，其孜孜不倦、清貧質樸的作風，引起了一個人的注意。

＊

這個人就是著名史學家、考據大家顧頡剛（西元一八九三～一九八〇年）。他出生於江蘇蘇州一個書香門第，家學淵源，五歲讀「四書」，一九一三年，他進北京大學，聽章太炎講國學，時胡適在北京大學任教，顧頡剛聽過胡適講的《中國哲學史》。一九二〇年胡適運用西方治學方法，寫了《水滸傳考證》，對顧頡剛走上考據檔案史料的道路影響很大。

一九二〇年，顧頡剛於北大畢業，留校當助教，在圖書館任編目，經多年努力，於一九二六年出版在考證史上占有重要地位的《古史辨》，因而受聘到廈門大學、中山大學任教，一九二九年回到北京，在燕京大學和北京大學任教。

他後來致力研究《尚書》，並創立「《禹貢》學會」，從事邊疆史研究，抗日戰爭時致力於宣傳抗日的活動。二十世紀五〇年代在北京任中國科學院歷史研究所研究員（教授），一九五七年蒙冤，被錯誤地打成「右派分子」，受到幾十年殘酷迫害，此間他仍從事《廿四史》校點出版總其成之重任，一九七九年獲平反，第二年病逝。

一九三〇年，吳晗在北平圖書館，終日如飢似渴讀書時，被任燕京大學和北京大學的歷史系教授顧頡剛重視。那時的大學教授不像現在一些教授，向來不進圖書館，從電腦上東拼西湊就成了「專著」，或乾脆讓自己的研究生給導師捉筆代勞，有辱斯文，不恥儒林。顧頡剛竟日在北平圖書館伏案攻讀，發現了同樣竟日伏案攻讀的吳晗。

閱覽室為古建築，房間不大，歷史使這對師生二人縮短了距離，青年對長者的「敬」，長者對青年的「愛」，二人竟成了忘年交。當顧頡剛看到吳晗帶的午餐，知道他已生活無著時，遂介紹吳晗到燕京大學圖書館中日文編考部作助理館員，使吳晗有了微薄的收入以餬口，由於工作之便，吳晗又讀了半年線裝書，使他對明史產生了濃厚的興趣，亦是他研究明史之開始。

一個青年學人的成功，無一例外，都離不開恩師的教導和提攜，吳晗後來的成功，和他遇到幾位道德文章一流的國際級大學者分不開。

真正的為人師表者，不僅傳經解惑，還要善於發現人才。吳晗在燕京大學圖書館撰寫了一些明史考證論著，最著名的是他的考據專著《胡應麟年譜》，胡應麟是明代史學家，吳晗考證了胡應麟年齡，被胡適稱讚，胡適又聯想到在中國公學時吳晗寫的《西漢的經濟狀況》，感到他小小年紀，功力不凡，後生可畏！

一九一三年初，吳晗辭去燕京大學圖書館工作，以便集中精力備考北京大學歷史系，正巧這年初春，北大校長蔣夢麟聘請胡適任北大文學院院長，吳晗因數學不好，考北大有些膽怯，遂給恩師胡適寫信，希望免試直接轉入北大。這也牽涉到吳晗為什麼後來就讀於清華大學歷史系的問題，說來很有意思，亦值得後人欽佩與深思。

傑出的學者胡適，不僅學問傑出，為人亦傑出。胡適收到吳晗信，當即斷然拒絕吳晗的「走後門」要求，他回信給吳晗：「北大考試以成績為定，不需徇私，你考取後無錢入學，我一定想辦法。」「後門」走不通，既體現了胡適身教甚於言教的堅持原則精神，又表現了他關心一個憑真才實學入學青年的愛才之情。

吳晗考北大歷史系，文學、歷史雙百，數學0分，北大規定，一門不及格，不得錄取。沒辦法，吳晗改考清華大學歷史系，成績和北大一樣，數學仍是0分，但是，鑑於吳晗文史成績優異，遂破格錄取吳晗進入清華大學歷史系。清華這一決定震動了北大，北大校長蔣夢麟、文學院院長胡適、法學院院長周炳琳都認為北大這一規定不合適，應改革。

寫到此，我不禁產生兩點疑惑：

疑一，二十世紀三〇年代，先哲們就認為大學入學考試有改革的必要，改來改去，為什麼就是不改文科生必須考數學這個問題呢？為何非要逼迫大批有文史特長的青年，必須花費大量寶貴時間去跟數學「較勁」（北方方言，費力量之意）？

疑二，吳晗也是上過正規中學的，何以兩次考試，數學都是0分？上數學課時他都幹什麼去了？當然，對他不宜苛於臧否，求全責備。

一九三一年八月初，吳晗如願以償進入清華大學歷史系學習，此時他的家境已十分貧困，仍然無力供他上大學。在北京大學的胡適教授，自聽說清華破格錄取了吳晗的消息，在思考北大的錄取制度是否應改革的同時，沒有忘記他曾經答應吳晗，幫助解決生計問題，「言必信，行必果」，胡適於八月十九日，吳晗考上清華幾天之後，即給清華大學當時代理校務的著名科學家翁文灝和教務長張子高寫了推薦信，胡適大師風範，感人至甚，將此信抄錄一段，以供今日「為人師表」者對照自己：

清華近年錄取了的轉學生之中，有一個吳春晗，是中國公學轉來的。他是一個很有成績的學生，中國舊文史的根底很好。他有幾種研究，都很可觀；今年他在燕京大學圖書館做工，自己編成《胡應麟年譜》一部，功力判斷都不弱。此人家境甚貧，本想半工半讀，但他在清華無熟人，恐難急切得工作的機會，他若沒有工作的機會，就不能入學了。我勸他決定入學，並許他代求兩兄幫忙。此事倘蒙兩兄大力相助，我真感激不盡。附上他的《胡應麟年譜》一冊，或可見他的學力。

胡適此信原件沒見到，我是轉引中共中央機關報《人民日報》一九六六年六月三日史紹賓的大批判文章〈吳晗投靠胡適的鐵證〉。此時，「文革」已經開鑼，批判吳晗的文章轉入野蠻漫罵，僅從這個標題，就可知這場批判《海瑞罷官》算做什麼了，兩個月後，全國紅衛兵在毛澤東支持下，揪鬥、打死父母、老師，也是必然的了。

「一言之褒，榮於華袞；一詞之貶，嚴於斧鉞」。那時胡適寫這樣信，有如今日一個剛入學的大學生，得到楊振寧、李政道的賞識和推薦。翁文灝讓張子高持信找清華大學文學院院長、著名史學、國學、哲學、文學大師馮友蘭和史學系主任蔣廷黻商辦，清華大學很快給吳晗找了份整理清代檔案的工作，每天工作兩小時，每月二十五元工資，那時一個大學生有四元就可以過一個月，吳晗的收入可以讓他安心學習。他大學三年，發表五十多篇文章，和他刻苦、天份有關，亦和他有物質保證有關，因而，他發自肺腑將胡適視作「恩師」。吳晗的成就，和他不斷幸運地遇到恩師有關，如顧頡剛、翁文灝、馮友蘭、蔣廷黻、洪煨蓮等等、等等。

二十世紀五〇年代，大陸掀起批胡適運動，吳晗不敢為胡適講話，也不忍心批判胡適，一九六〇年初修清華大學校史時，吳晗說：「清華學生在國民黨中當權的很少」，「蔣廷黻只是個事務官」，「不是什麼大官」，「愛之以德，恕之以仁」的吳晗，只能以此為胡適辯護。

*

今日各大學因衙門化、機關化，一批學術官僚統治著各高等學府，他們的主要任務只有兩點，一個是伺候好教育部官員，多要點錢；另一個是提高本校知名度。這些官僚領導，有相當一部分人不學無術，沒有科技含量，拿了國家錢只知蓋大樓，買設備，或胡糟踏，根本不懂一座大學若想知名，首要的是要有知名教授，這才是大學的靈魂。我們可以看看，二十世紀三〇年代，吳晗讀清華時，僅文史方面的教授就有：國際級大師陳寅恪、朱自清、聞一多、鄭振鐸、俞平伯、黃節、潘光旦、金岳霖、雷海宗、馮友蘭、蔣廷黻等等。現在電腦一合成就出「專著」的「教授」，有幾個能和他們比？在這些大家的教誨下，使得吳晗也成為大家，是遲早的、必然的事。

如今有的影視作品，因作者不大瞭解真實的學者，一反映教授，多弄成傻笨木訥的書呆子，像個人情事故通通不懂、七情六慾通通沒有、任人耍弄欺騙的老傻瓜蛋。其實這是誤解，真正學識淵博、翰墨生香的學者，無論從政亦或經商，也往往遊刃有餘、得心應手，一個才華橫溢的人，總是在各行各業都能脫穎而出的。

吳晗在清華大學讀書時，剛二十幾歲，由於不停地發表他的文章，他的大名不僅在清華回蕩，在校外亦小有名氣，又引起了一位大文學家的注意，這個人就是燕京大學中文系教授鄭振鐸先生。

一九三三年秋天，鄭振鐸想發起辦一份文學刊物《文學季刊》，他聘請了當時已在中國文壇頗有名氣的巴金、謝冰心、朱自清等擔任編委，還找了尚未畢業、一個二十五歲的青年大學生吳晗參加編委會，自此，鄭振鐸成了吳晗的良師益友，吳晗寫作文風受鄭振鐸影響很大，二人如何相識，有一段文壇佳話，至今傳頌。

北京王府井有個著名的東安市場，內有舊書店，鄭振鐸常在此「淘寶」，有時也碰見吳晗亦在此選書。一天二人評品選購一番後，鄭振鐸邀吳晗一同找個飯館吃飯，吳晗面露難色，一個窮學生，上不起飯館，亦請不起恩師，鄭振鐸把吳晗帶到東安市場北門，和東來順涮羊肉館相對而望的五芳齋，這家淮揚菜館是北大教授經常雅聚餐敘之處。

鄭振鐸為吳晗這位浙江學生特意點了鰣魚，吳晗在幾十年後回憶說：「這是我生平第一次吃到鰣魚。從此，我們無話不談，越發熟了」。吳晗在文學上受鄭振鐸影響很大，後來他寫的《胡惟庸黨案考》及《朱元璋傳》等傳世之作，都很注意從胡適和鄭振鐸那裡學習和繼承通俗易懂、平易近人的文風。

*

《胡惟庸黨案考》是吳晗的得意之作，現在很多讀者不知道胡惟庸何方人氏，在此有必要做一個簡單介紹。

胡惟庸是安徽定遠的一介書生，元末歸順朱元璋義軍，朱元璋打天下，急需知識分子，他重用了一批知識分子，因而他能取得最終勝利。朱授胡為元帥府奏差，幫助朱元璋處理軍國要務，朱元璋表現出對他的充分信任。明朝建立，胡惟庸升至丞相，一人之下，萬人之上。

明朝建國，百廢待興，做為知識分子的胡惟庸受到朱元璋倚重，一大批書生、降官很自然地匯攏到胡惟庸周圍，開始在國家正常運作中發揮作用，逐漸形成「淮西派」，這就招致了另一批人的嫉恨。朱元璋起兵後，有一支嫡系人馬，是曾經出生入死、立下赫赫戰功的農民「大老祖」，亦深受朱元璋信任，史稱「浙東派」，兩派矛盾逐漸公開化、白熱化。朱元璋手下一號大將徐達，是浙東派首領，向朱元璋告胡惟庸狀，胡幾次企圖謀害徐達未遂。朱元璋另一謀士劉基（伯溫），也對朱元璋說過胡惟庸「不宜入相」的話，胡惟庸藉故將劉的歲祿剝奪，最後害死獄中。徐達攻訐胡惟庸，是派系之爭，做為知識分子的劉基，為何也批評胡惟庸？因為胡惟庸不僅生活侈靡，且在吹捧中已陶醉自迷。

胡惟庸當權後，「群小」爭相阿諛奉承，獻媚取寵，有人拍馬屁說：胡惟庸在定遠縣的舊宅，有一只枯井忽然生出新筍，並出水數尺。更有甚者，說胡惟庸祖父三世墳上，每夜有「火光燭天」，這是前文提到的「祥瑞」，而所謂「祥瑞」，只有皇帝才有資格獨享，現在以此恭維胡惟庸，就犯了「上忌」，讓皇帝吃醋，是滅門九族的大罪，胡惟庸聽了，不僅不厲聲制止，反而「益喜自負」，這就叫「死期至矣」，離死不遠了。

利令智昏的胡惟庸，已忘乎所以。洪武十二年（西元一三七九年）九月，胡惟庸等人竟私自扣押貢品，匿不上奏，朱元璋聞知，下令嚴查。又是這幫「群小」，它們已從暢談「祥瑞」、「祖墳上有夜光」，迅速轉變為，有的「樹倒猢猻散」，有的反戈一擊，指控有個日本和尚叫如瑤，來中國進貢，帶一百多武士，將長槍短刀灌注在進貢的大蠟燭裡，陰謀和胡惟庸裡應外合，殺死朱元璋。洪武十三年（西元一三八〇年）正月，朱元璋以謀反罪處死胡惟庸。

朱元璋在位三十一年，他為了給子孫統治掃清障礙，把開國功臣幾乎全部殺光，為何吳晗只對殺胡惟庸感興趣呢？

吳晗認為，日本的刀槍怎麼可能灌注於大蠟燭內？況且，如瑤和尚所帶日本武士不過一二百人，南京駐兵多達幾十萬；胡惟庸真要謀反，何勞日本人大駕光臨？吳晗認為殺胡惟庸是冤案。再者，殺胡惟庸，藉口是胡要謀反，朱元璋死前幾乎殺盡開國功臣，他們都是要謀反嗎？還有，按說殺了胡，應該再立宰相，朱元璋卻裁撤宰相一職，大權獨攬，清承明制，亦不再設宰相，這就強化了封建君主集權，對中國社會造成了極深遠影響。

吳晗還寫了〈《清明上河圖》與《金瓶梅》的故事及其衍變〉和〈《金瓶梅》的著作時代及其歷史背景〉等著名考據文章，揭示了明代社會特點，如資本主義萌芽出現後農村經濟的衰落、商人階層的興起等歷史趨勢。吳晗的研究成果奠定了明史研究及考據學研究的基礎，作為一個大學生來說，能如此目光犀利，難能可貴。

＊

吳晗於一九三四年夏天結束了三年的大學生活。三年來，他在清貧的生活中，終日除了上課，就是扎在圖書館讀書寫作，在他畢業前夕，經常指導他治學方法的胡適教授，在一九三四年六月二十四日的天津《大公報》稱讚吳晗：

> 在蔡元培先生主持的中央研究院裡，去年我看見傅斯年先生在暑假前幾個月就聘定了一個北大國文系將畢業的高材生，今年又看見他（傅斯年）在暑假前幾個月就要和清華大學搶一個清華史學系將畢業的高材生。

顯然，胡適先生在此指的是吳晗，傅斯年希望他去中央研究院工作，蔣廷黻希望他留在清華任教，吳晗對清華產生了感情，決定留校任教。

一九三四年的《清華年刊》上刊登了一張吳晗的畢業照片，在照片背面他寫道：「大膽的假設，小心的求證，少說些空話，多讀些好書——錄胡適之先生話」，可見吳晗多麼感念恩師，又多麼銘記恩師教誨。無論任何人，你可能為師，或者為徒，都應以胡適和吳晗的「師生之誼，懸而不斷；念舊之情，老而不衰」，作為榜樣。

吳晗留校講授「明史」和「明代社會」。當時《明實錄》還沒有刊本，他一有時間就到北平圖書館去看，發現《明實錄》有不少不實之處，他想，朝鮮的《李朝實錄》可靠一些，應做參考。前文在〈王寅宮變〉中已講，李朝派往明廷的使節必須如實向國君彙報在明朝所見的一切。吳晗後來回憶說：

> 我從一九三二年開始，每逢禮拜六和禮拜日都往圖書館跑，一直跑了幾年，足足抄了八十本（這八十本單指抄錄《李朝實錄》中的有關中國資料）。

吳晗大學畢業留校任教後，住在城裡，只要沒有課，就去北平圖書館。見到一位七十歲的老者亦天天來此，風雨無阻，他就是著名明清史專家孟森教授。孟森也見這位青年衣著樸素，在圖書館一坐就是一天，當知是吳晗，孟森老先生驚呼：「我看過你很多文章，竟如此年輕！」二人又成忘年交。

清華大學是很講資歷的，沒有留過洋的人幾乎不可能被聘為教授。吳晗沒有留過洋，他以自己的刻苦和頑強，二十九歲就被評為教授，這在清華絕無僅有。一九三七年九月，「七・七盧溝橋事變」兩個月，北京被日軍占領，吳晗受邀到雲南大學任教。抗日戰爭的全面開展，使得在這之前很少過問政治的吳晗，投身到抗日救國的戰場。

由於日寇占領華北，清華大學、北京大學和天津南開大學先撤至湖南長沙，成立臨時大學，又遷到昆明改為「國立西南聯合大學」，吳晗又轉到「西南聯大」，和全國人民一起共度極為艱苦的八年抗戰。一九四〇年，日寇從緬甸進攻雲南，西南聯大在四川敘永辦分校，吳晗又被派到敘永分校教中國通史。

吳晗的夫人袁震身患重病，始終與他患難與共。老母為避戰火，從家鄉遷往四川和吳晗同住。戰火中，物價飛漲、經濟拮据，民不聊生。吳晗作為名教授，收入不低，但因貨幣貶值，他的生活水平比三四年前降低百分之二十以上，他也在貧困中掙扎。

「學而優則仕」，一般的學者在學術上取得輝煌成績，聲望日隆，政治就會找上門來，胡適如此，吳晗也是這樣，他開始登上政治舞臺。

28 一代宗師——吳晗（下）

一九四三年七月，經幾位知名教授介紹，吳晗加入了「中國民主同盟」，簡稱「民盟」。吳晗在西南大後方見到種種腐敗現象，如果說他最初只是發發牢騷，出出氣的話，那麼，他加入「民盟」，已開始從要求抗日，發展到逐漸接受共產黨主張，和蔣介石統治的國民政府展開鬥爭。他作為一個文人，只能拿起筆，寫一篇又一篇雜文，抨擊國民黨政府，更加靠近共產黨。

一九四四年左右，吳晗和一些青年同學搞了個地下印刷廠，翻印了由中共地下黨給他們的毛澤東著作，這大概是吳晗最早接觸「毛澤東思想」，他此後的政治及寫作活動，都是在共產黨領導下進行的，此後他的史論開始抨擊現實。

一九四四年，吳晗在《歷史上的君權的限制》中寫道，「除開最後明清兩代的六百年，以前的君主在常態上並不全是專制……就政體來說，除開少數非常態的君主個人的行為，大體上說，一千四百年的君主政體，君權是有限制的，能受限制的君主被人民所愛戴。反之，他必然會傾覆，破家亡國，人民也陪著遭殃。」他又影射蔣介石統治：「近六百年來，時代愈進步，限制君權的辦法逐漸被取消，馴至以桀紂之行，文以禹湯文武之言，語訓典謨，連篇累牘，『朕即國家』，和西史暴君同符，歷史的覆轍，是值得讀史的人深思與注意」。

此外，他還寫了《明代的錦衣衛和東西廠》，以影射蔣介石的特務統治。

一九四四年，甲申年，明亡整整三百年，許多史學家紛紛總結明亡的教訓，吳晗也寫了《三百年前的歷史教訓》，他總結了五點，核心是國難當頭，統治者仍花天酒地，歌舞昇平。歷來正派的知識分子都是憂國憂民的，吳晗在此時表現得尤為強烈，說明他已從單純地研究明史，轉化為關心國家大事，以史為鑒，積極投入到現時的政治鬥爭了。

吳晗最負盛名、最見功力的大作，是他於一九四三年寫的《朱元璋傳》，最初叫《由僧缽到皇權》。他寫此書的動機，說來可憐，一九四六年七月吳晗直言不諱：

在敘永分校來回路費弄得傾家蕩產之後，家鄉淪陷了，老母弱妹衣物蕩然，無以為生。加以物價天天在漲，實在沒有辦法支持下去了。

因為「窮」，為了一萬元的稿酬，相當於吳晗半年多薪水，要給妻子治病，要養活老母、妹妹，他寫了這部不朽之作。一九四六年開始，他又修改《朱元璋傳》，影射蔣介石，抨擊封建君主專制。

在這部書中，作者揭示了元朝野蠻殘暴的統治，歌頌並同情農民大起義，既肯定了朱元璋在建國初期對於經濟恢復和發展的貢獻，又指出朱元璋強化封建君主專制，對後世中國造成的不幸，對於這個問題，吳晗是首次提出的。

中央集權制度，自秦始皇起，至唐宋，發展到中國封建社會的頂峰，因而這個時期創造了燦爛的經濟和文化。社會也像一個人，有它的青年、壯年和晚年，如果說秦漢是中國封建君主專制的青年時期，唐宋進入它的壯年，按說明清應該進入它的晚年，即封建君主專治應該弱化，直至壽終正寢，一個新的社會制度將誕生。中國在唐宋已出現了比較發達的商品經濟和貨幣經濟，按照這個狀態，應該較早地出現資本主義萌芽，明清何以成後來這個樣子？

一方面，處於原始社會末期的蒙古人南下中原，摧毀了中原高度發達的封建經濟和文化，使中原地區回復到奴隸社會，凡經歷過「文革」的人，應該會有這種體會。另一方面，朱元璋又採取了一系列措施加強了封建君主專制，使得這一早該進入墳墓的制度回光返照，不僅沒死，反而變本加厲，更加肆虐，直至後來，袁世凱、蔣介石、毛澤東，仍在強化封建專制制度，這筆賬，朱元璋要負一定的責任。

對於朱元璋這一開國皇帝、著名歷史人物，吳晗給予最權威的評價，自此，海峽兩岸明史專家無出其右，基本按吳晗的觀點論述。

《朱元璋傳》的文風也為仕林稱道。現在史學論著多如牛毛，五花八門，但是，有幾本是為人傳頌，愛不忍釋？原因很多，有一個主要原因：不吸引讀者！我經常懷疑：很多史著，除了作者自己閱讀，編輯不得不讀外，是否還有第三者去硬著頭皮讀你的大作？味同嚼蠟，索然無味。

由於吳晗深受胡適先生「提倡白話文」運動的影響，他的一切作品，尤其《朱元璋傳》這部高深的學術著作，以通俗樸實的大白話講述，言淺意深，引人入勝，彷彿在講故事，但又蘊含了富有哲理、令人深思的內容，這是每個學者應當重視，又應當學習的一個問題，亦是《朱元璋傳》的語言魅力。

＊

抗戰勝利後，一九四六年七月，他回到闊別已久的清華大學歷史系，這個時期，貪官污吏、國家動蕩、民聲鼎沸、內戰再起，吳晗積極投入到反獨裁、反內戰的鬥爭中，並和中共地下黨來往更加密切，協助他們做了不少工作。風雨飄搖，很多人也沒心思搞學問了。

一九四七年，吳晗修改完《朱元璋傳》，為了反蔣，他對朱元璋的歷史地位作了「違心的描述」，幾乎將朱元璋寫成了明初的蔣介石，這和他以前寫的《朱元璋傳》，有些不同，作為一個精通明史的學者，他「一直是不安的」，他認為論述歷史，還是應該實事求是。

當時以毛澤東為首的中共中央機關，已經遷到河北省石家莊的阜平縣西柏坡村，共產黨將奪取全國政權，大局已定，吳晗等著名學者在中共北平地下黨的安排下，一九四八年來西柏坡見到毛澤東，這是他們第一次見面。吳晗獻上他剛剛修改完的《朱元璋傳》，和毛談了一個晚上。

一九六六年四月十七日的《北京日報》，有一篇批判吳晗的文章〈市民盟會議揭露吳晗企圖和黨爭領導權〉，其中「揭發」吳晗在一九四八年八月去見毛澤東前，曾到上海見到民盟的一位主要領導人羅隆基，二人商議，中共取得全國政權後，民盟參加政權，「可以隨時退居為在野黨」。此事是否子虛烏有，未見證實，但是，從羅隆基後來在一九五七年「反右派」運動所受到的懲處看，羅有可能向吳晗提過此綱領，至於吳晗有無此主張，就不得而知了，亦不知他向毛澤東提出過否？即便他當時提出了讓民盟「可以隨時退居為在野黨」的建議，也只能證明吳晗這個書呆子在政治上的幼稚。

*

一九四九年二月，「北平和平解放」，吳晗隨解放軍回到北平，任清華大學歷史系主任、文學院院長等職。開始他有「功成不居」的思想，希望專心致力於明史教學和研究，但是，他卻獲得令人眼花繚亂的頭銜，太多了，大多是沒有實權的虛銜，只有一個是實銜：一九四九年十一月，被任命為北京市副市長，如前文所述，分管文化之都的教育工作，直到「文革」。

吳晗之所以受到共產黨信用，一方面中共建國伊始，需要大批知識分子參加到各級政府部門及學校、科研等單位，吳晗政治表現一直很好，他也表示願意為新政權服務，尤其他又是個著名教授，在學者中影響大；另一方面，是中共有位重要領導人看中了吳晗，這位領導便是彭真。

彭真本名傅懋恭，一九〇二年生於山西省曲沃縣侯馬鎮一個貧苦農民家庭，後在華北搞地下工作，改名彭真。他長期在劉少奇領導的中共北方局任職，是個資歷頗厚、能力很強、思想活躍的中共主要領導人，一九四九年後，他歷任中共中央書記處書記（總書記是鄧小平）、全國人大副委員長（委員長是年高德邵的朱德），彭真實際參予掌管這個世界上最大的政黨和「議會」，還任北京市市長等要職，他曾經深得毛澤東信任。彭真十分賞識、重用吳晗，他們和諧共事至

「文革」。

太多的學術官員，當官後，或忙於政務，或怠於學術，逐漸靠「吃老本」混日子，精力完全消耗於官場，真正又忙於領導工作，又勤勉做學問的人不多。吳晗就是其中「不多」的一個，他在繁忙的社會活動和行政工作同時，還頑強地從事學術研究活動，他特別對歷史知識的普及工作，作出了巨大貢獻。

他從一九五九年到一九六五年，主編出版了《中國歷史小叢書》一百五十種；《外國歷史小叢書》五十九種。此外，他還主編了《中國歷史常識問題》、《地理小叢書》、《語文小叢書》等等。吳晗和全國千千萬萬知識分子一樣，以對共產黨和毛澤東的赤誠之心，獻身於國家和人民的各項事業中。

29《海瑞罷官》誕生的時代背景

一九四九年十月以後，一直到一九六六年「文革」，吳晗生活在一個「陽光燦爛」，又「暗潮洶湧」的偉大而複雜時代。這也將是後代迷惑不解的問題，為什麼在燦爛的黎明之後，突然退回到「文革」的黑暗之中？

中華人民共和國成立後不到一年，朝鮮戰爭（韓戰）爆發，一直打到一九五三年七月停戰，全國的工作重點才完全轉移到經濟建設上來，當時學習「蘇聯老大哥」，搞「第一個五年計劃」，從一九五三年到一九五七年，中共最高領導人劉少奇、周恩來、陳雲、鄧小平、彭真、薄一波、習仲勳等等，在建設第一線，把中國經濟搞得有聲有色、成績斐然，那時的中國大陸人民信心百倍、鬥志昂揚、朝氣蓬勃，全世界都為中國大陸取得的成就而驚歎。

那麼，這一階段毛澤東主要在幹什麼？我們看《毛澤東選集》第五卷（一九四九～一九五六）就會發現，他極少談經濟，因為搞經濟？他不懂；抗美援朝？有彭德懷在指揮，彭德懷的軍事才能並不比毛澤東差，玩權術彭德懷不行。毛澤東把精力用在意識形態和農業上了，這兩個領域，他插手最多，造成的問題也最多，是「重災區」。

一九五〇年七月，毛澤東指使他的老婆（江青），掀起對電影《清宮秘史》的批判，硬說這部電影「歌頌賣國主義」，至於這部電影是否「歌頌賣國主義」，且不去管它，問題是當時國家千瘡百孔，百廢待興，誰吃飽了飯沒事幹，去批判一部香港片？何況當時大多數中國人還吃不飽。結果，在全國上下共同的消極抵制下，這場「革命大批判」沒批判出個所以然，不了了之。

一九五一年四月底，朝鮮戰場上，志願軍發起「第五次戰役」，在漢城（今名首爾）以南和美軍廝殺，由於志願軍在「第四次戰役」中打得筋疲力盡，加之「第五次戰役」戰線拉得過長，後勤補給太遠，打得很不順利，讓美軍占了一定便宜。

前方正在苦戰，全國人民希望看到捷報，五月二十日中共機關報《人民日報》頭版頭條卻發出了不和諧的聲音，號召全國人民〈應當重視電影《武訓傳》的討論〉，前方將士出生入死，浴血奮戰，這篇社論卻要求「在全國範圍內展開對電影《武訓傳》的批判，以求得徹底地澄清在這個問題上的混亂思想」。本社論署名：毛澤東。

如果武訓是當時的美國總統，拉出來批判批判，也還可以，可是，他就是個中國晚清「修義學」的乞丐，看了毛澤東寫的這篇社論，似乎批倒批臭武訓，朝鮮戰爭就可以打勝仗了，工農業生產也可以恢復發展了，此時人民倒是真的「思想混亂」了。

這還不夠，江青意猶未盡，她真的吃飽了飯沒事幹，遇神殺神，遇鬼殺鬼，奉毛澤東命，率領「武訓歷史調查團」南下山東，回到老家。志願軍「雄赳赳、氣昂昂，跨過鴨綠江」，北上朝鮮，江青南下山東，讓手下人弄出個〈武訓歷史調查記〉，毛澤東叫《人民日報》連載，令全國人民學習，彷彿學習天綸聖書或是前方捷報。

毛澤東凡插手文藝界，幾乎都和江青有關係。二十世紀三〇年代她好歹也在上海幹過幾年電影演員的事，所以她關注電影，沒事找事。一般認為她是在批《海瑞罷官》才「偶爾露崢嶸」的。不對，新中國一成立，她對毛澤東就不起好作用。

一九五三年九月，毛澤東拒絕老友、民主人士、國學大師梁漱溟在農村政策上對毛的批評，掀起展開對梁的文化思想公開批判，這既是對一個學者公開批判之始，又表明毛澤東已不允許批評他自己，梁漱溟也有他的問題，批評毛的方式不好。因批梁涉及農村政策，導致以後毛澤東「極左」農業政策暢行無阻，無人敢提不同意見，直發展到「人民公社化」運動。

抗美援朝結束，全國轉入全力以赴經濟建設，當時全國上下形勢大好。一九五四年九月，兩個年輕學生李希凡、藍翎發表文章對俞平伯的《紅樓夢研究》提出不同意見，這在當時是不容易的，因為俞平伯不是一般人。

蘇州市郊的寒山寺，是一座很普通的寺廟，它之所以名聞遐邇，乃因唐代大詩人張繼一首讚美它的詩：「月落烏啼霜滿天，江楓漁火對愁眠。姑蘇城外寒山寺，夜半鐘聲到客船」。這首詩意境好美，讓人感到姑蘇城美、寒山寺美、這首詩更美。還有一美，則是這首詩寫在寒山寺一石碑上，秀美雋永的字體，令觀者駐足品析，字體之美，足配城、寺、詩之美，書寫者為清末學者俞樾。

俞平伯就是俞樾的孫子，一八九九年生，他繼承乃祖遺願，成為中國首屈一指的紅學家（研究小說《紅樓夢》專家）、北京大學中文系教授。本來，學術爭論，無可厚非，向權威挑戰亦無不可，問題是，毛澤東在所謂的「日理萬機」中，得知此事，介入進來，表面上支持這兩個青年，實則將此事上升為政治問題，無限上綱為「是馬克思列寧主義思想與資產階級唯心論思想的鬥爭」。我至今弄不清楚，馬克思、列寧看過《紅樓夢》沒有？也鬧不清俞平伯研究《紅樓夢》是否知道自己在用萬惡的「唯心論」探討？毛號召在全國範圍內批判俞平伯及其《紅樓夢研究》，俞平伯一案牽連眾多學者，成了「階級敵人」，受到殘酷迫害，直到毛死後才獲平反。

批判了俞平伯，毛澤東覺得不太過癮，一九五四年十月，接著將矛頭對準另一個遠在美國的大學者胡適，若和胡適辯論學術思想，我想是可以的，不過毛發動的這場批胡適，是批他的政治思想。胡適本是個嚮往美國式民主的學者，硬說他擁護蔣介石獨裁專制。因為吳晗欽佩胡適的學術思想，胡適又有恩於吳晗，在大轟大嗡的批胡適狂潮中，吳晗沒有發言，保持沉默，他身為主管北京市教育工作的副市長，在各高校批判胡適時，他竟不「劃清界限」，高壓下的沉默，內心必然十分痛苦，想必那一段時間他是很難熬、很尷尬的。

毛澤東為什麼一上臺就跟知識分子過不去？以後歷次政治運動幾乎都拿知識分子開刀？這是一個應該認真研究的問題，可惜後來知識分子們研究的不多。知識分子招他惹他了？還真招惹他了。

＊

現在在北京大學校園內未名湖畔，安葬著一位名人，墓的主人是EDGAR SNOW，中文譯作埃德加・史諾，美國著名記者兼作家，他於一九〇五年出生於美國堪薩斯城的一個貧苦家庭，後來他成為一名報刊記者。一九三六年六月至十月他到延安採訪，和毛澤東等中共要人長談，一九三七年英國倫敦維克多・戈蘭茨公司（Victor Gollancz Ltd London.1937）出版了他採訪延安見聞，書名為《紅星照耀中國》（*Red Star over China*），翻譯成中文版，當時為能夠發行，該書改名為《西行漫記》。因為這本書的發行，以及他和毛澤東、周恩來等人的親密關係，埃德加・史諾的大名在中國家喻戶曉。

毛澤東在對史諾談到自己經歷時，講了這樣一段話，似乎可以理解一九四九年他掌權後，為什麼反覆整知識分子：

北京對我來說開銷太大，我是向朋友們借了錢來首都的（一九一八）。來了以後，非馬上就找工作不可。我以前在師範學校的倫理教師楊昌濟（毛澤東妻子楊開慧之父），這時是國立北京大學的教授，我請他幫助我找工作，他把我介紹給北大圖書館主任，他就是李大釗，後來成了中國共產黨的一位創始人，被張作霖殺害。李大釗給了我圖書館助理員的工作，工資不低，每個月有八塊錢。

我的職位低微，大家（指教授們）都不理我，我的工作中有一項是登記來圖書館讀報的人的姓名，可是對他們大多數人來說，我這人是不存在的，在那些來閱覽的人當中，我認出了一些有名的新文化運動頭面人物的名字，如傅斯年、羅家倫等等，我對他們極有興趣，可是他們都是些大忙人，沒有時間聽一個圖書館助理員的南方土話。

這些「大忙人」教授深深傷了毛澤東的心，「大忙人」也有眼無珠，看不出來這位講「南方土話」的圖書館助理員自尊心極強，在這些「大忙人」有生之年，這個青年後來成了偉大領袖！「大忙人」們不挨整還等什麼？

＊

吳晗親歷了這一切。他從內心深處是擁護共產黨和毛澤東的，他要緊跟形勢，想盡力為新中國貢獻自己的力量，因而，無論毛澤東如何在思想領域大殺大砍，吳晗總是心悅誠服的跟著共產黨，最典型是一九五〇年開始的大學教授「思想改造」運動。

毛澤東始終把知識分子，尤其是高級知識分子，看成是「資產階級」，是「臭老九」（毛澤東劃定，地主、富農、反革命分子、壞分子、右派分子為五類分子，加上叛徒、特務、走資本主義道路的當權派和知識分子，共九類階級敵人），是要打倒的。對大學教授既或不全部肉體消滅，也不能再占領講堂，應該讓目不識丁的工人、貧苦農民登上大學講臺，任由他們「縱橫馳騁」「傳經布道」。但是，沒有文化的人畢竟當不了大學教授，因此，還得用這幫「資產階級知識分子」，他提出「團結、教育、改造」的「知識分子政策」。

且不談「團結、教育」，因為從後來歷次政治運動看，對「臭老九」能「團結、教育」還不錯呢！僅談這個「改造」，指「思想改造」，大約是毛澤東發明出來的，可從未見他說過，他和江青也要進行「思想改造」，反正從劉少奇、周恩來以下，全中國人民都要進行「思想改造」，要脫胎換骨，至於最終「思想改造」成什麼樣，他也多次有明確規定，總之，要別人改造成為天使般完美的君子，這一點倒和海瑞的理想差不多。

吳晗也不能免俗，必修進行「思想改造」，他是虔誠的，一九五〇年二月的《中國青年》雜誌第三十二期刊登了吳晗的文章〈我克服了「超階級」的觀點〉，他和任何被「思想改造」的知識分子一樣，要公開表示自己感到罪孽深重，自慚形穢並以萬分遺憾和憤怒的心情，揭發自己的「剝削階級家庭出身的罪惡」，把自己祖上罵得狗血噴頭，罵完長輩罵孔孟，控訴自己自幼受孔孟之道教育的毒害，中學及大學所學西方知識的「反動」，自己今後要痛改前非，重新做人，向工農兵學習云云。

從「舊社會」過來的知識分子，學習點辯證唯物主義和歷史唯物主義，是應該的，但是，讓搞物理、化學、生物的理工科教授，必須知道和恩格斯在一起的伯恩斯坦、考茨基為何許人，有必要嗎？吳晗在此後歷次政治運動中，都是沿著這個模式，極為誠懇地「狠鬥靈魂深處一閃念」。我想，吳晗這樣的學者，用往自己祖宗臉上抹黑的功夫，去做點學問，是否更好？

此時的中國，一方面經濟高速增長，人民生活水平確實提高，全國上下萬眾一心，國家出現了欣欣向榮氣象；另一方面，在意識形態領域，毛澤東頻頻發起各種運動。今天批張三，明天鬥李四，鬧不清他老人家到底要幹什麼？吳晗也肯定會產生這些疑問，但他像千千萬萬知識分子一樣，仍滿腔熱忱的投入到自己的工作中去。

＊

一九五六年二月，前蘇聯共產黨召開「二十大」，這是一九五三年三月史達林死後，蘇聯共產黨首次召開全體代表大會，在會上，蘇共中央總書記赫魯雪夫作了秘密報告，對史達林的錯誤進行了揭露、抨擊，被美國情報機關獲悉，予以公布。

赫魯雪夫礦工出身，文化程度不高，又加上俄羅斯人慣有的粗魯，儘管他銳意改革，但改革手段不高明，辦事草率，考慮問題不周到，做事不留餘地。從他「鞭屍」史達林就可以看得出來。如此以兩面手法對待史達林，開了先例，後人也效仿，也用陰謀手段把當權者趕下臺，這是赫魯雪夫沒有想到的。

毛澤東想到了遠在一九四五年四月在延安召開的中共「七大」上，劉少奇提議在中共黨章上將「毛澤東思想」和馬克思、列寧主義並列為中共的指導理論。一九五六年赫魯雪夫在「二十大」上揭露了史達林的個人迷信後，中共引以為戒，那時中共內部還有民主作風，經集體討論，在劉少奇支持下，由新上任的中共中央總書記鄧小平以大無畏的氣概，在一九五六年七月召開的中共「八大」上作了著名的〈修改黨章的報告〉，鄧小平指出，中共指導理論只是馬克思、列寧主義，刪去了「毛澤東思想」，毛澤東當時的心情可想而知。

鄧小平的報告，具有歷史意義，今日看來，是對中國共產黨的巨大貢獻。一個大活人的思想，是在不斷變化的，全黨以他的思想為指導，大活人不可能不犯錯誤，一旦他的思想有了錯誤，那怎麼辦？就像後來「文革」那樣，搞「活人崇拜」，神化活人，後患無窮。

前有赫魯雪夫「鞭屍」史達林，後有〈修改黨章的報告〉，毛澤東口頭上不得不表示同意刪去「毛澤東思想」一詞，但他隨後便說：「那些睡在我們身邊的赫魯雪夫式的野心家、陰謀家，是埋在我們身邊的定時炸彈，正被培養為接班人，受到我們的信用」。這段話，毛澤東是指劉少奇、鄧小平、彭真等人，幾年後隨著他們矛盾的加劇，這段話也公開了，「中國的赫魯雪夫」成了劉少奇在「文革」中的代名詞。

經歷了一九四九至一九五六年的「七年之癢」後，毛澤東為了提防出現「中國的赫魯雪夫」，他就「後事」問題講了一系列話，「毛澤東思想」從此轉變，越發展越錯，以錯為主，直到他去世，開始了他自己的悲劇，也開始了中國的悲劇。

＊

一九五六年十月，匈牙利爆發反蘇反共動亂，給全世界極大震動，中共在這年十一月召開「八屆一中全會」，宣布開展「整風運動」，鼓勵人民大眾給共產黨提提意見。中共事業蒸蒸日上，成就輝煌，黨內風氣也較好，有貪腐問題的黨員幹部不多，頂多是居功自傲或官僚主義，人民是擁護共產黨的，他們從善良的意願出發，真誠地給幹部提了一些建議和意見，個別人確實說話偏激、尖銳，但總的來說，還是善意的。

毛澤東突然翻臉，把五十五萬人打成「右派分子」，成為階級敵人。這五十五萬右派分子，連同他們的家屬親友，被關押、流放、監管。在以後二十二年的漫長歲月中，他們遭受了人世間一切苦難，大批知識分子精英被迫害致死，這就是著名的「反右派運動」，此乃另一個沉重的話題，按下不表。

全國大多數人民當時就不理解：你毛澤東讓我們提意見，讓我們「向黨交心」，我們像純真的少女，把心交給你了，你怎麼說變臉就變臉？毛澤東解釋：「這不是陰謀，這是『陽謀』，這叫『引蛇出洞』」。全國上下純真的「少女」大吃一驚，再也不敢隨便「交心」了，誰知道什麼時候又來一回「引蛇出洞」？乾脆說假話、說大話、說恭維的話吧，絕大多數知識分子從此噤若寒蟬，或緘默不語，或言不由衷。

此時的吳晗，眼見他在民盟中的老朋友、在北京大學的老同事，沒講什麼錯話就被打成「右派分子」，受到殘酷迫害，吳晗知道他們冤枉，但他仍然緊跟共產黨，仍覺得毛澤東是正確的。也很可能彭真保護了他，他不僅沒有成為右派，還加入了共產黨。但吳晗對這場運動，肯定在動腦子思考：「這是為什麼？」（借用毛澤東為反右派寫的社論）。

說假話、說大話、說恭維話開始滋長時，有一位大師一級人物起了卑劣的作用，他就是本書開頭提到的那位上海市委書記，「柯大鼻子」柯慶施。他長著一隻碩大的鼻子，彷彿專門嗅聞毛澤東的任何錯誤意圖，便聞風而起，立即迎奉，他拍馬屁功力是超群絕倫的。之所以要介紹一下柯慶施，是因為多少年後江青溜到上海策劃批判《海瑞罷官》，和他有著密切關係。

中國多君子，更多小人，柯慶施便是一個典型的小人。他生於一九〇二年，二十歲加入共產黨，按說也算個老幹部了，但他不知自愛，不顧身分，選擇了一條廉價攀升的捷徑，他以察言觀色、投機鑽營、尤其擅長對毛澤東進行肉麻地吹捧，在獻媚取寵上他可謂妙語驚人，最「經典」的媚語在本書開頭就介紹過了，「我們相信毛主席要到迷信的程度，服從毛主席要到盲從的程度」，此話為人不齒，也助長了毛澤東的錯誤，但毛澤東聽了他拍的馬屁，龍顏大悅，本應論「功」行賞，毛澤東對他及後來的林彪是論「拍」行賞，在短短幾年內，柯慶施高升為中共中央政治局委員、國務院副總理、華東局第一書記、南京軍區第一政委、上海市委第一書記、上海市市長，他把上海經營成為爾後的「文革基地」，在十年「文革」動亂中自始至終發揮惡劣的示範、帶頭作用。

幸虧上蒼有眼，柯慶施於一九六五年三、四月份到四川「休養」，據說是奉毛澤東命，暗中遊說四川省委第一書記李井泉，共同反對劉少奇、鄧小平。四月五日清明節，四川省委宴請他，他大吃大喝後患出血胰腺炎，四月九日病死成都，也算是老天對柯慶施的「厚愛」，反倒「成全」了他，儘管歷史不能假設，但是以他的為人，很難說他若活到「文革」，會幹出什麼來，會不會冒出個「五人幫」？因為「文革」為一切小人提供了發揮其「特長」的活動舞臺，把他們的「獸性」都調動起來了。

西方一位偉人說過這樣的話：「崇拜權勢是人類最壞的一種偶像崇拜，是牢獄和奴隸時代的遺跡，受到鄙視。」「毛主席的好學生」柯慶施就是個不折不扣應「受到鄙視」的人。

*

一九五七年十一月七日，前蘇聯建國（十月革命）四十周年，赫魯雪夫邀請世界八十多個國家共產黨的領袖齊聚莫斯科，「共襄盛會」，毛澤東應邀赴蘇。赫魯雪夫的本意是，表面上顯示蘇共四十年來取得的成就，實則讓各國共產黨承認他繼史達林之後新的「霸主」地位。但毛澤東的功績、威望皆比赫魯雪夫要高得多，毛澤東在莫斯科，凡所到之處，頓使赫魯雪夫相形見絀，赫魯雪夫不甘示弱，使出他功力極深的「殺手鐧」手段——突然襲擊，在大會上突然宣布：蘇聯要在十五年的時間內，在經濟上超過美國。

毛澤東被震驚了，本來蘇聯發達的工業生產和科學技術，已令平生只出過一次國門（西元一九四九年十二月到蘇聯給史達林祝壽並簽訂《中蘇友好互助同盟條約》）的毛澤東驚歎，現在蘇聯又指天發誓要超過美國，嗚呼呀！蘇聯那將是個什麼樣子？毛澤東多麼想取代赫魯雪夫成為共產主義陣營的「霸主」！但是，你中國經濟不成，沒有錢支持別國共產黨，人家就不聽你的。回國後，毛澤東即思考如何快馬加鞭，盡快盡速，最好讓中國的經濟一夜之間就上去。他本來就看不上赫魯雪夫，決不能在經濟上讓蘇聯小看中國。毛澤東在多次談話中流露出他急於提快中國經濟發展速度的迫切願望。

柯慶施瞄準了這次機會，立即於一九五七年十二月，召開了中共上海一屆二次代表大會，柯大鼻子宣讀了由張春橋起草的發言稿〈乘風破浪，加速建設社會主義的新上海〉，在這個講話中，為了迎合毛澤東不懂經濟規律，不顧中國國情的心理狀態，柯慶施、張春橋故意在「加速」上大做文章，狂熱地鼓吹「冒進」。

毛澤東正在杭州，看到了柯慶施這個講話，十分欣賞，尤其在這個講話中，首次出現了「大躍進」這個後來禍國殃民的辭彙，毛澤東不僅下令《人民日報》全文發表此講話，還指示一九五八年該報的元旦社論就以「乘風破浪」為題，提出一些空想的經濟口號。

＊

一九五八年一月二十八日，毛澤東在北京召開的臨時最高國務會議上，提出「利用十五年左右的時間，在主要工業產品上趕上並超過英國」，簡稱「十五年趕上英國」。毛澤東的口號一提出，讓周恩來感到為難了。

具體負責全國經濟建設的是國務院總理周恩來，雖然別人可以不顧現實，不負責任地說夢話、搞浮誇，周恩來在實際工作中，卻不能憑空想辦事，他以務實的態度敏銳地看到目前「冒進」成為全國經濟工作的指導思想。一九五八年三月，中共中央在成都開會，研究經濟問題，周恩來再次表示「既要反對保守主義，也要反冒進」。毛澤東一聽「反冒進」，勃然大怒，難道我的「大躍進」是「冒進」？喝令周恩來寫檢查，並威脅說：「周恩來距右派只差五十步了」，限令他第二天在大會上做檢查。

周恩來回到賓館，對秘書說：「我記得馬克思曾經講過：『人類只能給自己提出能夠完成的任務』請你查一下出自馬克思的哪篇文章。」言下之意是，現在提的這些經濟指標，是中國人民目前不可能達到的。然後，周恩來一個字一個字地口述自己的檢查，秘書邊記錄，邊見到周恩來熱淚盈眶，周恩來何等睿智，他已經預見到，以這樣的蠻幹思想統治全中國，人民要遭殃了。他也明白，一九五六年中共「八大」通過的黨章上，取消了「毛澤東思想」作為中國共產黨的指導思想，對於中共這一防止個人迷信之舉，毛澤東心中極為憤怒，毛知道周恩來是參與此事的，因而此次讓周做檢查，也是借機出氣。

深夜，周恩來口述完檢查，秘書請他去休息，由秘書整理檢查稿，秘書為求得毛對周的饒恕，擅自在最後以周恩來的口吻寫道：「幾十年來，我與主席『風雨同舟，患難與共』」。第二天一早，周恩來見到秘書加的這句話，批評道：「若是平時，說這句話沒什麼關係，但是在這個時候，尤其不能講。」然後周恩來歎口氣，說；「你太不瞭解我們黨的歷史了」。周暗示秘書，越這樣表白，越增加毛的疑心。

周恩來為顧全大局，逆來順受，在大會上屈辱地做了檢查，三月十日，毛澤東發言上綱定調：「講『冒進』是反馬克思的，『反冒進』是非馬克思主義的」，總之「冒進」和「反冒進」都不對，只有他的「大躍進」才是「馬克思主義」。毛尤其對於反「個人迷信」耿耿於懷，此時他借機說：「個人崇拜有兩種，一種是正確的個人崇拜，一種是錯誤的個人崇拜。問題不在於崇拜，而在於是不是真理，是真理就要崇拜。」毛澤東的邏輯是，既然毛的觀點符合馬克思主義；馬克思主義是真理，毛澤東觀點也就是「真理」；「是真理就要崇拜」，對毛澤東個人崇拜也就是正確的。在後來的「文革」動亂中，對毛澤東的個人崇拜已經達到登峰造極的地步，一九七一年毛澤東在和美國記者埃德加·史諾談話時，仍然強調對毛的個人崇拜是必要的。

＊

一九五八年，在中國歷史上是應該認真研究的一年。前文已述，一九五三年至一九五七年的「第一個五年計劃」中，因毛澤東不懂經濟，對經濟也不感興趣，故他沒怎麼跟著瞎摻和，保證了「第一個五年計劃」順利進行。毛澤東見到了經濟成就，因不懂經濟，而認為搞經濟很容易，遂躍躍欲試，提出「書記掛帥」的口號，言下之意，就是由毛澤東他自己「掛帥」，領導經濟。作為中國共產黨的主席，全力以赴領導經濟工作，天經地義，名正言順，現今天下有哪國元首不管本國經濟？但是，關鍵在於用什麼措施去領導經濟建設。

毛澤東在一九五八年確實想讓中國的經濟來個「大躍進」，希望最好在一夜之間就使中國擺脫「一窮二白」的狀態，中國強大了，他才能當共產主義陣營「霸主」，問題是他親自「掛帥」後，指導思想落後，彷彿在核子時代還用大刀王五的思想意識，不是用實事求是、科學的方法來解決經濟工作中存在的問題，只是憑著空想，提出了「總路線、大躍進、人民公社」，所謂的「三面紅旗」，竭力鼓吹狂熱。僅舉一例：全國第一個人民公社，河南省遂平縣碴岈山人民公社在省委書記吳芝圃的策劃下，送來「兩年進入社會主義」的報告，對於這種自欺欺人的謊言，毛澤東卻欣喜若狂地批示：「美妙如一首詩！我們的秀才（陳）伯達、（張）春橋，可否去看一看？」兩位「秀才」奉命去了河南，彷彿去了趟極樂世界，回京後對毛澤東連哄帶騙，毛深信不疑，兩年後河南餓死二百萬。

自一九五七年反右派後，再也沒有人敢講真話和不同意見了，誰講真話，就是「右傾機會主義」、「潑冷水」、「洩勁」，因而出現了「吳王好劍客，國人多傷疤；楚王好細腰，國人多餓死」，「上有所好，下必甚焉」的不正常局面。全國都在哄著毛澤東玩，他所到之處，所見所聞，全是「人有多大膽，地有多大產」、「一天等於二十年」、「不怕做不到，只怕想不到」的「豪情壯語」，以及到處「放衛星」、「創高產」、公社食堂「吃飯不要錢」的假象。毛澤東腦袋一熱，又提出「七年超過英國，十五年超過美國」的奮鬥目標，同時還響起他掛在口頭的「群眾運動」，號召全國人民「大煉鋼鐵」，「土法煉鋼」，一時全國一片沸騰，用毛澤東的話說，真是「什麼人間奇蹟都可以創造出來」。但是，凡違反科學的蠻幹，只能創造「奇蹟」，無論如何也造不出「成績」來。例如：

各個人民公社競相在糧食產量上「放衛星」，吹噓虛報的糧食產量比實際產量高出幾十倍、上百倍；加之青壯年勞動力全去「大煉鋼鐵」，很多成熟的莊稼無人收割，爛在地裡；尤其村村辦食堂，吃飯不要錢，造成驚人的浪費。而國家卻按幹部浮誇的產量數徵糧，各級幹部為了保住自己的「烏紗帽」，不管農民死活，將口糧、種子糧悉數徵收，到一九五八年下半年，中國大多數農村已經赤地千里，毛澤東極為欣賞的「食堂」，不僅沒「食」，連「堂」也沒了，村村大量餓死人。

*

從中央到地方，各級幹部都不敢，也不可能將農村真實景象告訴毛澤東，即使你講了，毛也不信，他會認為你是反對「三面紅旗」，是反毛澤東；而像黃門佞幸的柯慶施、吳芝圃等高官還故意向毛彙報，「人民公社大豐收」的「捷報頻傳」。毛澤東仍然被各地展現給他的假象所迷惑，腦子裡還滿是「喜看稻菽千重浪，遍地英雄下夕煙」（毛詩）的「烏托邦」（空想社會）景象，對廣大農村的悲慘景象全然不曉，他也不想知道。

毛澤東熟讀史書，他深知歷代臣子是如何對皇帝知情不舉的，毛澤東高高在上，他不可能接觸人民大眾，也就難以瞭解災情。在一九五八年有一張很有名的彩墨畫，名為「主席走遍全國」，畫中毛澤東身穿白襯衫，手持大草帽，郭沫若配詩「主席走遍全國，山也樂來水也樂……」。毛澤東在這一年確實走了不少地方，他看到了什麼呢？他的衛士長李銀橋回憶道，一九五九年，河南已經開始餓死人，毛澤東一行來到河南，與河南官員開調查會：

毛澤東反覆問：「大食堂究竟怎麼樣？好還是不好？你們要說實話，我希望你們講真話。」

大家異口同聲說好，不但列舉出許多優越性，還拿出許多麵包來，說是大食堂烤的，大家都是吃這種麵包。毛澤東將麵包掰開分給大家吃。我也分到一塊，那麵包確實不錯。毛澤東吃著也很滿意：「嗯，要是全國的農民都能吃到這種麵包，大食堂還是可以的」。

他仍然不放心，想搞「突然襲擊」，看看實情。記得有次專列正在疾馳，他突然指著遠處一個村子，吩咐我：「通知停車，我要到那個村子裡去看看，看看老百姓的生活到底怎麼樣。我要討一碗紅燒肉吃，看能不能討到？」我立刻去打電話，光打給上級有關部門，然後停車，等毛澤東來到那個村子，不要說討一碗紅燒肉，就是討一隻烤小豬也準備好了。就是這個河南省，其省委書記吳芝圃首先搞起了人民公社，首先提出畝產小麥一千萬斤，結果河南餓死人最多，達兩百萬人以上。

毛澤東能接觸到講實話的人，是他身邊的衛士，這些衛士來自農村，淳樸憨厚，絕對忠實於毛澤東，他們是毛澤東瞭解社會真實情況的重要渠道。一九五八年，這些衛士回家鄉探親，見到人民公社的實際情況，和在「毛主席身邊」聽到的宣傳完全不同，他們也見到了有人懷疑「三面紅旗」的悲慘下場，這些可愛又可憐的衛士，從家鄉帶回自己農村親人吃的用糠皮、樹皮、野菜和在一塊做的「口糧」，毛澤東見到了，用鼻子聞了聞，皺了皺眉頭，一問，衛士們來自祖國各地，祖國各地農村幾乎全吃這些東西，毛澤東心想：「糟糕，人民公社出問題了，主意都是我出的，禍也是我惹的，但下邊人也騙了我，怎麼辦？他們個個喊『毛主席萬歲！』心裡想些什麼？背後暗中不定在幹些什麼！」

「三面紅旗」造成的惡果，毛澤東的衛士們看到了，吳晗當然也看到了，而且他身為副市長，很多荒唐決策的內幕，他也略知一二，儘管他確實從內心深處要「緊跟毛主席」，從吳晗在一九五八年的作品可以看出他也在「大躍進」，但是，眼前發生的一些事，又讓他困惑。

他接觸最多的，是彭真市長，他感到彭市長就和上海的柯市長大相徑庭，彭市長不浮誇、不獻媚，說話辦事實事求是，通情達理。吳晗也發現劉少奇、周恩來、鄧小平等中央領導，覺得他們是真心要把國家建設好，讓人民生活水平提高。吳晗還感到，他們對毛澤東發動的越來越激烈的政治運動，似乎不那麼熱中，不像「柯大鼻子」那樣聲嘶力竭的喊「假、大、空」的口號，而是腳踏實地、兢兢業業幹自己的工作。

從吳晗這一階段寫的雜文，可以清晰看出他的內心世界，擁護共產黨和毛澤東，為新中國的偉大成就而歡呼雀躍；又對自反右派、「三面紅旗」以來的種種現象困惑不解。三年大饑荒的到來，使吳晗陷入了沉思。

30京劇《海瑞罷官》

面對一九五八年瘋狂的大躍進和空想的人民公社，誰若稍微有懷疑或不同意見，毛澤東毫不遲疑地將人民打成「右派分子」，將幹部打成「右傾機會主義者」。那時，正派的幹部鴉雀無聲，柯慶施那樣的小人則昧著良心阿諛奉承。一九五八年後，毛澤東對自己惹下的禍，心知肚明，他對於餓死多少人，倒不關心，從未見他就此說過一句負疚的話；至於國民經濟遭到多大破壞，他也不關心，總說「要算政治賬！」不知道經濟幾近崩潰，這「政治賬」如何算？

毛澤東此時只關心一點：別人還怎麼迷信自己，還臣服自己嗎？別人心裡在想什麼？這就像一個老師最關心同學們私底下怎麼說他，尤其誰說了不利於他的話。因而一九五九年四月召開的上海八屆二中全會上，他一個勁讓大家學海瑞，敢講真話。

毛澤東的大秘書胡喬木在會後找到吳晗，傳達了毛澤東意圖，請他為《人民日報》寫有關海瑞的文章。明史專題是吳晗的強項，他滿口答應，真心實意去執行毛澤東的主張。

這年六月十六日，《人民日報》發表了吳晗以筆名「劉勉之」寫的〈海瑞罵皇帝〉一文，這是他為毛澤東在八屆二中全會上講海瑞的一個詮釋，等於在「宣講毛澤東思想」。吳晗輕車熟路，於七月初又寫了一篇〈論海瑞〉，送交胡喬木，正值胡喬木上廬山開會去了，吳晗這稿子就壓在胡喬木那裡。吳晗的這兩文，僅僅按照毛澤東意思，既提倡海瑞仗義執言、剛正不阿的精神，又讚美毛澤東的英明偉大，真是兩篇無可挑剔的優秀作品，沒有一絲一毫「攻擊」、影射「三面紅旗」或毛本人之處。我真「服了」江青一夥，硬把此二文說成反黨反毛大毒草，是非顛倒到這種程度還真不容易。

這時在廬山上，卻發生了震驚世界的大事，對於「三面紅旗」造成的災難，別人不敢說，有一個人敢說，他就是開國元勳，國防部長彭德懷元帥，他是毛澤東後來說的「海瑞」，也是本書將他和海瑞、吳晗等並列的「清官」。

彭德懷一八九八年出生於湖南，參加過北伐戰爭，一九二七年加入共產黨，一九二八年領導平江暴動，後來上了井岡山，投奔毛澤東。

他屢立戰功，蔣介石曾在抗日戰爭期間任命彭德懷為八路軍副總司令，彭曾於一九四〇年策劃、領導了「百團大戰」，一夜之間，八路軍一百多個團同時在不同地區向日軍主動發起攻擊，取得勝利，蔣介石通電嘉獎彭德懷，乃中國人民打敗日軍的幾場大仗之一，也是彭德懷一生最輝煌的成就之一。

一九五〇年韓戰爆發，美軍打到中朝邊界，那時對於建國伊始的中國，能否對抗不可一世的美軍，誰都沒有把握。彭德懷主動請纓，成為志願軍司令，在朝鮮和美軍大兵團作戰，打了五個戰役，把美軍打回到「三八線」，威震全球，使美軍至今不敢和中國輕易開戰。我們有幾十年和平生活，是和彭德懷及千萬志願軍英烈的功績分不開的。

＊

一九五八年底到一九五九年初，全國範圍饑荒已經開始，毛澤東知道自己應付主要責任，但他嘴硬，閉口不談自己的獨家發明「三面紅旗」是違反經濟規律的狂熱產物，而怪下邊幹部的「浮誇風」、「共產風」；他也閉口不談當初如何將「反冒進」的正派幹部打成「小腳女人」、「右傾機會主義分子」了。但是，若真反一反「浮誇風」、「共產風」，也還是對避免更大的饑荒有利的。

毛澤東決定在一九五九年七月在廬山開中共中央委員全體會議，開會前，毛澤東還回了趟故鄉湖南湘潭縣韶山沖，他知道自己胡亂下了一系列極端錯誤的指示，萬一在廬山會議上自己下臺了，用他自己的話還得「重上井岡山」，意為重新奪取政權。

毛澤東在家鄉，自然讓他看到的都是一片衣食無憂、花團錦簇的假象，他很滿意，寫詩「陶令不知何處去，桃花源裡可耕田？」他認為人民公社還是像桃花源一樣幸福、迷人。

東晉有個大詩人陶潛，字淵明，因不為五斗米折腰（不願為了五斗米的官俸去低三下四），辭去彭澤縣令，歸隱田園，至死不仕，曾寫名篇〈桃花源記〉，幻想一個人間仙境，該文成為千古絕唱。毛澤東死咬人民公社就是海晏河清的桃花源仙境。現在湖南常德市就有個桃源縣，不知是否和〈桃花源記〉有關。

彭德懷也幾十年沒有回家鄉了，他亦利用此次開會的機會，回到湖南老家。他見到的可不是什麼「桃花源」，而是問題很多；人民公社化讓農民勞動沒有積極性，生產率下降，糧食減少，勞動力去「大煉鋼鐵」，農田無人耕作，幹部也為迎合上司，仍一個勁吹噓放了多少「衛星」。但核心是「餓」，已經普遍餓死人了。

彭德懷將親眼見到的景象講給毛澤東，毛不僅不認錯，硬將彭德懷打成「反黨集團」，軟禁起來，以林彪取代他任國防部長，繼續堅持毛澤東「一大二公」的人民公社。他為了自己的面子，硬堅持錯誤的套，此時他已是明知故犯，也就招致更嚴重的饑荒，餓死了更多人。廬山會議後全國三年大饑荒，程度上大大超過了會前。

毛澤東在廬山會議上又提到了海瑞，因為他上次在上海提倡學海瑞講真話，彭德懷講真話了，毛又說彭「反黨」，你讓人講「真話」你是否在講真話？毛澤東這樣辯解：「海瑞有真海瑞、假海瑞，有『左派』海瑞、有『右派』海瑞」。在他嘴裡，海瑞成了「變形金剛」，你敢於直言也不成，還要看你講的話符不符合毛澤東的需要，你講的和毛澤東的意見不一致，就是「假海瑞」、「右派海瑞」。嘉靖認為海瑞這樣的清官有「罪」，毛澤東也認為彭德懷這樣的清官有「罪」。

*

一九五九年八月十六日廬山會議結束，胡喬木回到北京，見到吳晗〈論海瑞〉一文，因為毛澤東在廬山上仍提倡海瑞精神，胡讓吳晗按毛澤東對海瑞的「新解」，修改了〈論海瑞〉，吳晗遵命補充了毛澤東關於反對「假海瑞」的見解，於九月二十一日在《人民日報》上發表。

文化部副部長錢俊瑞也向文藝界傳達毛澤東下令學習海瑞的號召，一時間，各報刊、雜誌甚至連環畫（俗稱小人書），都以海瑞為題材，形成「海瑞熱」。

精明的上海人更是一馬當先，上一回毛澤東是四月四日在上海八屆二中全會上號召學習海瑞的，四月十七日，上海市委機關報《解放日報》文藝副刊搶先登出蔣星煜的歷史小說〈南包公——海瑞〉。這一回從廬山下來的「柯大鼻子」嗅覺失靈，不知為什麼沒有嗅出毛澤東的本意，更沒有算計到幾年後毛會出爾反爾清算這件事。

上海仍在領先。上海京劇院有個著名京劇表演藝術家周信芳，是京劇麒派老生創始人，他七歲成名，人稱「七齡童」，後來改名「麒麟童」。他在男性聲帶變化時，失啞，本無法再唱戲，他卻憑自己頑強努力，創立以蒼老淒涼為主的麒派藝術。周信芳在上海市委要求下，以向「國慶十周年獻禮」為任務，約蔣星煜一同去青島寫劇本（為何去青島？不得而知）。後來他們的劇本定名《海瑞上疏》，就是前文寫的海瑞說「嘉靖、嘉靖，家家乾淨」那件事，周信芳一炮打響。後來在「文革」中他因演海瑞而被整死，成了「柯大鼻子」的殉葬品。

京劇姓「京」，人家上海在「毛主席的好學生」柯大鼻子領導下，執行毛主席政策多麼雷厲風行，北京怎麼能落後？別的落後還情有可原，京劇萬萬不能落後。北京的京劇大師馬連良按捺不住了，躍躍欲試，也希望回應毛澤東號召，演海瑞。

馬連良先生是回民，一九〇一年出生，幼時入北京「喜連成科班」學戲，工老生，馬派創始人，臺上做派飄逸，瀟灑自如，唱、念、做俱佳，他創立並改革許多老戲，均膾炙人口，成為京劇老生戲的代表作，上等珍品如《借東風》、《淮河營》、《甘露寺》、《三娘教子》、《蘇武牧羊》等等。他一九五一年從香港回北京定居，為中國的京劇事業做出了不朽貢獻，是國寶大師級演員。

一九五九年下半年一次全國政協委員開會，馬連良碰見吳晗，馬問道：「毛主席建議學海瑞，能否編一個海瑞戲？」吳晗表示，自己是浙江人，不懂京劇，也不常看京劇。但經不住馬連良幾次到北京市政府找吳晗，吳晗擋不住馬連良的一再軟磨硬泡，花一年時間，七易其稿，在一九六〇年底寫出京劇《海瑞》。

毛澤東後來在批吳晗時說：「《海瑞罷官》的要害是『罷官』」，事實真相如何？吳晗有個老朋友蔡希陶，學生物的，在雲南省熱帶植物研究所任所長，正巧此時他出國訪問路過北京，拜訪吳晗時，聽說吳晗正寫《海瑞》，索要一本排印稿，看後他在劇名「海瑞」後加上「罷官」二字，成為《海瑞罷官》，吳晗表示，海瑞給嘉靖上疏，已由上海周信芳演了，我寫的不是這一段。蔡希陶說：

「你這劇本，不是寫海瑞一生，而是寫海瑞任江南巡撫之際為民作主，敢怒敢言，直至罷官，不如叫《海瑞罷官》更好！」

吳晗採納了這個建議，改名《海瑞罷官》，後來毛澤東說了那句名言：

「（京劇）《海瑞罷官》的要害是『罷官』。嘉靖皇帝罷了海瑞的官，一九五九年我們罷了彭德懷的官。彭德懷也是『海瑞』。」

毛澤東這句話給人的印象，似乎吳晗用海瑞給嘉靖上疏而被罷官這件事，影射彭德懷給毛澤東上書而被罷官，因而吳晗為彭德懷翻案。

「文革」中吳晗百口莫辯，本來就是辯也沒用。問題是在為吳晗平反昭雪以後，不少學者的著述，認為吳晗當年並未為彭德懷翻案，「罷官」不是影射彭德懷，這些學者僅僅從時間上反駁加在吳晗頭上的罪名。

他們認為，吳晗寫〈海瑞罵皇帝〉和〈論海瑞〉是奉胡喬木命，且二文皆在吳晗得知彭德懷在廬山批評「三面紅旗」的消息之前。另外，吳晗的《海瑞罷官》是一九五九年秋醞釀，一九六〇年底定稿，而姚文元在攻擊吳晗時說，吳晗在劇中鼓吹的「單幹風」、「包產到戶」和「翻案風」，社會上是在一九六一年才發生的，吳晗不可能未卜先知。

上述觀點是正確的。還有很重要一點，從〈海瑞罵皇帝〉和〈論海瑞〉的內容看，沒有任何為彭德懷鳴不平之處，當然，為彭德懷鳴不平也是正義之舉。至於《海瑞罷官》，僅寫了海瑞在應天府和徐階的矛盾，只歌頌海瑞剛正不阿，和他上疏嘉靖而被「罷官」沒有關係。我看了該劇本認為，蔡希陶大約沒細看劇本，他加上「罷官」二字未必合適，吳晗本意不是寫罷官。

正因吳晗的《海瑞罷官》要害不是罷官，因而最初毛澤東對該劇還是感興趣的，據葉永烈在《「四人幫」興亡》中記述：

毛澤東關心起《海瑞罷官》來了。他把主演《海瑞罷官》的京劇名家馬連良先生，請進了中南海。

「馬先生，你是『馬派』的創始人，『馬首是瞻』哪！」毛澤東一邊握著馬連良的手，一邊非常風趣的說道。

毛澤東也愛看京戲。他跟馬連良說起了「馬派」的《群英會》、《甘露寺》、《四進士》、《借東風》。毛澤東說：「馬先生，你的拿手好戲真不少。聽說，你最近又多了一齣好戲——《海瑞罷官》。」

馬連良見毛澤東喜歡《海瑞罷官》，站了起來，當場唱了幾段。

毛澤東聽罷，笑道：「戲好，海瑞是好人！《海瑞罷官》的文字也寫得不錯。吳晗頭一回寫京戲，就寫成功了！」

毛澤東便設宴招待馬連良。馬連良回去當晚就給吳晗打電話，說：「毛主席真禮賢下士」！馬連良是個全身心獻給京劇事業的大藝術家，此時的他，對毛澤東的「崇拜」可以說「無限」，他極為認真飾演海瑞，為此「文革」初起，即被整死。

人們不解，毛澤東為何在幾年後會食言自肥，大肆批判該劇呢？

31 毛澤東的終極打擊目標

一九六六年八月五日，「文革」開場不久，毛澤東曾寫下一張著名的大字報〈炮打司令部〉。雖未點名，誰都知道在影射要打倒劉少奇。劉當時是國家主席，中共裡僅次於毛的第二號人物。

劉少奇於一八九八年十一月二十四日出生在湖南省寧鄉縣花明樓村，距離毛澤東的故鄉湘潭縣韶山沖僅有九公里。一九一六年劉少奇考入長沙第一師範，和毛澤東同在一校，但二人並不認識。一九一七年，劉少奇在北京和保定參加了「五四運動」，後加入「中國社會主義青年團」，被共產黨送到蘇聯留學。一九二一年，他在莫斯科加入共產黨，一九二二年回國，從事工人運動。一九二八年在東北、華北搞地下工作，曾被張學良部下逮捕，張學良出於抗日民族大義，以「證據不足」為由將其釋放。一九三二年，劉少奇進入江西「中央蘇區」（「蘇區」來自俄文「蘇維埃」，工農兵之意），任「全國總工會委員長」。「中央蘇區」全是山區農民，哪有工人？不過，蘇俄是強調工人階級的，儘管中國蘇區的鄉下沒有工人，也得安排個人搞「工會」，這就叫「向蘇聯老大哥學習」。

劉少奇在蘇區認識了毛澤東。此時毛澤東正受從蘇俄派來的王明派排擠，失去兵權，僅任「中央蘇區主席」這一虛銜。毛、劉認識後，從沒有出過國的毛澤東，經常問劉少奇在蘇俄的見聞，以及馬克思、列寧主義中的一些問題。毛澤東很喜歡這位湖南老鄉，劉少奇為人辦事沉穩、待人謙和、善於思索、沉默寡言，是個睿智、穎悟的政治家。

一九三四年十月，毛澤東、劉少奇和中央紅軍被迫離開蘇區，開始「長征」。當時中共紅軍的軍事指揮權在一個二十四歲的德國人奧托・布勞恩（Otto Braun, 1900-1974。中文名李德）和中共的博古、周恩來手中。李德根本不懂軍事，瞎指揮，中央紅軍一路敗仗。一九三五年一月，到了貴州遵義市，劉少奇、周恩來、鄧小平等支持毛澤東重掌兵權。這是毛澤東重新掌權的起點，一直到他去世。

隨後，劉少奇被派往河北，任中共華北局書記。他吸收了一大批知識分子精英，在他領導下，搞地下工作，有彭真、薄一波、劉瀾濤、安子文、李雪峰、蔣南翔、劉仁、徐冰、鄧拓、胡喬木等等，他們形成了劉少奇的權力基礎。一九四九年後，都被委以要職，後來在「文革」中紛紛隨劉少奇被打倒，這些人均受到慘無人道的折磨，有的被迫害致死。

一九三八年，抗日戰爭正艱苦地進行，劉少奇又奉命創建中共華中局。一九四一年一月「皖南事變」發生後，劉少奇曾任新四軍政委，重新組建新四軍。一九四三年返回延安，和毛澤東共同戰勝了王明集團，這期間還有段臺灣讀者不大瞭解的插曲。

＊

一九一九年，蘇俄領袖列寧在莫斯科成立「共產國際」，因為馬克思、恩格斯曾經先後建立過兩次「共產國際」，所以人們習慣稱列寧建立的為「第三國際」，規定全世界各國共產黨歸「第三國際」領導，實際上歸蘇共控制，中共也自然要服從蘇共。當時王明是中共派駐蘇共的代表，他聽命史達林，向中共發出過許多錯誤指示。那個德國人李德，就是在這個背景下，被第三國際派到中國的。他少不更事，以「太上皇」自居，胡亂指揮，其實他也是陰差陽錯地來到中共的；被博古從上海硬拉到蘇區，廣大紅軍見他黃髮碧眼，就認為他是正宗馬列。

共產黨信奉馬克思、列寧主義。抗戰時王明來到延安，是「喝過洋墨水」的「欽差大臣」，和毛澤東這些土生土長的農民自然就產生了矛盾，但又礙於王明是「第三國際」派來的，毛澤東奈何不得了他，只得忍氣吞聲，可是，毛澤東又是個不能忍氣吞聲的人。終於，機會來了。

一九四一年六月，希特勒德國全面入侵蘇俄，史達林政權面臨生死存亡關頭，根本無暇顧及全世界各國的共產黨，遂宣布「解散第三國際」。王明立刻失去了後臺老闆，毛澤東也不在乎什麼史達林了，以「整風」為名，在延安清除了王明勢力，即所謂的一九四二年「延安整風」。劉少奇、周恩來堅定地站在毛澤東一邊，他們擁戴毛澤東成為了中共真正的唯一領袖。

未久，在延安就喊出「毛主席萬歲」這帶有封建性質、個人崇拜味道的口號。一九四五年四月，抗戰勝利在即，中國共產黨在延安召開「第七次全國代表大會」，簡稱「七大」。劉少奇早在一九四三年就發明的「毛澤東思想」，在「七大」得到確認，成為和馬克思主義、列寧主義並列的指導中國共產黨的理論。儘管毛澤東還是個大活人，活人崇拜並不可取，但那時共產黨尚未勝利，不是執政黨，黨內還比較民主，毛澤東個人也十分謹慎，注意儘量少犯錯誤。在外有強敵情況下，任何點滴過失都會導致徹底失敗。這一段時期，共產黨的事業得到很大發展。

自一九四二年，歷時三年的「延安整風」後，劉少奇已在黨內任第二把手，成為毛澤東的接班人，尤其在一九四五年八月，毛澤東去參加「重慶談判」時，明確講，劉少奇負責中共，很明顯，萬一毛遇不測，劉少奇就是黨的主席。

毛、劉同舟共濟，奪得天下，很快，二人在建國大綱上發生分歧。毛頭腦中「左」的東西迅速滋長，他急於向蘇聯學習，不顧中國國情，立即讓農民交出土地，搞合作化；令資本家交出企業，名為「公私合營」，實則收歸國有。劉少奇則希望先發展生產，國家富強了，別的以後再說。實踐證明，劉少奇的主張是正確的。

毛澤東推行的農民「合作化」，遇到農民頑強抵制。毛澤東戰勝蔣介石，重要的一點，是解決了兵源問題。二十世紀六〇年代，大陸有過一個四川方言話劇《抓壯丁》，反映國民黨軍隊強行捆綁農民去當兵，這樣的兵在前線如何能打仗？毛澤東就高明得多，他用「土改」的方式，把所謂「地主」的土地強行分給貧苦農民，再以「保衛勝利果實」名義，讓得到土地的農民獻出兒子去當兵，保衛自己家分來的地。這樣的兵當然戰鬥力強大！農民世世代代盼望田地，今日終於有了，至於兒子犧牲了，可以再生嘛！

毛澤東奪得了政權以後，農民的兒子已經犧牲了。可憐的農民剛剛失去兒子，分的幾畝地本是個安慰，不想毛澤東以「合作化」為由，讓農民又交出土地！農民想不通。

我也想不通，為什麼非要逼農民合作化？這種主張，不知道馬克思提出過沒有，反正列寧提出過。只是他還未來得及在蘇俄普及，就去世了。後來史達林用暴力強行建立「集體農莊」，遭到大量農民拚死抵抗。後果是糧食持續減產，人民挨餓，大量餓死人。

前有蘇聯的教訓，赫魯雪夫在一九五四年訪問中國時，也告訴毛澤東這個前車之鑒，毛澤東充耳不聞，仍堅持農民「集體化」——成立農業生產合作社；且比史達林搞得還「集體」——一九五八年，在全國農村成立「人民公社」。「人民公社」與「總路線」、「大躍進」並稱為「三面紅旗」。「文革」中，我親眼見過農民在不屬於自己的田地上艱苦勞作，一點生產積極性都沒有，家家一貧如洗。我真的不解，農民出身的毛澤東，他真的不瞭解農民嗎？真的不瞭解農村嗎？一九七八年以後，鄧小平下令解散「人民公社」，農田承包給個人。農民積極性大大增強！糧食產量也迅速提高，為後來改革開放的成功，打下了基礎。毛澤東為什麼就非要堅持一個扼殺農民積極性，對他的政權也無益的人民公社呢？

一九五二年劉少奇在黨內有個著名的「天津講話」。他當時設想的，正是一九七八年鄧小平提出的「改革開放」政策。若中國自一九五二年就實行「改革開放」，那麼中國之今日，將何等輝煌？固然，歷史是不能假設的，確實走了好大的一段彎路，白白浪費了寶貴的三十年，至文革結束時，中國國民經濟到了崩潰的邊緣，是不爭的事實。

＊

前文已敘，毛澤東製造出了「一年大躍進，三年大饑荒」後，他不得不從經濟領域退出來，也不提「書記掛帥」了，自稱，今後「專心致力於理論研究」。其實，從他以後的情況看，他在理論上也沒有研究出多少有益的成果，即或有，也是錯誤理論居多。

一九五八年大躍進，把全國弄成一個大爛攤子，毛澤東沒法收拾，被迫讓劉少奇來收拾。一九五九年劉少奇當上了國家主席，幾乎位臻極品，從體制上講，很容易造成毛、劉矛盾。因為，一個是黨的主席，一個是國家主席，在體制上二人平起平坐。那時，每年「十一國慶節」和「五一勞動節」，報刊上頭版頭條，並列二人兩張大照片：毛在左，劉在右。雖然中國的規矩：左為上，右為下，理論上是共產黨領導一切。但毛澤東是不會讓別人和自己共用獨尊的。

問題也就出來了，全國任何一級黨的書記和他平行級別的行政領導，二人若在工作中產生分歧，互不相讓，可以由上一級裁決。例如一個縣長和縣委書記有了矛盾，可由上級市領導裁決；市長、市委書記有了矛盾，可由省領導裁決。國家主席和黨的最高主席發生分歧，由誰裁決？中國大陸不興「全民公投」，雙方官員又各執己見，怎麼辦？當時的形勢是：

到一九六三年，劉少奇、周恩來、鄧小平、彭真等人，經過幾年艱苦奮鬥，將一九五八年大躍進、大煉鋼鐵造成的爛攤子，恢復得井井有條，人民的感覺就是，能吃飽飯了，可以安心工作了。且慢！不要以為毛的退居二線，政治上寬鬆了，就不搞政治運動了。

國家剛有一點起色，毛澤東又開始折騰。他這幾年來的「理論成績」，可以概括為他的一句有名的話：「階級鬥爭，一抓就靈！」直到他臨死，中國的經濟已到「崩潰的邊緣」，他仍要「抓階級鬥爭」。沒有人探討：毛澤東為什麼對「階級鬥爭」情有獨鍾，簡直成迷上癮了？他口中的「階級鬥爭」，到底是什麼玩意呢？現在已沒有人關心這東西了，但它曾像嘉靖皇宮中的「黑眚」一樣，在中國大地幽蕩了幾十年。

馬克思、列寧認為，人按其擁有的生產資料，應分為階級，例如，奴隸社會，有奴隸主、奴隸、平民；封建社會，有地主、農民；資本主義社會，有資本家、工人、農民；在社會主義社會，公民都成為自食其力的勞動者，各級官員是「管理者」，從理論上講，已沒有階級，從舊社會來的地主、資本家會慢慢消失。

毛澤東在一九五六年以前也承認：「大規模的急風暴雨式的階級鬥爭，已經基本結束。」但是，蘇共「二十大」後，毛澤東改變態度，認為社會主義時期階級鬥爭是「你死我活」的！社會主義的「階級敵人」就是前文講的「黑九類」。為此，毛澤東在一九六三年就無事生非地在全國發起「四清」運動，又整地富反壞右，又整幹部，稱他們為「走資本主義道路的當權派」，「文革」中簡稱「走資派」，而最大的「走資派」就是劉少奇。

「天下本無事，庸人自擾之」。毛同時又在意識形態領域中，今天批小說，明天批京戲的；林彪則在解放軍中大肆鼓噪神化毛澤東運動，毛又反過來號召：「全國人民大學解放軍！」兩人一唱一和，弄得國內一時烏煙瘴氣。

劉少奇鑒於中國剛剛擺脫餓死人的危機，現在又要折騰，遂和毛澤東產生了意見分歧，希望召開一次黨的會議，解決這些問題。中共黨章規定，全國黨員代表大會五年召開一次。上一次還是一九五六年開的「八大」，此時早已超過了五年。

毛澤東此時就是不開這個「九大」（「九大」是一九六九年打倒劉少奇、鄧小平以後才召開）。毛自知，此時若開會，自己必是少數，所犯一系列錯誤，在會上可能會成為「被告」，甚至有可能會下臺，這是毛澤東最擔心的。由於劉少奇、鄧小平的政策務實可行，廣大黨員幹部逐漸擁護劉、鄧。於是，毛澤東拒絕開黨代會，決定搞「文革」打倒劉、鄧，這是毛的最終打擊目標。

*

彭真堅決擁護劉、鄧，他領導的北京市自大饑荒後，悄悄抵制毛澤東的許多錯誤指示，因而毛澤東說北京市委是個「針紮不進、水潑不進的獨立王國」。北京是首都，不是天高皇帝遠，既不能執行毛澤東錯誤政策，又要讓北京市民別餓死，彭真之難可想而知。

三年大饑荒，全國餓死四千萬人，全國人民對挨餓記憶猶新，惡夢初醒，現在毛又要「搞階級鬥爭」，瞎折騰；全國人民已經「一窮二白」，都成了窮光蛋，誰還是階級敵人？過去留下的地、富、反、壞、右，已被反覆整得服服帖帖，於是毛就下令整他們的子女；知識分子多是一九四九年以後，共產黨自己培養出來的，毛卻硬說他們是「資產階級知識分子」，發明了一個「階級分析法」，叫「從思想上劃分階級」。那怎麼劃分？「思想」看不見，摸不著，只有看他出身如何及說得好聽否。好在知識分子雖很多「出身不好」，但會說的很多，有的甚至能說得天花亂墜。這場「階級鬥爭」注定荒腔走板胡來一氣。一場更大的動亂，即將被偉大領袖「親自發動和領導」。

在北京當副市長的吳晗，十幾年來，尤其大躍進和大饑荒的現實，逐步轉變了對毛澤東的一些看法。當時北京有個市委書記鄧拓，以前在北方局時就在彭真手下工作，後來任《人民日報》總編輯。他是個正直的知識分子，不會違心媚上，毛澤東說他「書生辦報」，不會說假話，不滿意他。彭真把鄧拓安排在北京市委任負責文教的書記，和吳晗工作來往較多。還有一個人廖沫沙，老共產黨，文人，任北京市委統戰部長。

知識分子就是這樣「不悲身死，但悲國衰」。三個文人湊在一起，很自然議論時政。自一九六〇年大饑荒起，人民已敢於私下低聲質疑、批評「三面紅旗」了。一九六一年三月，鄧拓以「馬南邨」為筆名，在《北京晚報》上開闢專欄「燕山夜話」，談古說今，褒貶歷史，勸人為善，受到廣大讀者好評。那時我正上高中，每晚讀「燕山夜話」為一大樂事，高雅的精神大餐。

一九六一年九月，鄧拓約吳晗、廖沫沙於北京西單成都飯店會面，確定在北京市委辦的刊物《前線》上也開闢個專欄，名「三家村劄記」，筆名「吳南星」：吳晗的「吳」；鄧拓筆名馬南邨的「南」；廖沫沙筆名「繁星」，取其「星」。所寫雜文，除文史知識外，也點評時弊，如批評說空話、機關推事、官僚主義等等。這不可避免涉及到大躍進時代存在的種種問題，從這些雜文可以看出他們的政治態度。這些不點名地批評毛澤東瞎指揮的文章，公開發表在北京市委的刊物上，廣大黨員幹部基本取得共識，這必然成為毛的眼中釘，「文革」初起，批「三家村」

時，鄧拓自殺，以死抗爭；廖沫沙被捕。

32 江青何以「銜刀越牆」？

很多臺灣的大學生不理解：毛澤東手下那麼多各色人物，為什麼單單讓自己老婆江青去上海組織張春橋、姚文元批判《海瑞罷官》？這還要從毛澤東當時的處境說起。

一九六四年毛澤東發動的「四清運動」，在全國展開。他和劉少奇對「四清」、「階級鬥爭」的認識分歧已經公開。毛澤東連黨代會全不敢召開，因而，毛要打倒劉、鄧，必須用權術和手段才成。這也是完全旁門左道的「文革」產生的原因。

暗室中的政治，只能在陰謀中進行。搞陰謀詭計需要小人，還得是心腹。一九五六年，中共「八大」選上的中共領導人，絕大多數是歷經考驗、人品高尚、才華出眾的人物。善於拍上壓下的太監黃門也有，如林彪，身體確實不好；如陳伯達，毛澤東身邊大秘書，需要他經常寫些指鹿為馬、危言聳聽的文章；康生，既是個小人，又是心腹，但他是搞情報的大特務頭子，搞文藝批判，他不成，儘管吹捧他是「馬列主義理論家」，終其一生，未見他有過什麼「理論」。毛挑來選去，也只有江青幹這事最合適。

江青的醜聞、緋聞、傳聞，版本很多，我查閱了大量檔案資料，認為很多版本有獵奇色彩。一個「偉大領袖」的老婆，成了花邊新聞、豔星身世的「小道消息」來源，這件事本身就令人浮想聯翩。經我對諸多「小道消息」的鑒辨，她的情況大體是：

江青本名李雲鶴，一九一四年生於山東諸城，她母親在一大戶人家當傭人，這大戶人家的少爺就是後來的康生。江青自幼隨母親在外飄零，養成了她俗鄙之氣。她也上過幾年學，十七、八歲獨自在外闖蕩，後到了上海。這一段經歷，各版本都差不多，本文不多談。

她在上海進了電影界。因姿色平平，只是個三、四流的小演員，一個不起眼的小人物。她的緋聞，用今天的標準看，實在算不了什麼。真正了不起的，是她的不知羞恥。一九七二年，美國有個大學副教授羅克珊・維特克（Roxane Witke），到中國瞭解婦女問題。江青表示希望她寫本江青的傳記。這位美國人原本看不起江青，但礙於江青對寫自傳異乎尋常的迫切，在幾次採訪江青後，維特克寫了《紅都女皇——江青同志》（*Comrade Chiang Ch'ing*）。江青在訪談中，信口開河，胡說八道，最語驚全球的話是：

> 中國婦女受孔孟之道的毒害太深了，什麼「好女不嫁二男」。我就不信那一套，我結過六次婚。

維特克加的批註是：

一個自稱是無產階級女革命領袖的人，公開以自己結過六次婚而自豪。這即使用資產階級的標準，也是不值得炫耀的。

江青對自己的婚姻狀況做了最精彩的說明，她的前夫、情人、朋友，凡沒死並在國內的，「文革」中全都倒了楣。因為江青要把自己裝扮成「早在（二十世紀）三〇年代就在上海和魯迅共同戰鬥過的無產階級先鋒戰士」，所以，她將凡是知道她此時搞得一塌糊塗的汙聞穢史的人，一律投入監獄，直至折磨致死。

打開今天的街邊小報，成天是演藝界名人，這個離婚，那個自殺的，好不熱鬧！其實，在上個世紀三〇年代，也是一樣，也不會漏掉江青，又是離婚，又是自殺，浪漫而刺激，她鬧得聲名狼藉、臭不可聞。街頭小報成了藍蘋（江青藝名）公開的私人緋聞日記。藍蘋在上海混不下去了，正巧她媽當年幹活的東家大少爺康生自蘇聯回到延安，那是一九三八年，全民抗戰，許多青年到延安去了，康生也把走投無路的藍蘋接到延安。

＊

藍蘋是如何和毛澤東搞上的，版本更多。根據可能看到的檔案文獻，有一種說法比較可信：一九三九年，二十五歲的藍蘋初到延安，還默默無聞，沒人搭理她。她卻暗中在物色機會。藍蘋在上海電影界早對男人琢磨透了，此時她瞄準了一個人：毛澤東！一米八幾的英俊中年男子，講話風趣幽默，有偉人的氣質。藍蘋心說：就是他！

毛澤東有個生活習慣：陰陽顛倒，白天睡覺，夜裡工作，他早上工作完畢，在休息前，總要散散步。有他做的詞為證：「東方欲曉，莫道君行早。踏遍青山人未老，風景這邊獨好」。這是毛澤東一九三四年在井岡山寫的，說明他有早散步的習慣。

毛澤東每早散步，總是見延水河邊一年輕女子在「專心」讀書。毛澤東走過來，那女子彷彿被驚動，突然起立，書本掉到地上，也顧不得撿，非常大方、優雅地向毛澤東敬禮，很像前文提到的太監崔文見正德皇帝來了，放下佛書，口稱：「阿彌陀佛」，一樣一樣的。

毛澤東讓跟隨保衛他的中央警衛團負責人羅瑞卿從地上撿起這本書，一看，是毛澤東寫的《實踐論》，他立即對這位小女子感上了興趣，又聽說她來自上海，是電影演員，遂邀請她來毛澤東住的窯洞做客。藍蘋正求之不得。這種小手段，今日看起來，實在太小兒科太廉價了，但那時還真靈。

藍蘋此後經常有事沒事地到毛澤東住處，「狐媚偏能惑主」，不久引起了賀子珍的反感。賀子珍是毛澤東第三個妻子。第一個妻子，是毛澤東十四歲時由父母給他包辦、長他六歲的童養媳，歷盡悲慘，不知所終。第二個，是大名鼎鼎的楊開慧，她是毛澤東恩師楊昌濟的女兒，老師將愛女許配給毛澤東，東床擇婿，仕林佳話。楊開慧還為他生了三個兒子，一九二八年，毛澤東率部上了井岡山後，和紅軍女戰士賀子珍結婚。楊開慧被湖南軍閥何鍵逮捕。楊開慧本無罪，何鍵表示，楊開慧只要公開聲明和毛澤東脫離夫妻關係，就可以無罪釋放。楊開慧忠於毛澤東，拒絕何鍵的條件，一九三〇年十一月十四日，何鍵為了向蔣介石效忠，表示自己「反共不留後路」，將楊開慧殺害。一九五七年毛澤東寫詞〈蝶戀花〉，有「我失驕楊君失柳」之句，說明他是懷念楊開慧的。

賀子珍自一九二八年和毛澤東結婚後，共同經過「二萬五千里長征」，她和毛很正常的夫妻生活，讓藍蘋「第三者插足」，給徹底破壞了。賀子珍神經受刺激，毛澤東正好有藉口把她送到蘇聯治病。蘇俄同樣勢利眼，見賀子珍已失寵，又正值衛國戰爭，沒興趣搭理賀子珍，她在蘇聯吃盡苦頭。

毛澤東和藍蘋墜入情網，最起碼，毛澤東是真情的，至於藍蘋是否動了真情，那就天曉得了。在談情說愛上，藍蘋要比毛澤東經驗豐富得多，儘管她比毛小二十多歲。藍蘋在上海就已搞得烏煙瘴氣，現在和毛澤東又搞得震驚延安。毛澤東考慮政治影響，給她改名「江青」，取唐詩「江上數峰青」之句。改了名，又有了新問題：

*

我至今想像不出來，江青是如何把她前五次婚姻講給毛澤東聽的？若她既如實講了自己的豔史，又獲得偉大領袖的諒解，那江青真是情場高手。

人在熱戀中，無論男女，智商是最低的。偉大領袖墜入愛河，他的革命同志是清醒的。鑒於一九三八年大批國民黨占領區的熱血青年一心抗日，奔赴延安，其中也有「軍統」人員混入其內。毛澤東的警衛長羅瑞卿當即感到，江青是在有意接近毛澤東，她會不會是國民黨特務？羅瑞卿向中共中央幾位負責人談了自己的看法。

幾位中央領導早就知道江青已傍上毛澤東。那時中共領導內部還比較民主，毛澤東也還沒有後來的權威。大家懷著對江青的疑問、對賀子珍的同情，勸毛澤東認真考慮。最後毛澤東也同意大家意見，派上海的中共地下黨，如潘漢年等調查瞭解一下江青在上海的情況。由此可見，江青也向毛澤東隱瞞了什麼，引起毛的懷疑。

調查報告如實上報中共中央，江青確實不是軍統「特務」，但她的私生活不堪聽聞。毛澤東仍堅持娶江青，最後採取折中方案：江青不以毛澤東夫人身分，只以「生活秘書」名義，有如小說《紅樓夢》裡寫的「通房大丫頭」（陪主人睡覺，沒有名分，若為主人生了兒子，有可能提升為妾）。中央還規定，江青不得參與任何政治活動，不得擔任任何政治職務。毛澤東簽字畫押，同意了。後來，羅瑞卿、潘漢年等都被迫害、整死，這是後話。

在戰爭環境中，共產黨的紀律很嚴格，因此，最終能勝利。從一九三九年中共做出限制江青決議，到一九五〇年，毛澤東倒是執行此決議，未有江青「違規」記錄，頂多到蘇聯養病，享受些特權，總的講，她還算安分。

*

江青是個演電影的，對電影關注是很自然的事。她窮極無聊，就看看電影。平心而論，像她這號人，又不許從政，又不敢亂搞，才三十多歲，總不能像隻寵物貓，成天養在家中。建國初，毛澤東讓她任中共宣傳部電影處處長。這個官不大不小，也符合她的愛好。但她不知自愛，嫉「善」如仇，歹毒本性作怪，煽動毛澤東，發動了全國對電影《清宮秘史》和《武訓傳》的批判。那時黨風較正，江青還刮不起妖風，毛仍然不許她出頭露面，尤不許她參與政治，江青又忍耐多年。

對外交流中，外國第一夫人來訪，中國怎麼辦？誰是第一夫人？江青？不許她參與政務，更不許她出頭露面，再說，毛澤東只去了兩趟蘇俄，就再也沒有出過國，江青只能蹲在家裡，出頭露面的事，就落在了劉少奇夫人王光美身上。

王光美天津人，出身名門，父親早年在日本早稻田大學學法律，後在北洋政府農商部任工商司長。王光美大家閨秀，在天主教會辦的輔仁大學，受過高等教育，文化素養、風度及氣質比江青強得多。王光美還會講一口流利的英語，每每隨劉少奇參加外事活動，總是光彩照人。劉少奇子女多，王光美把這個大家庭處理得和睦友愛。

江青不可能從自己身上找出和王光美的差距，她只會像武俠小說中的綠林好漢，一身匪氣，「怒從心中起，惡向膽邊生」，一邊忌恨王光美，一邊找機會也要風風光光。毛澤東給了她個機會。一九六三年，中國和印度尼西亞關係很好，印尼總統蘇卡諾（Sukarno, 1901-1970）的夫人訪華，毛澤東接見，讓江青參加。這倒也無不可，雙方第一夫人見面，也算不上太大的政治問題。第二天《人民日報》頭版大幅照片，三個人，毛澤東和蘇卡諾夫人握手，江青站在二人中間。《人民日報》明確說明：「中間為毛澤東主席夫人江青同志」。從後來事態的發展來看，這是江青首度「政治曝光」！隨著共產黨內紀律被踐踏，對毛和江的「約法三章」已不起作用了。

孔老夫子講過：「陳力就列，不能輒止」，是說一個人要正確認識自己的能力，在社會上站在適合本人的位置，不能有野心。江青不學無術，不懂得這些，她無利不起早，千里迢迢跑到延安，費盡心機傍上毛澤東，圖什麼？就圖個「養在深閨人不知」的「深宮怨婦」嗎？今日好不容易在報上露了臉，衝破了中共決議的束縛，她開始「露崢嶸」了！江青曾作詩：「江上有奇峰，鎖在雲霧中；尋常看不見，偶爾露崢嶸」！不知是江青所作，還是有人代筆，按說江青寫不出這個水平，但很代表她的內心世界。

一九六二年，毛澤東眼見劉少奇、周恩來、鄧小平、彭真等把中國從大饑荒中挽救過來，毛澤東已退居二線多年，閒著沒事，就插手文藝，說，現在京劇舞臺上都是「帝王將相、才子佳人」，應該讓「工農兵占領舞臺」。一時全國各劇團都排練現代戲，如，上海京劇團排了《智取威虎山》和《海港》。在執行毛澤東的指示上，柯大鼻子領導下的上海總是一馬當先，「引領風騷」的。彭真治理下的北京，就慎重得多，這就是彭真的水平。

一九六四年元旦前後，一輛小轎車彷佛載人要入室行竊一樣，偷偷開進了北京京劇團（北京京劇院前身）院內。那時，國內小汽車極少，院裡突然開進來一輛，立即引起人們注意。從車上下來一女子，高高個頭，戴個眼鏡和大口罩，人們看不清是誰，就是看清楚了，也不認識。女人徑直走向團長薛恩厚辦公室，她不敲門，推門便入。薛團長等她摘下口罩，才知是江青。江青發話，立即要見主要演員。薛團長不敢怠慢，叫來主要演員。

江青以中央首長口吻講話，首先講出一句後來她在「文革」中逢場必講的話：「我首先代表偉大領袖毛主席，向大家問好！」此言一出，自然贏得一片歡呼聲，不僅將群眾對毛澤東的崇拜變成對她的歡呼，且終於向全國宣示了自己的身分，讓人感到她的話是代表毛澤東說的，有如太監在宣讀聖旨：

我這些年在養病，沒有來看同志們。主席（那時是毛澤東的專用名詞，對劉少奇則必稱「劉主席」）讓我過問一下京劇革命，既為了這場戲曲革命，也為了讓我調養精神，恢復健康。

接下來，她破口大罵京戲藝術，依她意思，古裝傳統京戲是封建主義殘餘，必須從舞臺上消滅。京劇這一國寶藝術，要由她來領導改革。

聽眾多是國寶級的京劇名家。北京京劇團當時匯集了全國頂尖大師級演員，如馬連良、譚富英、裘盛戎、張君秋、趙燕俠、馬長禮、李多奎等等。他們忠於毛澤東，也忠於自己的京劇事業，江青代表毛澤東把傳統京劇罵得一無是處、褻瀆中華民族的國寶時，這些名家在沉思：臺上這個「第一夫人」，不就是三十年前，我唱戲，她演電影的藍蘋嗎？今天在這胡扯什麼？薛恩厚團長立即向北京市委報告了江青闖到這裡的消息。按中共正常的做法，中共中央辦公廳應先通知北京市委；市委再通知文化局；市文化局通知市京劇團。大陸的官多，衙門也多。此次江青像溜門撬鎖的賊一樣，不打招呼，不請自到，顯示她暴發戶的心理和心虛的本質。

此事引起了北京市委書記彭真和負責意識形態的中宣部、文化部部長陸定一的警覺：江青的言行代表了毛澤東的動向，毛要插手北京的事務和文藝工作？江青是什麼貨色，彭、陸在延安早就領教過了。

就憑江青，她也配領導京劇革命？她根本不懂京劇藝術，她只懂抄襲、剽竊，美其名曰「移植」。江青下令將上海滬劇《蘆蕩火種》「移植」過來，由北京京劇團將其改成現代京劇。那時中國也沒有著作權法、版權法的，反正當時剽竊者和被剽竊者都不懂這是違法的。

毛澤東說：「《蘆蕩火種》是劇情，不是劇名，要改成《沙家濱》。」其實，江青也就上次去了一回北京京劇團，以後再也沒去過。就這樣，《沙家濱》成了江青的「革命樣板戲」產品。

上海和北京不一樣，上海市委遠接高迎地請來江青，找幾個演員談了一次話，橫不是鼻子，豎不是眼地挑剔褒貶一通，現代京劇《智取威虎山》也成了江青領導的京劇革命的產品。

「造勢」這個詞，大陸以前沒有，是近些年從臺灣學來的，但這種做法，卻在「文革」前已經有了。毛澤東為了給江青「造勢」，一九六四年六、七月，以「迎接中華人民共和國成立十五周年」為名，在北京舉行現代戲大匯演，毛澤東親自率全體中共高層領導來給江青造勢。演出結束，毛帶頭起立，為江青鼓掌，讓江青大出風頭。這個當了幾十年的「通房大丫頭」，開始了她通向「紅都女皇」的新起點。

33毛澤東事先是否知道要批《海瑞罷官》？

這事還要從江青說起，凡被人稱道的「第一夫人」，除相夫教子、母儀天下外，還應幫助丈夫安邦治國，惠及臣民。唐太宗的長孫皇后、朱元璋的馬皇后、皇太極的孝莊皇后，都還不錯；後來的王光美，是可以和宋美齡相媲美的「精品」第一夫人。

如果江青也算「第一夫人」的話，她除了向毛澤東「掩袖工讒」，以及她自己所說的「我是毛主席的一條狗，他讓我咬誰，我就咬誰」而外，她還有哪點第一夫人的樣子？一九七五年，毛澤東死前一年，他都在為自己身後的江青擔憂。毛說：「江青啊，妳到處樹敵，我死了以後，妳怎麼辦？」從上述他們已公開的話，可以勾勒出江青的為人及「文革」中的作為了。

一九六七年四月十二日，江青在軍委擴大會議上有個〈為人民立新功〉的講話，說出了她是如何偷偷去上海策劃批《海瑞罷官》的：

批判《海瑞罷官》也是柯慶施同志支持的。張春橋同志、姚文元同志為了這個擔了很大的風險啊，還搞了保密。我在革命現代京劇匯演以前，做了調查研究，並且參與了藝術實踐。感覺到文藝評論也是有問題的。我那兒有一些材料，因為怕主席太累，沒有給主席看。有一天，一個同志把吳晗寫的《朱元璋傳》拿給主席看。我說，別，主席累得很，他（吳晗）不過是要稿費嘛，要名嘛，給他出版，出版以後批評。我還要批評他的《海瑞罷官》吶！當時彭真拚命保護吳晗，主席心裡是很清楚的，但就是不明說。因為主席允許，我才敢去組織這篇文章，對外保密，保密了七、八個月，改了不知多少次。

春橋同志每來北京一次，就有人探聽，有個反革命分子判斷說，一定和批判吳晗有關，那是有點關係，但也是搞戲，聽錄音帶，修改音樂。但是卻也在暗中藏著評《海瑞罷官》這篇文章，因為一叫他們知道，他們就扼殺這篇文章了。

江青講話，多是謊言和吹牛，不足為信，但她有關《海瑞罷官》的講法，倒是事實。如果她秉承了毛澤東的旨意，幹的是光明正大的事情，何必像做賊一樣跑到上海去幹呢？江青又是如何和張春橋勾搭上的呢？

＊

這要說到毛澤東畢生追求一種名義上人人在經濟上的「平等」。幾千年來，貧苦農民提出的「均貧富，等貴賤」，就是這種幻想。人民公社也是毛這種「平等」理想的實驗品。搞社會實驗未嘗不可，只是以四千萬條生命為代價，也太慘烈了。人的智慧、體力、儉侈、勤惰、機遇不同，若想在經濟生活上平等，純是空想，且不談還有政治等其他因素。毛澤東既堅持階級壓迫，鼓吹一個階級對另一個階級專政。那麼又如何實現「人人平等」？毛澤東畢生始終沒有就這一點得出結論。但毛到一九七五年臨死，仍說夢話似的，要「消滅資產階級法權」和「八級工資制」。毛畢生的空想讓江青的另一個山東老鄉張春橋發覺了。

張春橋，山東巨野人，一九一七年出生。他年輕時在上海闖蕩，是個沒有成就的文人，後來參加共產黨，三混兩混，在上海市委當個處級幹部。這種投機分子沒有信仰，有奶便是娘。當時號召學習毛澤東著作，別人學中國革命理論，張春橋是透過毛澤東著作的字裡行間，捕捉可以撈點油水的「偉大思想」。張春橋後來成了「四人幫」中的狗頭軍師，確實有他的特異功能。他發現毛澤東渴望建成「人人平等」的社會，且毛不管是「富」得人人平等，還是「窮」得人人平等。他為迎合毛，講的一句名言是：「寧長社會主義的草，不長資本主義的苗」。

一九五八年，發表了一篇張春橋的文章〈破除資產階級法權思想〉，是說現在工資的不平等是「資產階級法權」造成的，為了實現「按需分配」的「共產主義」，必須「破除資產階級法權」。這時毛澤東正鼓吹「吃飯不要錢」的「人民公社」，很欣賞張春橋這篇文章，張進入了毛的視野。從此，張春橋連滾帶爬，柯慶施提拔他為上海市委書記。

江青陰謀要批《海瑞罷官》，本來是偷雞摸狗之事，只能靠雞鳴狗盜之徒。江青通過柯慶施認識了張春橋。張春橋何等狡猾，他想：吳晗身後是彭真；彭真身後是劉少奇、鄧小平。這樣偷偷摸摸批吳晗，真要和劉少奇他們攤牌，鬥得過嗎？毛澤東這邊也就有一個病病歪歪的林彪。你看毛澤東這回派的這個人，江青算個什麼玩意？早在三十年前的上海，我張春橋就知道她。她的話能相信？這就像一個聲名狼藉的無賴，非要拉你進賭場，你敢去嗎？再者，讓上海市委撰文批北京市委，成何體統？張春橋想到一個人，就是姚文元，張想把他推薦給江青。出了事，是姚文元的；立了功，是我張春橋的。

＊

姚文元生於一九三一年，浙江諸暨人。他文采很一般，小公務員，沒有什麼驚人之舉，他的父親姚蓬子，倒小有名氣，算是個破落文人，會寫點詩，自詡為「詩人」。但讀了他的詩，都會發出同樣的疑問：這叫詩嗎？他屬於那種東扎一頭，西晃一下，一事無成，又不安分的人物。很多人都知道姚蓬子，但人們又總是隨即忘了他。

姚文元受乃父兩點影響，一是善投機鑽營，能準確嗅出政治風向；二是善捉筆代刀，中傷別人。姚文元所處的時代，又正是二十世紀五、六〇年代。毛澤東在意識形態領域發起了一波又一波惡批的時候，為姚文元提供了用武之地。別人寫文章有立場，姚文元沒有立場。他今天捧這個人，明天斯人失勢，後天姚文元批這個人的文章就能見報。他對胡風就是這樣。

姚文元是上海盧灣區黨委機關的一名小職員，經常在報刊上「掄起棒子」打人，引起了張春橋的注意。也是一句粗俗但又形象的歇後語：「烏龜看綠豆——對眼了」。今天張春橋把他介紹給江青，是「四人幫」中的三人首次聚會。另一個小流氓王洪文，此時還在當他的工人。姚文元沒有張春橋詭計多端，他沒有考慮，搞這種相當於政變的陰謀活動，萬一失敗了怎麼辦？他只想到這是向上爬、一步登天的捷徑，何況姚文元又善於幹這種事，本性使然，感激涕零地接受了江青的命令。

吳晗的《海瑞罷官》，為了表現海瑞的剛正不阿，選的是他在應天府和老上司徐階鬥爭這一段。實在沒有什麼可批的，但江青給的政治任務是必須置吳晗和他的後臺於死地，就只能「無限上綱」。這個對於姚文元來說不成問題，信手拈來。

毛澤東在廬山批判彭德懷時曾說過：「有真海瑞和假海瑞」。姚文元說吳晗歌頌的是「假海瑞」。其實，真海瑞什麼樣，姚文元也不知道；姚文元荒唐地說，吳晗在影射「單幹風」、「翻案風」，更是無稽之談。毛澤東搞得人民公社「一大二公」不為自己種地，農民沒有積極性，大面積減產，餓死人了。毛澤東把爛攤子扔給劉少奇等人，自己躲到一邊研究他的「理論」去了。劉少奇救人命要緊，不能再「一大二公」了，才搞「三自一包」（自留地、自負盈虧、自由市場和包產到戶），讓農民可以有限度地支配一點自己的土地。生產總算搞上去了，人民有飯吃了，毛澤東又殺了回來，說：「三自一包」是「資本主義」，是「單幹風」。姚文元也硬扯了「海瑞在應天府就鼓吹單幹風」。

自一九五八年，誰對「三面紅旗」有不同意見，誰就是「右傾主義者」，罷了官，下放勞動。後來，三年大饑荒，證明這些人的觀點正確，就應當給人家平反。毛澤東卻說，這是「翻案風」。明明整人整錯了，也不許平反。姚文元說，「吳晗借海瑞，也在鼓吹翻案風」。姚文元無恥又無聊。我認真看了京劇《海瑞罷官》劇本，還真看不出有「單幹風」、「翻案風」的影射嫌疑。

*

一九六四年，毛澤東已決定要清除劉少奇、鄧小平、彭真等人了。一九六五年春節，他派江青去上海策劃批吳晗，劉少奇、鄧小平在這一年，把中國的各項工作搞得井井有條，國家又恢復了欣欣向榮的景象。毛澤東猛然考慮到，和劉少奇等人攤牌在即，彭德懷還在北京，他在軍中尚有很大影響，萬一他和劉少奇聯合起來，怎麼辦？

彭德懷自一九五九年廬山會議被罷官後，軟禁在北京西郊一個叫吳家花園的地方。他針對廬山會議上誣陷他「裡通外國」、「反黨活動」等不實之詞，寫了八萬言的申訴書，於一九六二年六月十六日呈毛澤東。幾年來，毛澤東沒理他。彭德懷以「階下囚」身分，無法再要求見毛澤東。他也不便要求見毛澤東，因為歷史已證明毛澤東錯了，彭德懷正確。這時毛澤東也不好見他。因而自一九五九年到一九六五年，二人從未謀面。

可此時的毛澤東，又想到了他。一九六五年九月二十三日，兵分兩路，江青在上海策劃批海瑞，毛澤東在北京接見今日的海瑞——彭德懷。毛澤東還特意讓劉少奇、鄧小平、彭真作陪，以示廬山會議決議一切都是黨中央集體的決定。毛澤東說：

你這個人有個強脾氣，幾年也不寫信，要寫就寫八萬字。今天還有少奇、小平、彭真同志，等一會兒就來參加。周總理因去接西哈努克（Norodom Sihanouk, 1922-。柬埔寨前國王），故不能來。我們一起談談吧！

現在要建設戰略後方，準備戰爭。按比例西南投資最多。戰略後方也特別重要，你去西南區是適當的。將來還可帶一點兵去打仗，以便恢復名譽……也許真理在你那邊……在我的選集上，還保留著你的名字，為什麼一個人犯了錯誤，一定要否定一切呢？

彭德懷雖蒙奇冤，但他對毛澤東的一席話十分感動，他隨後在西南三線忘我地工作。毛澤東雖然說了「也許真理在你那邊」，似乎毛承認了錯誤，以他的身分，能說到這種程度也就不錯了。但是，一九六五年十二月二十一日上午，他在姚文元的〈評新編歷史劇《海瑞罷官》〉發表四天以後，在杭州接見了幾個文人，距上次見彭德懷才過去不到三個月，毛澤東卻又說：

姚文元的文章也很好，點了（吳晗）名，對戲劇界、史學界、哲學界震動很大，但是沒有打中要害，要害是「罷官」。嘉靖皇帝罷了海瑞的官，一九五九年我們罷了彭德懷的官，彭德懷也是「海瑞」。盧山會議是討論工作的，原來打算開半個月。會議快結束了，彭德懷跳出來，他說；你們在延安罵了我四十天的娘（指一九四二年延安整風，誣陷、錯批彭德懷四十天），我罵你們二十天的娘還不行！他就是要罵娘的。

毛澤東的這段話在「文革」中，作為中共中央正式文件傳達過，所以，不是傳聞，是真實的。

這就牽扯到兩件事：第一件事，在關於毛澤東和彭德懷之間關係的論著中，多以一九六五年九月二十三日毛對彭的談話，說明毛對廬山會議上對彭德懷的錯誤處理已有悔意，並大肆宣傳毛說的「也許真理在你那邊」，看來，好像是那麼回事。但是從他兩個多月後在杭州的這次談話，表明他支持姚文元揪住彭德懷廬山會議上被「罷官」這件事，仍堅持打倒彭德懷。

彭德懷一九六五年到四川，一九六七年「文革」中，中央文革指使北京航空學院和北京地質學院紅衛兵，到四川把彭德懷揪回北京，不停地批鬥、侮辱、折磨、打罵，迫害致死。事後，毛澤東表揚這兩個大學的紅衛兵，說：「你們去四川打了一場大勝仗！」也說明毛澤東始終是要置彭德懷於死地的。

第二件事，江青策劃姚文元批吳晗這件事，事先毛澤東到底知道不知道？這件事，無論是學者，還是讀者，都甚感興趣。

說毛澤東事先不知此事的人認為，一九六七年二月三日，毛澤東接見阿爾巴尼亞國防部長巴盧庫時講過這樣的話：「（姚文元文章）開頭寫我也不知道，是江青他們搞的。搞了交給我看」。毛的話最起碼「孤證不立」，沒有旁證，不足為據。

另外一些堅持毛事先不知此事的學者，最常引用的話，就是毛說，姚文元的文章「沒有打中要害，要害是罷官」的最高指示，當時毛的話就是可殺人毀物的「精神原子彈」，姚文元敢不批

「罷官」嗎？

我認為，毛澤東事先肯定知道此事。他不僅知道此事，甚至是毛令江青去上海策劃此事的。揆諸事理，除了夫妻之間無話不談，江青為此事多次去上海，毛澤東不可能不知道外，還有以下幾點：

首先，從一九六五年初的形勢看，劉少奇、鄧小平、彭真他們威望如日中天，大權在握，要打倒他們，別說江青，就是毛澤東，也要慎之又慎、三思而行，用毛的話說，這是一場「你死我活」的鬥爭。江青不可能擅自跑到上海，有如此大舉動。

再說，一九六五年初的江青，不是「文革」中的江青。那時江青除了亂插手所謂「樣板戲」，還沒有資本，只可以「偶爾露崢嶸」，她除了是毛夫人，別的就什麼都不是。江青三〇年代在上海劣跡斑斑。到延安又「第三者插足」，柯大鼻子、張春橋能不知道？能簡單地跟著她去反彭真？反鄧小平？反劉少奇？須知，柯、張都是賊光油滑的投機分子，他們尚不能預測中央的這場鬥爭誰勝誰負，能輕易地跟一個說話不靠譜的「老娘們」跑？

江青說話不靠譜是不靠譜，有時「無意中」也講出幾句「靠譜」的話。如前文寫道，一九六七年四月十二日，她在軍委擴大會議上講：

> 批判《海瑞罷官》也是柯慶施同志支持的……因為主席允許，我才敢於去組織這篇文章。

若事先未得毛澤東同意，就憑江青，唬唬姚文元也許還可以，那柯慶施、張春橋能被唬住？再者，毛澤東自一九五〇年號召批判《清宮秘史》以來，直至「文革」後期「批林批孔」運動，都是毛澤東先號召批個沒招他、沒惹他的歷史人物，再對號入座，批現實中的人物。這次從批海瑞到批吳晗，完全符合毛澤東的一貫作風。江青沒這個智商，沒這個水平。她很淺薄。「文革」中，她到處講話，婆婆媽媽，東拉西扯，充分顯示了這位「高舉毛澤東偉大紅旗的旗手」的「水平」。

有人會講，若毛澤東布置批《海瑞罷官》，他事先會講：「要害是罷官」，為何姚文元在文中未提「要害是罷官」？我分析是這樣，細讀該劇本，吳晗根本就沒有涉及「嘉靖皇帝罷了海瑞的官」這件事。實際上海瑞在應天府也沒有被罷官。那時嘉靖已死，海瑞被隆慶皇帝平級調任「總督南京糧儲」。大饑荒後毛下令批劉、鄧的「三自一包」，以江青水平，也就知道這些，因而令姚文元也就批到這些。

還有，毛澤東說：「嘉靖皇帝罷了海瑞的官，一九五九年我們罷了彭德懷的官。彭德懷也是海瑞。」那麼，誰是嘉靖皇帝？姚文元若把嘉靖皇帝影射為毛澤東，那才算叫「造反精神」。別說姚文元，誰也沒有這個膽子，姚文元不敢這麼寫。

毛澤東最初稱讚《海瑞罷官》時，他尚未下決心要清除劉少奇、鄧小平和彭真，這個決心是毛在一九六四年「四清」運動時下的。毛一旦下了決心，就要找機會、找藉口，而選中了吳晗。吳晗就是寫《海瑞「升」官》，也得挨批，毛打算從吳晗到彭真，到鄧小平，到劉少奇，一路揪下去，一網打盡。但毛澤東沒有細看劇本，或根本就沒看，他也無須看，就隨便說「要害是罷官」，反正他是決心搞一次冤獄了。

那麼，毛是怎麼想起從吳晗這下手呢？這是老奸巨猾的康生出的主意。

康生生於一八九八年，本名張宗可，改名張叔平、趙容。一九三〇年起投靠王明。他在莫斯科時的俄文名字中文音譯為「康生」。一九三七年，他和王明回到延安。他本屬王明嫡系，一九四二年「整風」時，眼見蘇聯自顧不暇，前途未卜，王明不成了，康生反戈一擊，投靠毛澤東，任中共社會部部長、專管情報。他生性殘忍，心狠手毒，是製造冤、假、錯案能手。在延安整風運動中整死不少無辜的中共黨員。

康生始終能贏得毛澤東信任，一是江青之母在康生家當過傭人，他和江青的歷史淵源，也有點「世交」的味道；二是他善於揣摩毛澤東的內心世界，他已經覺察出毛澤東和劉少奇要攤牌了。一九六四年，他對毛說：

> 主席，您在八屆十中全會上說過，「現在不是寫小說盛行嗎？利用小說進行反黨活動，是一大發明」。您的話給了我很大的啟發，使我想起了，也有人利用戲劇進行反黨活動。吳晗的《海瑞罷官》，其實就影射主席罷了彭德懷的官。這齣戲是貨真價實的大毒草……我的意見，僅供主席參考。

我們讀歷史，經常見到在皇帝面前，群奸進讒言的場面。康生的一席話，道出了這個奸臣的嘴臉。毛澤東受此啟示，決定拿吳晗開刀。

一九六五年十一月，姚文元的文章發表後，表面上尚未涉及彭真，他極力想保吳晗。一九六六年二月八日，毛澤東在杭州接見彭真、康生等人，毛問彭真：

「吳晗是不是反黨反社會主義？」

毛澤東明知吳晗是冤枉的，他故意這樣問。因為毛澤東和劉少奇誰勝誰負的問題尚未最終解決。毛裝出自己不瞭解吳晗的樣子，為今後若搞不掉劉少奇而留後路，也是在給吳晗定性。

「經過調查，吳晗不是反黨反社會主義。」

彭真斬釘截鐵地回答。

「我曾說過，吳晗的《海瑞罷官》的要害是罷官，我們罷了彭德懷的官。」毛澤東說。

「二月五日，我們在北京向少奇同志彙報的時候，也提到您的話。少奇同志說，沒有發現吳晗跟彭德懷有組織聯繫。」彭真拿出劉少奇來為吳晗解脫。

這時，毛澤東拋出了康生，說：「《海瑞罷官》的要害是『罷官』，這是康生向我講的，『發明』權屬於康生」。

康生在一旁心說：當著彭真面，怎麼能講咱們的密謀？劉少奇還在臺上，萬一打不倒他，怎麼辦？忙立即否認，說：「這不是我發明的，『發明權』屬於主席！」康生又推給了毛澤東。

一九六六年八月十一日，中共召開八屆十一中全會，彭真已被打倒，劉少奇也已從第二位降到第八位，毛澤東勝利了。康生不僅不再怕劉少奇，反而要搶頭功了，此時他又說：「一九六四年，我曾向毛主席講過，吳晗的《海瑞罷官》和廬山會議有關係。這件事我沒有向任何人講過。」康生的話可信，因為他的地位不同江青，他不敢亂講。從康生這段話可知，毛澤東一九六四年就知道此事。

34「文革」開刀祭旗的祭品

人間有權勢，也有正義。姚文元的〈評新編歷史劇《海瑞罷官》〉在上海《文匯報》發表後，半個月來，僅僅是柯慶施控制下的華東地區的黨報轉載了，全國其他各地報刊紛紛請示北京，他們不敢擅自轉載。除了因為該文牽強附會，亂掄「棒子」，無中生有，胡亂上綱，不是學術討論外，還因姚文元點了吳晗名。自一九四九年以來，以報刊公開點名的方式對待中共官員，尚無先例。

彭真當然清楚，「山雨欲來風滿樓」。上海市委不先跟北京打招呼，就點名道姓地批北京市副市長，諒柯大鼻子也沒這個膽子，背後肯定是毛澤東在主使。彭真在吳晗孤蓬危舟患難之時，不是撒手不管，更不是落井下石，儘管彭真自身危難，仍然旗幟鮮明，挺身而出，保護吳晗，難能可貴。一九六五年十一月二十六日，彭真明確表示：「吳晗的性質，不屬於敵我。對姚文元文章錯誤的地方也要批判。」過了兩天，彭真講了那句著名的話：「什麼來頭不來頭，不用管，只問真理如何，真理面前人人平等！」我想，若張春橋出了事，柯大鼻子才不會力保他呢！

彭真的話傳到毛澤東耳朵裡，毛認為彭真講的「什麼來頭不來頭」是公開針對毛的，於是，他說了一句流傳甚廣、似是而非、強詞奪理的話：「什麼叫『在真理面前人人平等』？統治階級和人民從來就沒講過平等！」毛澤東在這裡偷換了概念，他倆談的「平等」，不是一碼事。一不做，二不休，毛澤東嚴令各報一律轉載姚文元文章，既為爾後的「文革」開刀祭旗，也為江青銜刀越牆、赤膊上陣拉開大幕。

當時，全國報刊統一由中宣部部長陸定一負責，他是中共上層一位極正派、且富有文采的老共產黨員。因為他堅持真理，故受到毛澤東辱罵，說中宣部是「閻王殿」，「死人洋人部」。陸定一對姚文元的文章非常反感，曾下令各報不予轉載。現在毛澤東強令各報必須轉載，陸定一沒有辦法，只得照辦，但在各報「編者按」中，陸堅持說這是一場「學術討論」，是關於「清官問題」的討論。

由於批海瑞是一場政治陰謀，根本不是什麼「學術討論」；談「清官」也是抵擋這場陰謀的招術；再說，「清官」也沒什麼可討論的，因而交戰雙方彷彿一對情敵，藉故爭吵，實則雙方心中都在想著另外一個人。

辯論「清官」只能「是」與「非」兩種意見。堅持「清官比貪官好」是一派人；另一派只能說「清官比貪官欺騙性更大」！用後來這種「階級分析論」去推理，那就是說當清官還不如光天化日之下赤裸裸地貪污受賄好。鬧不清講這話的是哪些位「學者、大師」，因為當時文章作者多用筆名，也鬧不清這些「大師」屬於哪黨哪派。一時間，堂堂黨報上，儘是胡攪蠻纏、胡言亂語的東西。這群「學者」還引經據典、堆砌史料，煞有介事，也怪可憐的。

書生吳晗見到姚文元的文章，沒有意識到自己不過是個祭品，他還在認真地檢查自己的《海瑞罷官》有無論點錯誤、史實錯誤、史料錯誤，在學術範圍打轉轉。十二月二十七日，吳晗在《北京日報》上發表了〈關於《海瑞罷官》的自我批評〉。主要是解釋寫海瑞不是影射彭德懷。但是，一切都無濟於事，吳晗在劫難逃。彭真被打倒後，再也不給吳晗任何解釋的機會，沒什麼話可談，改以暴力對待他了。

有人會問，吳晗沒有錯，為什麼要做「自我批評」？那時幾乎人人、天天做「自我批評」，「改造思想」，已司空見慣，不足為奇。再者，問這話的人不瞭解，大陸在「文革」初起時中國人民思想的狀態。當時，中共上層確實知道毛澤東的錯誤，也知道江青、林彪、康生何許人也；而廣大人民群眾，包括高級知識分子，則是「無限忠於毛主席」，那時根本不存在、也不允許存在「持不同政見者」。人民的這個心態，正是毛澤東發動文化大革命的「群眾基礎」。吳晗始終緊跟共產黨，他對「三面紅旗」雖有看法，但也不會聯繫也不敢聯繫到毛澤東身上。這說明，他不會為彭德懷鳴冤，就是很自然的了。

批鬥吳晗時，很多學者撰文批判。「文革」後，他們也說是「被迫的」、「違心的」；也有人是「緊跟毛主席」；像姚文元這樣的投機分子是極少數，情況很複雜。

例如著名的學者王若水，若看他「文革」後的著述，人們肯定不相信，一九六六年一月十三日在《人民日報》以「思彤」（意為毛澤東思想紅彤彤）為筆名，發表〈接受吳晗同志的挑戰〉一文。從這篇文章的題目，就可以想到其內容。「文革」後，我很想看看他對當時自己思想是如何認識的，但是直至他去世，也未見他對此文有何反思。可見，廣大人民，包括學者，也是愚昧無知的，在當時不可能出現「思想解放」，極少存在「孤寂」的「思想先驅」。

彭真是主張「在真理面前人人平等」的，但是，那時社會上沒有真理，彭真只能下臺。一九六六年五月，彭真也被毛澤東罷官了，沒有任何理由，罪名是「保護吳晗」搞「獨立王國」。江青成了中央文革副組長，組長是陳伯達，江青實際操縱中央文革。從此，「文革」帶有江青濃厚的歇斯底里色彩，標榜「文化大革命」，既沒有「文化」，又談不上什麼「大革命」，整個運動殘忍、野蠻、暴力，集人類歷史上一切醜惡，誘發、調動出人們的獸性，泯滅人們的人性和良知。

罷免彭真、陸定一等人的會議，是毛澤東發明的中共政治局「擴大」會議。怎麼個「擴大」法？毛澤東知道，政治局委員絕大多數支持彭真，毛就讓新成立的「中央文革」成員破格參加會議。按中共黨章規定，政治局委員要從中共中央委員中選舉產生，可中央文革這群人連中央委員都不是，他們卻在毛澤東個人的特許下，不僅可以參加中共中央政治局會議，而且喧賓奪主，敢在會議上殺聲不斷、群起鼓噪、大放厥詞，彷彿一群瘋牛衝進瓷器店，亂砸一通。就這樣政治局常委彭真下臺了。用毛澤東的話說，這叫「破舊立新」，是「毛澤東思想的偉大發展」！

天子之怒，伏屍百萬，流血千里；布衣之怒，伏屍二人，流血五步。「偉大思想」還在繼續發展。毛澤東的最終打擊目標是劉少奇、鄧小平，但是，不僅在北京的中央高層，就是在全國省、市、專區、縣，劉、鄧都有強大的支持力量。儘管毛澤東有林彪的軍隊支持，可是，軍內高層也有許多人支持劉、鄧，多數人總有個是非標準嘛。再說，解放軍百分之九十以上是農民子弟，他們家也有人餓死，人民公社是怎麼回事，解放軍官兵能不知道？

還真有不知道的，就是一幫該懂的不懂，不該懂的他全懂的中學生。

＊

向文明宣戰的「紅衛兵」這個怪物，是一九六六年八月上旬的「中共八屆十一中全會」期間出現的。這次會議，劉少奇、鄧小平都靠邊站，實際上被打倒了。他們派往各學校的工作組，自己都不知道自己算個什麼。撤走？上頭沒有命令；留下，不知幹什麼。此時，清華大學附中的幾個高幹子弟，組織了「紅衛兵」，左臂帶的紅袖章上，將毛澤東寫的這三個字拼在一起，耀武揚威，橫衝直闖，很像胡宗憲的兒子胡衙內。

一群孩子，狗屁不懂，不知誰從家中見到毛澤東在二〇年代講過「造反有理」的文章，就用了過來。他們認為，鬥校長、鬥老師、打、砸、搶、燒、殺就是「造反有理」，就是「無產階級文化大革命」，就是「跟著毛主席幹革命」。例如當時中學歷史老師倒楣了，大多都講過海瑞，現在，在紅衛兵眼中，「海瑞」就是惡魔，誰沾上海瑞，誰也就是惡魔。許許多多中學歷史老師被活活打死。令人髮指。

毛澤東正在發愁，如何在全國範圍內打倒劉、鄧的忠實部下？自一九五七年「反右」運動後，全國各地，從上到下，連給共產黨員提意見都不敢了，誰還有膽子反省委書記、市委書記、地委書記？不過手持「有求必應」小紅書《毛主席語錄》的「紅衛兵小將」的出現，毛澤東思想也在大風大浪中「發展」了。

毛澤東立即給清華附中「紅衛兵小將」寫了一封信，明確表示：你們「對反動派造反有理，我向你們表示熱烈的支持！」毛澤東還於八月十八日第一次在天安門接見紅衛兵小將時，帶上了紅衛兵袖章，留下了那張著名的照片。從此，全國各地紅衛兵「造反」，把各地、各級長官統統打倒，毛澤東成功地打倒各地支持劉、鄧的幹部，也成功地讓中國出現無政府狀態，並成功地毀了幾代年輕人。

有了毛澤東的支持，各中學凡「出身好」的學生全組成了紅衛兵。小學、大學、機關、工廠也先後建立了紅衛兵組織。凡「階級敵人」、「五類分子」及他們的子女，都可以隨便被打死，而不必負任何法律責任。毛澤東聽說紅衛兵打死許多人，竟說：「好人打壞人，活該；好人打好人，誤會；壞人打好人，冤枉。」這話是當時正式傳達到每個單位、進入千家萬戶。紅衛兵認為打死人「活該」，於是「殺人如麻」，全國籠罩在恐怖之中。

不知誰先發明出來的抄家！當時法律也不保護人民的生命安全，自然也不會保護個人財產，說明中國已經恢復了奴隸制度。奴隸制度的一切特徵，在中國的「文革」中都存在。像我們這些「出身不好的」，終日戰戰兢兢，不知何時會被紅衛兵打死。人隨時會遭遇死亡，多可怕啊！紅衛兵自詡這是「紅色恐怖」！紅衛兵瘋狂地殺人，導致了野蠻的普及。自此，中國相當多的人開始把殺人當兒戲了，至今想起來仍心有餘悸。

毛主席的「紅衛兵」會饒過吳晗一家嗎？

＊

吳晗的夫人袁震，也是一位歷史工作者，因抗日戰爭時在西南患病，未得治癒，身體始終不好，在家養病。平日幫助吳晗收集歷史資料，做些卡片。他們還有一兒一女，女兒吳小彥，一九五四年出生，「文革」開始時，她只有十二歲，上小學五年級；兒子吳彰，一九五八年出生。一家住在北京故宮附近北長街一座四合院中，過著寧靜、優裕的生活。吳小彥自幼聰明、美麗，孫中山夫人宋慶齡還曾抱著她照過相。

知識分子最要臉面，但是，文革運動卻非羞辱你不可。吳晗被打倒後，開始被軟禁在家。哪個單位開批鬥會，把他拉去，極盡侮辱，這對吳晗還算是「文明」的。由於中央文革公布了吳晗的住宅，各單位紛紛到家中揪鬥吳晗。他經常是一天「趕」好幾場批鬥會。開始，每次回家，夫人還問問今天挨批鬥的情況，後來索性也不問了，反正都是亂罵一通，侮辱一通，帶上高帽子，胸前掛個牌子，遊行示眾，這是從毛澤東著作中學來的。

自八月紅衛兵出現以後，吳晗開始遭受慘絕人寰的暴力摧殘。最初是中學紅衛兵闖入他家來查抄，把他家裡的圖書、資料、筆記、卡片、字畫等等，堆到院子裡，付之一炬。令吳晗及夫人、子女跪在火堆前。很多「紅衛兵」的父親是解放軍軍官，有寬寬的皮帶。紅衛兵用軍官皮帶的金屬扣猛抽吳晗夫婦的頭，鮮血順著脖子往下流。紅衛兵的做法是模仿電影裡日本人對中國抗日志士的拷問手法。

我後來曾經問過一位打死過十幾個人的初二女紅衛兵：「妳當時打人為什麼下手那麼狠？」她說：「我當時的確無限忠於毛主席，因為毛主席說，修正主義要上臺，就會千百萬人頭落地！」我說：「修正主義還沒有上臺，這就已經千百萬人頭落地了。」「文革」中整死四千多萬，又是一個「四千萬」！

吳晗家，前一批紅衛兵剛走，甚至還未走，後一批紅衛兵又來了。吳晗已家徒四壁，無物可抄，硬說他把「變天賬」、「反動日記」埋在地下了。紅衛兵又在室內、屋外掘地三尺。一九二六年毛澤東在《湖南農民運動考察報告》中，盛讚農民鬥「土豪劣紳」的方法，比喻為「把他們打翻在地，再踏上一隻腳。」紅衛兵臨走，把已經跪地多時的吳晗一腳踢倒，大家一齊亂腳踹在吳晗後背，吳晗頓時昏死過去。「紅衛兵小將」仿照日本憲兵的辦法，用冷水澆到昏死過去的吳晗身上。「小將們」再心滿意足地揚長而去。那時已是一九六六年年底，隆冬時節，北京滴水成冰。可憐吳晗挨完鬥，躺在冰冷的地上，久久昏死不動，尚有一口氣。等待第二天紅衛兵再來執行「毛主席革命路線」。吳晗又被關在市委黨校，任由紅衛兵抓走打、鬥。他就這樣從一九六六年八月受毒打，到一九六七年底。

一九六八年初，吳晗被投入監獄。他的夫人袁震，則在「勞改隊」被強制勞動。當時毛澤東講「要把無產階級專政落實到每個基層」，也就是下令，在每個單位都私設監獄，關押本單位所謂的「階級敵人」，強迫他們從事極其繁重的勞動，並隨時批鬥、挨打，不許回家。袁震在這種勞改隊，不知道吳晗及子女的消息，身心倍受折磨。

一九六八年十月，在獄中的吳晗，雖然得不到家人的絲毫消息，但他依稀感到，就要和妻、兒訣別了。吳晗病倒，被送到醫院。面對這個《海瑞罷官》的作者，大夫也不認真看病。在給吳晗「治病」前，大夫先念毛主席語錄：「凡是反動的東西，你不打它，它就不倒……」再開批鬥會，把吳晗折騰夠了，也不給開藥，讓吳晗「去學幾段毛主席語錄」。這就是「文革」中的大夫。明代給賭徒「動手術」的「大夫」職業道德，都比他們強！吳晗雙目緊閉，一言不發，他萬念俱灰，只想見妻子和兒女。

「文革」後盛傳一種說法，稱將許多高層人士關進監獄，是為了「保護」他們！一個國家，如果待在獄中要比活在社會上還有生命保障，那麼，這個國家還算是個國家嗎？說這話的人大概沒被關進過監獄。只有自己受了冤屈，才能體會到何謂「含冤無告」「暗無天日」！

吳晗是毛澤東欽點的「重犯」，康生下令將吳晗鎖上手銬、腳鐐。當時監獄已被軍管，解放軍多是文化很低的農村青年。那時徵兵只看「出身」，不管這個人文化程度、道德品質如何。軍管的解放軍曾發出這樣的質疑：「怎麼沒把海瑞也關進來？」吳晗肯定會想：「海瑞下的詔獄，比我的條件好多了！」戰士和獄警懷著「對偉大領袖毛主席無限忠誠、對階級敵人無比仇恨的感情」，上來就先搧了吳晗幾十個耳光，打得吳晗鼻青臉腫。

吳晗帶的手銬上有「CCCP」字樣。他知道，這是俄文「蘇聯」的縮寫。手銬可以調節鬆緊。獄警給吳晗調到最緊，死死卡住他的雙腕，以懲罰犯人。吳晗雙手被銬，如何生活就可想而知了。只有上廁所非解開手銬不可之時，獄警才給解開一會兒。

知識分子歷來把精神痛苦視為重於肉體痛苦。在獄中，吳晗對於挨打、挨鬥、手銬腳鐐，都能忍受。身陷囹圄的孤獨與寂寞，他也逐漸習慣了。讓他難以容忍的，一是加在他頭上的種種莫須有罪名；一是對他妻子、兒女的強烈思念。在他尚未入獄前被關在黨校時，妻子袁震就已在勞改隊被「無產階級專政」，三年沒有音信了。他經常想：「她那身體，吃得消嗎？還有兩個十來歲的孩子，都是因為我受牽連啊！」每每想到此，總是夜不能寐，潸然淚下。

＊

「株連罪」本是中國封建專制社會的東西，這種原始、野蠻的罪名，隨著歷史的進步，本應滅絕，不想在「文革」中，又惡性弘揚開。先是紅衛兵成立之初，提出鼓吹「血統論」的對聯：「老子英雄兒好漢，老子反動兒混蛋」。這是為恢復奴隸社會等級制而製造的粗劣的理論依據。後來，毛澤東歸納為：「有成分論，不唯成分論，重在政治表現」。將不是「紅五類」的子女，毛澤東給定名為「可以教育好的子女」，言下之意，「紅五類」的子女不用教育，天生就好。而所謂「出身不好」的子女，則要忍受種種折磨，這是血統論的翻版，仍然是血統歧視，核心是「有成分論」。

吳晗的女兒吳小彥、兒子吳彰成了「可以教育好的子女」。不過，紅衛兵嫌這名稱太長，乾脆就叫「狗崽子」。他倆在學校受老師歧視，遭同學打罵。那時候，學校也「停課鬧革命」，他們就一直待在家中。開始，面對窮兇極惡的抄家紅衛兵狂打父母時，姐弟二人恐懼地蜷縮在牆角，一動不敢動。紅衛兵打完人走了，父母躺在院中昏死過去，姐弟倆仍然在牆角不敢動……

吳晗入獄，袁震在勞改隊。每天早上，勞改人員要面對毛澤東肖像「早請示」，行「拜神大禮」，姐姐天天早上拉著弟弟，來到勞改隊門口，站在離毛澤東像較遠之處，看看母親今天出來沒有，以確定她是否還活著。一九六九年三月十七日，袁震死於勞改隊，姐弟獲准去看她時，媽媽的眼角還掛著淚痕……

吳晗被捕，算犯人，工資全扣；袁震進勞改隊，算「半犯人」，每月給兒女二十元生活費。家中早已貼了封條，姐弟二人擠住一間三平方公尺的小屋。

一九六九年十月十二日，他們住的小屋進來一個軍人，通知他倆去看一看父親。姐弟本以為可以接父親回家了，沒想到汽車開進一家醫院，在停屍間門口停下，他倆驚呆了。

吳晗的遺體被從太平間推出，一具屍體直挺挺地躺在車上，身上沒有蓋布單，臉色青中泛黑。小姐弟一見是自己日夜思念的父親，但多年的恐懼，他倆已不敢上前、不敢叫「爸爸」，不敢哭，只呆呆地望著已許久不見的父親。軍人問小彥：「是吳晗嗎？」小彥點點頭，那軍人一揮手，又把吳晗遺體推進太平間。這一霎那，小彥實在控制不住自己的感情了，眼淚刷刷地流了出來。

那軍人厲聲說：「要和反動老子劃清界限，堅定地站在毛主席革命路線上！走吧。」姐弟回到家中，如果這還算家的話，「家」中被紅衛兵抄、燒得一無所有，甚至連父母照片都沒有留下。姐弟二人面無表情地坐著，兩天兩夜，不吃不喝，一言不發，一動不動。儘管還不到十月中旬，他們卻感到冷徹心扉，好冷啊！吳晗去世後，沒人告訴他們骨灰在何處，按「文革」慣例，已被焚屍揚灰，因而，也就不用安葬，沒有墳墓了。吳晗這個寫過那麼多歷史名人歸宿的名人，自己去世後，連墳墓都沒有，真是悲哀啊！吳晗走了，那些至今熱中於為毛建雕像，唱聖歌的人，做何感想？

小姐弟在嚴寒中苦熬，沒有親情，沒有溫暖，沒有歡樂，沒有幸福，人們像躲避瘟疫一樣躲著他們。他們彷彿置身於沙漠，一點生的氣息都沒有。吳小彥的結局怎樣呢？

一九七一年九月十三日，中共中央唯一的副主席、毛澤東親自挑選和培養的接班人林彪，帶著老婆葉群、兒子林立果，叛逃到外蒙古的溫都爾汗，機毀人亡。這對於廣大有頭腦的中國人民來說，是一場無聲的思想解放。人人腦子裡都在想著同一個問題，也就是海瑞至死找不到答案的一句話：「怎麼會是這樣？」和海瑞不同的是，「九・一三事件」後的中國人民找到了答案。「大饑荒」、「文革」是毛一手造成的，是他任何「豐功偉績」都不足以彌補的。遺忘和不能遺忘，是統治者和史學家的持久戰。林彪完蛋後，江青不可能從林彪這事總結出點什麼，而是更加忘乎所以，仍然熱中於今天批這個，明天打那個。但是，中國人民已經開始覺醒，早已厭倦「階級鬥爭」那一套。因此，林彪倒臺後，毛澤東又發動了幾次政治運動，因人民的消極抵制，大多無疾而終，不了了之，一九七五年，盛傳江青因和美國作家維克特談話時，胡言亂語，自吹自擂，一時，人們私下對此事津津樂道，對江青既憤恨，又蔑視。當時民間傳說，維克特寫了本《紅都女皇》，全世界發行。江青跟美國作家維克特自詡她「結過六次婚」等等。中國駐聯合國代表黃華知道此事，將這本書上交剛剛官復原職的鄧小平，鄧小平上報毛澤東，毛澤東批評了江青。

他這種「放火自救」、「養寇自保」的招數，當時的中國人就嗤之以鼻。傳說有真實的成分，「四人幫」倒臺後，中共中央揭發「四人幫」的文件，證實了某些事。一九七五年，江青也確實有兩三個月未見報，據說在「做檢查」。

毛澤東到底批評江青沒有？不得而知。夫妻之間的事，只有天知道。即使批評了，也是蜻蜓點水、不疼不癢，是在作秀。事實是，江青又見報了！毛澤東到死也沒讓江青下臺。一九七五年，江青時隔兩三個月又露面後，她幹的第一件事就是下令「追謠」。本來人民只是私下說說，拿江青揶揄、解恨。一般人，逢這種不光彩的事，儘量將它淡化，也就完了。誰讓你結過六次婚呢？可像江青這種思維淺薄、仰仗權勢的糊塗潑婦，非要「追謠」，要查個「水落石出」。當時我就鬧不清，她要查出個什麼呢？是她沒結過六次婚，還是她沒跟那美國人說過？

官僚體制就是這樣，平時正常工作，拖拖拉拉，人浮於事，可是一旦要整人了，龐大的官僚機器立即飛速運轉，表現出極高的效率。

查來查去，抓了許多人，也包括吳小彥。她對老同學講過。北京市公安局軍管會不由分說，抓走吳小彥，日夜熬審，刑訊逼供。江青這件事，傳遍全中國，吳小彥也鬧不清聽誰說的，她就是鬧得清，也不想再把別人牽扯進來。她沒有招供，直到軍代表和獄警把她逼瘋。

醫生診斷，吳小彥確實患了精神病。公安局只得釋放了她。一九七六年九月二十三日，就在

「四人幫」被打倒前十幾天，吳小彥飲恨長眠，她才二十二歲。她曾寫有遺書，「希望和媽媽埋在一起，永遠陪伴母親。」

吳晗一家，家破人亡，只有兒子吳彰後來當了工人。一九七九年三月，給吳晗一家平反昭雪後，他考入清華大學分校讀書，亦可告慰曾在清華大學任教的父親了。

專制讓一切統治者墮落，沒有哪一次巨大的歷史災難，不是以歷史的進步為補償的。吳晗的冤案，自一九六五年算起，已過去四十多年。我們後人，在緬懷劉少奇、彭德懷、鄧拓、吳晗這些清官的同時，共同的心願是：文化大革命，千萬不要再發生了。今日的中國，來之不易，要珍惜啊！

最後，附錄《海瑞罷官》劇本摘要，作為對吳晗深深的悼念。血淚教訓的回憶，也是血淚的。

【附錄一】京劇《海瑞罷官》劇情簡介

吳晗寫的新編歷史京劇《海瑞罷官》，取材於西元一五六九年六月到一五七〇年一月，海瑞任應天府巡撫七個月期間的故事。海瑞時年五十四歲。主要劇情如下：

退休宰相徐階的第三子徐瑛，強行霸占農民趙玉山的田地，氣死趙的獨子。在清明節趁趙玉山的孫女趙小蘭為其父上墳，將她搶走，還毒打了趙玉山。趙小蘭的寡婦母親洪阿蘭到松江府華亭縣衙門告狀。知縣王明友收受徐階賄賂，相互勾結，不予受理此案。洪阿蘭又告到松江府衙門。徐階又買通松江知府李平度。開堂審案時，徐階家人徐富上堂作偽證，證明清明節出事那天，徐瑛並未出城，不可能搶走趙小蘭，更沒有毒打趙玉山。案件退回華亭縣。知縣王明友非常惱怒趙玉山竟敢到知府「越級」上告他，不由分說，當堂喝令杖責趙玉山八十大板。可憐這位老漢，連連呼喊「冤枉」，聲音越來越弱，最後沒有了聲音。打他的獄役發現他斷了氣，才住手，王明友又將洪阿蘭轟出堂外。

海瑞身著便服，來到應天府上任。在路上遇到洪阿蘭，知道了案情，又從其他鄉民口中，瞭解到徐階一家橫行霸道、霸占土地的情況。身為應天巡撫的海瑞，上任伊始，照例要去拜訪地方鄉紳。他拜訪徐階時，徐階道貌岸然地要海瑞「刑清政簡須大膽，執法持平濟時艱」。海瑞遂提出洪阿蘭一案，徐階矢口抵賴此事。海瑞告辭後，徐階心說：「大事不好，海瑞肯定不會善罷甘休。」指使徐瑛，讓家奴徐富偽裝成秀才上堂再次作偽證。

海瑞在母親的堅決支持下，決心審清這樁案子，並命令鄉官退還霸占平民的良田。海瑞升堂斷案，揭穿了徐富的偽證，治了他的罪；當堂處理了一批貪官污吏，徐瑛被判死罪。徐階親自向海瑞求情，企圖以過去有恩於海瑞，求海瑞寬免徐瑛。海瑞不為私情所動，堅持秉公執法。徐階又以交田贖罪作為條件，希望以田換子。海瑞嚴正指出，徐瑛要伏法，民田要退還。徐階見海瑞不為所動，又威脅海瑞道，令鄉官退田，海瑞會引起眾怒而丟官。海瑞當即表示與徐階絕交，徐階憤怒而去。海瑞上奏朝廷，請旨處徐瑛、王明友死刑。

徐階串聯了幾個霸占民田、魚肉百姓的劣紳士，密謀派人進京賄賂京官和太監，誣告海瑞。昏庸的嘉靖皇帝罷了海瑞的官。新任應天巡撫戴鳳翔接替海瑞，來到蘇州。正在此時，海瑞已奉旨即要處死徐瑛、王明友。徐階又求戴鳳翔設法挽救。海瑞不為所動，下令處決了徐瑛、王明友，交出巡撫印信，罷官返回海南家鄉。

幕後合唱：

天寒地凍風蕭蕭，
去思牽心千萬條，
海父南歸留不住，
萬家生佛把香燒。

【附錄二】

明代帝王世系圖

- 1.太祖—朱元璋　年號：洪武（1368-1398）
  - 太子—朱標（1392卒）
    - 2.惠帝—朱允炆　年號：建文（1399-1402）
  - 3.成祖—朱棣　年號：永樂（1403-1424）
    - 4.仁宗—朱高熾　年號：洪熙（1425）
      - 5.宣宗—朱瞻基　年號：宣德（1426-1435）
        - 6.英宗—朱祁鎮　年號：正統（1435-1464）
          - 8.憲宗—朱見深　年號：成化（1464-1487）
            - 9.孝宗—朱祐樘　年號：弘治（1487-1505）
              - 10.武宗—朱厚照　年號：正德（1505-1521）
            - 興獻王—朱祐杬　生卒（1487-1519）
              - 11.世宗—朱厚熜　年號：嘉靖（1521-1566）
                - 12.穆宗—朱載垕　年號：隆慶（1566-1572）
                  - 13.神宗—朱翊鈞　年號：萬曆（1572-1620）
                    - 14.光宗—朱常洛　年號：泰昌1620登基，當年死
                      - 15.熹宗—朱由校　年號：天啟（1620-1627）
                      - 16.思宗—朱由檢　年號：崇禎（1628-1644）
        - 7.代宗—朱祁鈺　年號：景泰（1450-1456）

國家圖書館出版品預行編目（CIP）資料

海瑞罷官與文革 / 劉耿生作. -- 初版. -- 臺北市 : 遠流, 2011. 08

面； 公分. -- (實用歷史叢書)

ISBN 978-957-32-6816-1(平裝).

1.文化大革命 2.歷史

628.75 100012426